火花

汪伟 主编

光明日报出版社

图书在版编目（ＣＩＰ）数据

火花 / 汪伟主编 . -- 北京：光明日报出版社，
2024.2
ISBN 978-7-5194-7458-4

Ⅰ.①火… Ⅱ.①汪… Ⅲ.①中小学—校长—学校管
理—文集 Ⅳ.① G637.1-53

中国国家版本馆 CIP 数据核字 (2023) 第 254970 号

火花

HUOHUA

主　　编：汪　伟

责任编辑：许黛如　　　　　　　策　　划：余　鑫　丁　咚　张　华
封面设计：书点文化　　　　　　责任校对：曲建文
责任印制：曹　净

出版发行：光明日报出版社
地　　址：北京市西城区永安路 106 号，100050
电　　话：010-63169890（咨询），010-63131930（邮购）
传　　真：010-63131930
网　　址：http://book.gmw.cn
E - mail：gmrbcbs@gmw.cn
法律顾问：北京市兰台律师事务所龚柳方律师

印　　刷：四川科德彩色数码科技有限公司
装　　订：四川科德彩色数码科技有限公司
本书如有破损、缺页、装订错误，请与本社联系调换，电话：010-63131930

开　　本：170mm×240mm
字　　数：263 千字　　　　　　印　　张：17.5
版　　次：2024 年 2 月第 1 版　　印　　次：2024 年 2 月第 1 次印刷
书　　号：ISBN 978-7-5194-7458-4

定　　价：89.00 元

前 言

　　2018 年 11 月，为贯彻《中共四川省委、四川省人民政府关于全面深化新时代教师队伍建设改革的实施意见》精神，四川省教育厅按照《四川省中小学名师名校长工作室建设实施办法（试行）》的要求，经"个人申报—组织遴选推荐—资格审查—书面评审—现场答辩—评审委员会审定"等规范流程，确定了四川省首批中小学名师名校长工作室领衔人 45 名，其中，33 人为名师工作室领衔人，12 人为名校长工作室领衔人。对这部分优秀的名师名校园长进行培训的同时，成立了名师、名校园长工作室，希望以工作室的形式发挥名师名校园长的辐射引领作用。

　　笔者很荣幸地成为 3 名初中名校长（其中有成都七中初中学校李笑非校长、大英县实验学校漆英校长）之一，成立了四川省汪伟名校长工作室，后更名为"四川省汪伟名校长鼎兴工作室"。工作室成员来自乐山、自贡、内江、雅安、宜宾、泸州、凉山七个地市州，且经过县市推荐，层层选拔，领衔人认可。同时，工作室成员要建立工作站，学员 5 人，并开展工作。

　　作为名师，应凝练教学主张；作为名校园长，应凝练办学思想。帕斯卡说："人只不过是一棵苇草，是自然界中最脆弱的。但是，人是能够思想的苇草……因此，我们全部的尊严就在于思想之中。正是由于这一点，我们必须站立起来。""你真正的生命是你的思想。"如果没有思想，人就如酒囊饭袋、行尸走肉，就会一事无成、枉度此生，当然就更谈不上个性的魅力和人格的魅力了。如果囿于操作的层面，行为就是盲目的，其效果就可能是低效的、无效的，甚至是负效的。

时代呼唤校长要有自己的办学思想。校长是一校之魂，如果一个学校没有魂，这个学校就没有精神和活力，没有我们需要的一切。苏霍姆林斯基有一句座右铭，即"领导学校，首先是教育思想的领导，其次才是行政上的领导"。先进而符合学校发展需要的办学思想，对外是一面旗帜，树立学校的形象与风格；对内是行动的纲领，起到凝聚与唤醒作用；不断发展着的教育思想，对学校的历史是继承和总结，对学校的未来是目标和追求。只有成为一个有思想的校长，才能办出一所有灵魂的学校，打造一批有思想的教师，培育一代代有作为的学生。

所谓办学思想，是指在长期的办学实践和对实践的研究中形成的，能体现时代精神，具有本校特征，能有效地指导学校发展的、对教育规律的科学把握。其中，时代精神是共性，是引领；本校特征是个性，是基础；教育规律是本质，是关键。三者合一，一个都不能少。办学思想是现代教育思想在办学行为中的一种具体表现形态，其中，校长的办学思想最为重要，包括校长对教育思想的认知程度，办学目标的归纳和确定，办学基本思路，所采取的策略、手段和措施等。校长办学思想是引领学校教育教学和改革发展的统领性意见，是校长教育观和学校价值取向的表达，是对社会诉求的应对，是干部教师集体智慧的结晶。就一所学校而言，校长办学思想是灵魂，起着导向和凝聚作用。没有办学思想，学校就像盲人骑瞎马，就难以开拓进取。

研修路上，风光无限。三年的"专家引领""自我反思""同伴互助""读书分享"，使11位校长收获满满，都凝练出了自己的办学主张。他们的办学主张，闪烁着思想的"火花"，照亮了自己，也指引着学校的可持续发展。在本书中，笔者姑且把它称作“办学思想”吧：

乐山市实验中学校长汪伟（领衔人）凝练的办学思想是“唤醒教育”；

四川省井研县研城中学校长汪言军凝练的办学思想是“雅卓教育”；

西昌市航天学校校长赵宗逵凝练的办学思想是“滋养教育”；

江安县汉安初级中学校校长赖玉良凝练的办学思想是“心育教育”；

乐山市第七中学校长虞开宏凝练的办学思想是“温润·萌动教育”；

隆昌市第一初级中学校长王录堂凝练的办学思想是“融合教育”；

四川省乐山市第五中学校长唐林凝练的办学思想是“责任教育”；

自贡市蜀光绿盛实验学校副校长宋世平凝练的办学思想是“绿色教育”；

四川省雅安中学副校长张词勇凝练的办学思想是“为人生发展而教育”；

泸州老窖天府中学副校长游卫东凝练的办学思想是“成长教育”；

乐山市五通桥区佑君初级中学校长张俊如凝练的办学思想是“本真教育”。

“让教育家担任校长，让校长成为教育家”，既是政府的政策导向，是社会民众的期盼，更是当下的时代呼唤。就让这11朵“火花”凝聚成“微光”，为基础教育这把火炬贡献微薄的力量吧。

我们携手行进在成为教育家的路上！

汪伟

2022年10月21日

目　录

001 / 唤醒教育　汪伟

034 / 绿色教育　宋世平

066 / 责任引领，共同发展　唐林

　　　——乐山五中"责任教育"的教育理念与实践

086 / 为人生发展而教育　张词勇

113 / 校长"本真教育"办学思想初探　张俊如

135 / 悦润研中，"雅卓"前行　汪言军

　　　——沉淀"雅卓"理念，厚植校园文化

159 / "成长教育"促成长　文化理念引发展　游卫东

　　　——"成长教育"的教育理念和实践

166 / "温润·萌动"办学思想解读　虞开宏

186 / "融合教育"办学思想实践与思考　王录堂

211 / "滋养教育"理念　赵宗逵

238 / "以心育心，共同发展"　赖玉良

　　　——汉安中学办学思想解读

唤醒教育

乐山市实验中学　汪伟

摘要： 唤醒教育，是一种以唤醒生命自觉和沉睡的潜能为核心指导思想，以唤醒为主要策略，以培养和呵护为过程，以激发内生动力为目的，为学生的优长发展、终身发展奠定基础的教育。[①] 唤醒教育可以作为教学指导思想[②]，也可以作为德育指导思想[③]。将唤醒教育作为校长办学指导思想，让学校在高品质建设的路上走得更好，是对唤醒教育的大范围、高水平运用实践。现当代唤醒教育研究和实践方兴未艾，我们主张在唤醒教育的办学实践中，对教师、学生和家长进行集体唤醒引导，将教育主体、客体、内容和目的作为要素，遵循其基本原则，重视效果与评价。

关键词： 办学思想；唤醒教育；属性与定义；主张；要素与原则；效果与评价

---

① 张泽科、崔勇：《走向高品质学校建设与实践》课题研究系列《实践探索篇》（中学卷），《"优"文化唤醒生命自觉》，四川教育出版社，2020年版。
② 冯现冬：《语文唤醒教育研究》，中国社会科学出版社，2017年版。
③ 杨聪：《教育即唤醒——走近问题学生》，福建教育出版社，2012年版。

一、"唤醒教育"的现实需要

我曾提出五个问题，让学生回答。

第一个问题："你为什么读书？"学生的回答包括："爸爸妈妈让我读书"，"我是学生，我应该读书"，"我也不知道"，"我还小，不读书干什么呢"，"为了将来有好的生活"，"为了以后当老板"，"我要上大学，必须读书"……这说明，学生对于学习的目的认识是模糊的，没有主动性、积极性。究其原因，社会进步、经济发展，学习的目的，由"读书改变命运"变成了"读书完成任务"。

第二个问题："你喜欢上学吗？为什么？"大多数学生的回答是："不喜欢，因为要做作业、要考试，不好玩、没意思"……这说明，我们教育教学的科学性、艺术性、趣味性、人文性不足，对学生的吸引力不够，而功利性又太强。

第三个问题："你最喜欢哪个学科？为什么？"大多数学生的回答出奇地一致："体育课，因为可以耍。"这个回答暴露出两个问题：第一，大多数体育课是"放羊课"，没有执行上课要求，教师没有遵守上课纪律；第二，玩耍是学生最喜欢的事情。如何让学生有收获？值得我们思考。

第四个问题："你在家最喜欢做的事情是什么？"学生的回答比较多："看电影""读书""睡觉""听音乐""做手工""发呆"……没有一个学生谈到要进行一点研究和探索。这告诉我们，我们对学生的引导方向出现偏差，以教师、教材、知识、考试为中心的教育教学模式没有得到根本的改变。

第五个问题："你以后打算做什么？"大多数学生的回答让我惊讶："不知道。"这真是一个严重的问题，至少学生可以想一个答案来敷衍，但是学生连想都不愿意去想。这告诉我们，学生并不了解自己，他们是随遇而安的一种心态，我们的引导在哪里呢？

我提出一个问题，让家长回答。

你觉得自己的孩子是一个什么样的孩子？家长回答中，有两个词语值得我们思考。第一个词语："梦虫"，第二个词语："小娃儿"。这充分说明，我们的学生在最容易接受和改变的时期，没有得到合适引导，能考出高分数，但是心智的幼稚，是一个大问题。

如何解决这些问题？根本的途径是站在学生的角度思考问题，寻找解决问题的办法，再让老师和家长去执行。是什么原因让学生无目标、无兴趣、无策略、无品行？因为施加给学生的，除了家庭的溺爱，就是学校和社会的强迫，学生从未主动，从未积极，从未兴趣高涨。我们要让他们变被动为主动，变枯燥为趣味，变消极为积极，其策略只有让"梦虫们"醒来，即唤醒。鉴于此，我们提出"唤醒教育"的办学理念。

二、"唤醒教育"的属性与定义

"唤醒"是一个现代汉语词语，它的解释是"叫醒"和"使醒悟"。"唤醒"也是一个心理学名词[①]，指的是从无意识到有意识。我们把"唤醒"这一词语引用到教育研究中，不是故作高深，而是深刻理解了心理学与教育学的联系，理解了"唤醒"与"教育"内涵之后的必然选择。在拉丁文中，"Educate"（教育）这个词，表示"引出、导出"，其含义与"唤醒"一词中"使醒悟、无意识到有意识"的含义是一致的。因此，结合心理学与教育学的研究，我们得出结论："唤醒"就是教育，教育的内涵就是"唤醒教育"的内涵。

教育的内涵无须探讨，教育的指导思想也是由国家层面制定的。但是校长在办学过程中的具体指导思想和实操策略却是丰富多彩的。教育永远塑造不出学生自身没有的东西，教育难以给学生不喜欢、不想要的东西。

---

① 张黎明、孙洁民：《试论心理咨询中的唤醒作用》，《武汉职工医学院学报》，1998 年第 26 卷第 3 期。

辩证唯物主义告诉我们：外因要通过内因才起作用，对学生的教育，就学生而言，学生是内因，教师是外因，最好的"通过"就是唤醒。唤醒学生的自我意识与潜能，确立自我发展的目标，找到自我成长的路径。唤醒人生梦想：一个人的成长始于为梦想所鼓舞。唤醒成长激情：厌倦是人生的第一件罪恶。唤醒人性的光辉：幸福就是某种德性。唤醒幸福人生：坚毅更容易让我们获得持久的幸福。唤醒成功路径：知止而后有定，定而后能静，静而后能安，安而后能虑。

我们要探讨的"唤醒教育"是一种指导思想，主张与策略、要素与原则、效果与评价区别于普通的、传统的教育的办学指导思想。"唤醒教育"的属性是校长办学的具体指导思想和实操策略，属于高品质特色学校建设的范畴。我们给"唤醒教育"下的定义是：一种以唤醒生命自觉和沉睡的潜能为核心指导思想，以唤醒为主要策略，以培养和呵护为过程，以激发内生动力为目的，为学生的优长发展、终身发展奠定基础的教育。

三、"唤醒教育"的历史与沿革

有人认为，"唤醒教育"最早由古希腊哲学家苏格拉底提出，这是没有可靠依据的。比苏格拉底大100多岁的荀子认为，人性本是恶的。人出生的时候，既有向善的可能，也有向恶的可能。那么引导就对人向善起到了决定性的作用。"唤醒教育"就是要通过唤醒和引导，让受教育对象不断地向善向好，不断走向成功。

南宋朱熹认为"理"中，包含"规律"，也是比较符合"唤醒教育"思想的论述。"唤醒教育"需要遵循"理"，即教育教学的客观规律。

明代的王守仁认为，教育儿童应根据儿童生理、心理特点，从积极方面入手，顺导儿童性情，促其自然发展。"顺导"这个词语，也与"唤醒教育"思想相契合。

德国的雅斯贝尔斯，是较早提出"唤醒教育"的西方哲学家，距今已有 100 多年了。雅斯贝尔斯说：教育的本质意味着，一棵树摇动另一棵树，一朵云推动另一朵云，一个灵魂唤醒另一个灵魂。他明确地提出了"唤醒"这个概念。

美国教育家加德勒提出的多元智能理论认为，每个人身上至少存在八项智能，即语言、数理逻辑、音乐、空间、身体运动、人际交往、自我认识和认识自然的智能。我们认为，"唤醒教育"就是唤醒智能，开发潜力。

中国"唤醒教育"的主要研究成果有：杨聪的《教育即唤醒——走近问题学生》[1]，彭兴顺的《教育就是唤醒》[2]，孙云晓的《唤醒孩子心中沉睡的巨人》[3]，魏继光、崔志武的《唤醒孩子：心灵成长 100 例》[4]，刘永胜的《教育就是唤醒自信心》[5]，还有冯现冬教授的《语文唤醒教育研究》[6]等。这些一线教育工作者和专家学者从不同侧面对"唤醒教育"进行了探讨和分析，总结了许多宝贵的理论和实践经验。

从笔者有限的认知来看，更多的专家学者是将"唤醒教育"作为学科教学、德育教育的策略来进行研究，将"唤醒教育"作为学校办学的核心指导思想来进行研究和实践，在全国范围内并不多。乐山市实验中学（简称实中）希望在全省高品质学校建设的道路上走得更稳，在"唤醒教育"研究实践的道路上走在前列，走出乐山市实验中学的"唤醒教育"之路，提供"唤醒教育"的实中方案。教育的功能从根本上说，就是要唤醒人们心灵中最美好的东西，使人性发出灿烂的光辉；唤醒人们对生命的自主意识和创新精神，使蕴藏在人脑中的巨大潜能得到开发；唤醒人们对生命价值的深切感悟，使人们在创造生活中享受幸福的人生。

---

[1] 杨聪：《教育即唤醒——走近问题学生》，福建教育出版社，2012 年版。

[2] 彭兴顺：《教育就是唤醒》，中国轻工业出版社，2014 年版。

[3] 孙云晓：《唤醒孩子心中沉睡的巨人》，江苏教育出版社，2009 年版。

[4] 魏继光、崔志武：《唤醒孩子：心灵成长 100 例》，华夏出版社，2012 年版。

[5] 刘永胜：《教育就是唤醒自信心》，新世界出版社，2005 年版。

[6] 冯现冬：《语文唤醒教育研究》，中国社会科学出版社，2017 年版。

四、"唤醒教育"的理念体系

"唤醒教育"是一种办学指导思想。办学思想是基于国家政策规定的国家需求的回应，也是办学共性基础上的个性呈现，更是基于区域和自身发展需要的特色表达，也是一个完整的理念体系。

办学思想："唤醒教育"——学校办学的根本指导思想，简称"办学思想"。

核心理念：唤醒生命自觉，唤醒沉睡潜能——办学思想的核心理念，简称"核心理念"。

办学宗旨：尊重人的禀赋与人格尊严，开启学生发展的无限潜能——办学思想指导下的办学目的，简称"办学宗旨"。

办学特色：优教育人，优学高效，优长发展——办学思想指导下的办学特点，简称"办学特色"。

特色目标：生命至上，打造开放型、创新型、示范型、品质型学校——办学思想指导下，形成特色后要达到的最终目标，简称"特色目标"。

以下，是我们对"唤醒教育"指导思想的细化解读。

育人目标：综合素质高，发展后劲足

校　　训：求真、求善、求实、求美

校　　风：勤奋、敬业、务实、创新

教　　风：唤醒、扎实、创造、愉快

学　　风：愿学、勤学、乐学、会学

形 象 语：春风化雨，润物无声

五、"唤醒教育"的课程设置

课程是教育的基础之一，我校分为德育课程、教学课程（含校本特色课程）。

（一）德育课程

为了让"唤醒教育"的德育课程紧跟时代步伐，我们以"社会主义核心价值观厚德教育"为依托，将唤醒德育概括为"五文化"。

1. 提升硬件水平，构建唤醒德育的校园物质文化

我们打造了独具实中特色的"实中名人文化走廊"，把牛顿、华罗庚等在科学、人文等方面做出卓越贡献的国内外大师雕塑竖立在学生每天都要经过的主干道上，让学生每天上学、放学路上经过都能得到熏陶。我们还开辟了"校园网育人"专栏，通过网站对广大的家长和学生进行"厚德教育"的介绍，获得家长的支持。在学校的墙壁、雕塑、花园的醒目位置，设置标语和温馨提示语，让这些设施能说话，也具备育人功能。

例："李左婷，乐山市实验中学 2013 届毕业生，现就读于悉尼大学建筑系。人生格言：山高人为峰。"工整的字迹、甜甜的笑脸、和善的目光。这是实中教学楼墙面一幅普通挂图的内容。同类挂图，学校教学楼上共有几十幅，这是学校唤醒校园文化建设的一部分。

校园文化建设如何符合"本真""和谐""共生""持续"的要求。唯有"用生命唤醒生命，用情感激励情感，用理想点燃理想"的校园文化才具有真正的教育作用，才可能是"优"的文化。于是，学生书法精品、绘画精品、摄影精品、剪纸精品等具有浓郁学生色彩、鲜明学生视角、独特学生气质、持续情感生成的各类作品作为学校文化建设的一部分。

2. 践行"三优"教育，构建唤醒德育的校园精神文化

学校一直以来，秉承"三优教育"的理念，即优教育人、优学高效、优长发展。优教育人是指学校教育回到以人为本的原点，回归学生学习成长的主体地位，以学生的发展为本，教师在学生学习成长的过程中发挥顺应、激发、引导、服务作用，尽可能以精教、巧教、点燃、点拨等方法导

引学生学习成长，赢得生命素质的全面、充分发展。优学高效的基本内涵是以生为本、以学为本，促进学生自主、合作、探究式学习，充分开发学习潜能，激发学习动力和学习活力，达成优化、高效的学习成长质量和效益。优长发展是指充分尊重学生差异、开发优势潜能的特长发展和个性发展，帮助学生找到个性化发展路径，培育个性品质与能力，形成独特的创新精神和实践能力。

我们提倡教师通过教育教学工作体现自己的价值，获得工作上的幸福感。对于学生，我们提倡高效学习，不打疲劳战，向每一分钟要效率，从而挤出时间来发展自己的特长。通过三年的学习，不仅在学业上获得成功，更在特长上获得发展，从而为人生之路打下坚实的基础。在"三优教育"理念的影响下，教师教得愉快，学生学得轻松。

3. 从细节入手，构建唤醒德育的校园行为文化

对于初中阶段的学生，行为习惯与学生的品行和学业成绩呈正相关。作为一名中学生，应当有中学生独有的行为规范。我们非常关注学生的行为习惯，对学生的站、坐、行、学、说等方面都做了细致要求。比如在教室里，我们要求走进教室即静，坐下位置即学；大课间期间，我们要求学生全员参加，积极锻炼身体；集队集会期间，我们要求学生严肃有序等。由于学生在校期间养成了良好的行为习惯，对人格的养成、人生的发展都大有裨益。同时，学生也把这种良好的习惯辐射到社会，把学校的教育功能进一步放大。

以学校政教处、团委为主体，建立了一整套学生行为文化规范。

4. 树立规则意识，构建唤醒德育的班级制度文化

从前期的调查数据分析，当代城市初中生缺乏规则意识，向往缺乏约束的自由，这与社会主义核心价值观中的"自由""法治"是不相符的。因此在学校的班级管理中，要求每个班级应该制订相应的班规，用制度管人，而不是"人治"。既提升了管理效率，也在学生心中种下了"自由"与"法

"治"观念的种子。

下面以某班班规（部分）举例：

教室纪律：

（1）每位同学应按时到校，迟到一次扣1分，早退一次扣1分，旷课一节扣5分。

（2）每位同学应积极锻炼身体，按时参加课间操，迟到一次扣1分，缺一次扣2分。

（3）大家应做好课前准备，上课铃声一响，做到"快、静、齐"。违者每次扣0.5分。

（4）上课迟到应向老师喊"报告"，经老师同意后才可进入，违者每次扣1分。

（5）大家应该用好课堂45分钟，不得在上课做与学习无关的事情。上课不认真听讲，每次扣1分；看与学习无关的书，每发现一次扣2分，并没收所看的书。

（6）课间大家应文明休息，下课追赶打闹、起哄的，每次扣2分。

（7）同学间应和睦相处、团结友爱，不得打架、吵架。违者每次扣5分。

（8）每天应按时完成学习任务，不按时完成作业的，每次扣1分。

奖励办法：

（1）一周全勤，无迟到早退，加3分。

（2）连续两周按时完成作业，无课堂违纪现象，加10分。

（3）知错能改，并且连续一周表现较上周有较大改善，加5分。

（4）受到学校表扬，加5分。

（5）为班级争得荣誉，按等级依次加5~7分。

（6）被老师表扬，每次加1分。

（7）调解班级同学间矛盾，每次加2分。

（8）拾金不昧，每次加1分。

5. 树立坚持意识，构建唤醒德育的序列文化

具体内容如下图所示。

乐山市实验中学学月德育主题

国旗下演讲主题

月份	国旗下讲话主题
9月	勿忘国耻，振兴中华
10月	树时代新风，立爱国壮举
11月	规则于心，安全随行
12月	安全无小事，文明我践行
1月	诚信考试，诚信做人
3月	人人讲文明，处处懂礼仪
4月	缅怀革命先烈，传承红色基因
5月	继承五四精神，做有为青年
6月	维护国家安全，共筑钢铁长城

国旗下演讲主题如上表所示。

例：5月的一天，初夏的阳光送来青春的活力，翠绿的银杏树叶泛着点点光亮，暖风吹拂，旗帜飘扬。许多人陆续集中到学校操场指定位置，有的拿出手机拍照，有的端着相机摄影，还有的在好奇地张望操场上随

风飘扬的团旗、队旗及孩子们佩戴的红领巾……他们是来乐山市实验中学观摩学习实中德育创新活动——"少先队退队暨新团员入团宣誓仪式"的领导和老师。"现在我宣布，乐山市实验中学'少先队退队暨新团员入团宣誓仪式'现在开始。全体肃立，出队旗，唱队歌……"校团委书记、少先队大队辅导员张燕的话音落下，同学们非常熟悉的《少年先锋队队歌》在实中上空响起，深情唤起童年时代的回忆。随着团歌的唱响，是童年到青年的成长变化。"退队暨入团宣誓"活动，是全乐山市初中学校的首创，填补了初一学生不能参加少先队活动和青年活动的空白。

立德树人，是学校的根本任务。立什么德？树什么人？这是需要清楚回答的问题。实中的回答是"立生命之德，树发展之人"。生命之德，在于"真、善、美、爱"；发展之人，在于"理想、行动、创造、持续"。在"优教育人"的要求下，德育活动需要创新。这种创新需要具有"积极性"，以提高德育的质量和效率；需要具有整体性，以覆盖全体德育对象和学生的全面发展；需要具有生长性，包括德育内容的时间纵向发展和环境横向联系；需要具有差异性，尊重个体生命的差异，唤醒不同个体内心的自觉、自醒、自律和自变。

乐山市实验中学唤醒德育水平评价标准

学生姓名： 年级班级： 学号： 性别： 民族： 出生年月： 政治面貌： 学期：

评价内容	评价层次	具体要求	评价等级	自我评定	学生互评
爱国	仪式爱国	能在各种庄重的仪式上唱国歌，对国旗敬礼	C		
	国家荣誉	能为国家的巨大成就感到自豪和荣誉感	B		
	大国小家	能建立有国家才有小家的观念	A		
自由	积极发言	上课积极举手，参与发言和思考	C		
	敢于质疑	敢于对同学和老师的观点提出疑问	B		
	主动创新	主动提出自己创新的观点和思考方法	A		

（续表）

评价内容	评价层次	具体要求	评价等级	自我评定	学生互评
民主	参与选举	积极参与班委干部的选举	C		
	参与管理	主动参与班级的管理，为班级做事	B		
	民主意识	把民主内化为自己的一种意识	A		
公正	尊重事实	对于他人的观点应以事实为依据	C		
	调解矛盾	善于公正地调解同学之间的矛盾	B		
	客观公正	养成理性、公正地看待事物	A		
平等	交友融洽	主动与班上同学交往	C		
	平等待人	不因家庭、性格等歧视别人	B		
	平等观念	人人平等	A		
法规	遵守规则	遵守校纪班规	C		
	遵守法律	遵守社会规则，遵守国家法律	B		
	内化规则	规则已经内化为一种意识，并能用法律维护自身权益	A		
敬业	完成学业	能按老师、家长的要求完成学习任务	C		
	主动学习	把学习当成自己的事情，主动地完成学习任务	B		
	主动钻研	认真钻研学习方法，创造性地完成学习任务	A		
诚信	对人诚信	讲实话，对人守诺言	C		
	做事诚信	做事认真负责	B		
	对社会守信	勇于承担社会责任	A		
友善	尊老爱幼	尊重父母，体贴父母，尊敬师长，爱护同学，对人有礼貌	C		
	乐于助人	富有爱心，能乐意帮助他人	B		
	热心公益	积极参加义务劳动、慈善募捐等社会公益活动和社会实践活动，服务社会	A		
学生			总评等级		
老师评语					

（二）教学课程

"唤醒教育"的核心理念是唤醒生命自觉，唤醒沉睡潜能。学生对国家课程的热爱和自觉学习的状态，是我们唤醒的核心。为了实践这一理念，实现目标，我们形成了"三优"特色。

1. 优教育人唤醒自觉——撑开一片闪亮的星空

（1）唤醒于优化教学方式

例：现在我上数学课，只需要提出问题，研究问题和解决问题是小组内部自己的事情。我会分组解答问题，极少在黑板上进行板书和答题示范。以前一节课下课了，总是说"耽误大家两分钟，老师把这道题讲完"……现在变成了"自己小组不能解决的问题，先向其他小组请教，老师下节课进行提示性讲解"……

资深数学教师左谦在谈及课堂优化后的感受充满愉悦之情，感受到"优教"带来的实在变化和好处。思维的碰撞产生灵感的火花，语言的交流架起沟通的桥梁。老师讲关键，优生讲普遍，优化形式，优化内容，老师从机械重复中解脱出来，进行深度、宽度、高度思考；学生则调动所有知识储备，自觉、觉悟。

（2）唤醒于心理逐渐成长

例：2019 年 4 月 8 日上午，乐山师范学院教育科学学院乐芽织心志愿者团队来到乐山市实验中学开展为期 4 天的见习活动。在老师的带领下，志愿者们参观了乐山市实验中学未成年人心理成长指导中心、"心理宣泄室"等功能室……

这是乐山师范学院教育科学学院到我校未成年人心理成长指导中心开展活动后的一则报道。

"亲爱的老师、同学们，《心视野》第十八期征稿啦！本期主题是'竞争与合作'（运动会上有很多素材噢！），来稿可以是新闻、散文、照片、分析评论……"这是学校"心健中心"报纸《心视野》最近的征稿启事。

如何具体落实"心理健康成长"的举措？《心视野》报刊的发行，提供了有效途径和具体的载体。这是乐山市区域范围内，唯一的一份与未成年人心理成长指导有关的报纸。每一期报纸确定一个主题，作为该学月心理成长指导中心的活动主题，开展各项活动，搜集各种素材，引导心理成长，保障心理健康，让优教有强大而成熟的心理保障。

（3）自觉醒于教师专业生长

例：一言以蔽之，所谓学科核心素养，是以"养"为中心，即素养能力，而不是传统教学的"分数"养。像农民种庄稼那样，抓住学生的根本，将富有营养的知识养料，用来发展学生的"根部"，营养"根部"，促进增长学习的方法。让学生持续思考，建构知识，发展创新，提升思考力、生成力和表达力，形成终身学习能力的素养。那么身为教育者，如何在课堂上落实学科核心素养呢？突破以往情结是唯一途径……

这是四川师范大学李松林教授《聚焦学科核心素养的深度教学》中的观点。李教授提及的"养""根"正是"生命自觉"的一种体现形式。当教师在践行"核心素养"教学实践之时，"优教"的另一种实施策略就开始落地生根了。

例：三江汇聚，滋养乐山；千年州府，人才辈出。乐山市实验中学，这棵成材之树，沐浴在政府的阳光下，扎根在百姓的土壤中。根深叶茂、桃红李白，书写"江山代有才人出"的华美诗行。于俯仰间，走过近二十载峥嵘岁月。薪火相传，见证人才培养的艰辛历程；卓尔不群，谱写初中教育的优美乐章……这是学校教研刊物《潮音》的卷首语。

《潮音》是伴随着"三优教育"理念实施成长起来的实中教研刊物，在区域内是首屈一指的高水平教研专刊。优教育人，需要丰富的理论支撑和扎实的实践和总结。整合的思维、工匠的精神，需要变成指导师生和家长的不二法门。随着实践的深入，涌现出一大批具有使用价值的优教经验总结性的文章，成为全校进一步推进优教育人的行动指南。

《地图教学助地理课堂高效生成》——地理组陈怀恩；《散文阅读教学之师本对话》——语文组陈秋；《数学教学中以动态生成落实过程性目标的案例分析》——数学组胡同祥；《〈平行四边形的判定方法一〉课堂教学实录与评析》——数学组伍敏、胡同祥、徐宏伟……一批带着实践气息的"优教"课堂实践的论文或经验总结在《潮音》上发表，成为助力优教前行的支撑。

2. 优学高效，唤醒自觉——走进和谐愉悦被唤醒的境界

（1）"老师，我们想先学习文言文单元，背诵文言文是一个难关，早一点学完，我们可以利用零碎的时间进行背诵……""老师，这些说明性文章都是事物说明文，可不可以在本单元增加一篇事理说明文？……""老师，鲁迅先生的文章很有深度，有些内容我们读不懂，可不可以不学习？……"这是学生和语文老师商量学习内容和进度时的对话。

（2）"同学们，这一节课，老师安排了四个方面的内容：第一是做两段课外文言文练习题；第二是两段现代文阅读练习题；第三是一套完整的模拟题；第四是基础训练题。请你选择一项内容，排队到我这里来领取。首先是要做文言文题的同学来排队……"这是一位语文老师，在上考前复习课时的开场说明。

"现在进行课前训练，两道计算题，时间5分钟。请科代表将小题单发到每位同学手里，速度要快……好的，时间到。请小组内部1号对应6号，2号对应5号，3号对应4号，交叉对一下答案。答案如果一致，就不用讨论了。如果答案不一致，请相互说服对方，开始。"这是数学老师伍敏在利用课前时间对学生进行定时定量训练。这种训练方式是和学生群体进行充分商讨后进行的，深受学生的欢迎。

（3）自选动作（最少选做1项，鼓励多做）

①假如自己居住的小区要整体出售，请设计一份售卖海报。A4纸大小，用中性笔写字，其余内容全部自由发挥。

②假如你的语文老师和数学老师要结婚了，而你就是婚礼司仪，请你设计一份婚礼现场的流程，并撰写婚礼司仪的开场白，500字左右。请不要抄袭网络素材，写在作业本上。

③制作一份美篇。主题内容自定，向文学方向倾斜，照片不低于8张，不设上限。做好可以发家长群大家欣赏。

……

这是一位初一语文老师在学期结束时设计的暑假作业单中的部分选做内容。

（4）"各位家长，今天晚上，请同学们观看我发在家长群里的物理实验——酒精灯的使用，大约需要5分钟。这个实验是很简单的，正因为如此，课堂上演示的时候，很多孩子不重视，导致对实验的科学性、严肃性的品质培养不到位。用电脑或手机观看，学生的注意力会更集中，学习的效果会更好！"这是物理老师张雪艳在家长群里发的家庭作业。

（5）"在老师的指导下，拿到一本新英语教材，可以先翻翻课文，提前熟悉课文。如联系上下文还有理解不了的地方，翻看后面的词汇表，就可以找到它的中文释义和发音，此时这个词就会给你留下更深刻的印象。语法总是体现在句子中的，熟读句子，便可以把语法内容融化在句子里，铭刻在记忆里……"这是一位英语成绩优异的同学叶逍可在向同学介绍学习的经验。像这样的高效学习经验交流会，每个学科每个班级都会不定期举办。

要我学转变成我要学之后，单位时间的效率明显提高，优学高效得到落实并见到成效。优学高效，就是在不脱离考试成绩这条主线的前提下，根据"尊重""引导""激趣""需要"的原则，实现知识自身价值的最大化。同时，学生可以根据自己的实际需要，进行有重点和针对性的学习，激发学习的动能，走进一种被唤醒的自然的境界。

3. 优长发展，唤醒自觉——激荡人的生命之河

教学课程之特色课程简介。

（1）2018年暑假，天降大雨，实中操场积水达1米。老师们在朋友圈分享的视频不是洪水漫城的景象，而是一架水上航模飞机，在学校操场上劈波斩浪，划出阵阵涟漪后在操场上空盘旋的景象。操作这架飞机的是学校的一位体育老师，他的名字叫杨勇，绰号是"实中空军司令"。

杨勇老师是学校航模社的创建者和指导老师。学校航模社组建至今，已经培养了上百名航模爱好者，为高一级学校培养了近20名航模特长生，一共获得国家级荣誉6项，省级荣誉133项。学生万佳毕业于北京航空航天大学，现为飞行器设计博士；学生敬嘉南，2018年考入空军航空大学飞行专业；学生夏驰涵2018年考入成都航空学院无人机专业。

（2）"继今年9月推出的开学第一课《走近实中》的校本课程和军训课程后，乐山市实验中学在'川剧社''文学社'等传统特色课程的基础上，充分发挥教师个人才华和集体智慧，借助社会资源推出了'摄影艺术班'等46门特色课程，于每周五下午第四节课，在七、八年级的学生中全面开展……"

这是乐山市教育局官网"乐山教育"对乐山市实验中学践行"优长发展"理念、发展特色课程的专题报道。

开发特色课程，践行优长发展，此举深受学生、家长和社会的好评。每周五下午第三节课后，校园里热闹非凡。只见七、八年级的同学背上书包走出行政班级教室，兴冲冲地赶往在网上抢到的特色课程所在地……周五下午第四节课的特色课，成了七、八年级同学每周一次的"课程盛宴"。

在这些课程中，航模、智能机器人、川剧、游泳、茶艺、剪纸、武术散打套路、户外生存技能培训、心理电影欣赏、法语等课程，独树一帜，独领风骚。16位外聘专业教师（教练）的加入，极大地提高了课程的专业水准。

（3）在特色课程的开发过程中，Pen Beat 课程是全乐山市唯一一门由学生自主开发的学习课程。Pen Beat（简称 PB，俗称"喷笔"），也叫"Pen Tap""Desk/Table Drum"，是一项用笔和手的不同部位敲击，来模仿架子鼓点的音乐形式。之前流行于少数黑人说唱者之间，后来美国亚裔高中生 Shane Bang 把 Pen Beat 视频发到 YouTube 上，使许多人知道了 Pen Beat。

2021 届 8 班学生兰子涵在去法国访问归来后，产生了在班级组建"Pen Beat"兴趣小组的想法。他的想法得到了学校领导的大力支持，在学校举行的学期特色课程考评中，该课程被评为"优秀"。

（4）"行走课程"是由乐山市实验中学名师胡同祥老师开发、率先在自己班级实施的"班本课程"。其主要的组织形式是胡同祥老师带领班级同学，利用节假日，前往周边具有学习价值的单位、地点进行实地探访性的学习。

到目前为止，胡同祥老师带领班级同学走访乐山市境内近 40 个单位和地点，参加人次达到 600 多人次，出版《行走的课程》专著。

（5）如何满足对书本知识有强烈的求知欲望而对其他课程不太感兴趣的学生的需求？学校在进行特色课程的顶层设计时，已经考虑到了这个问题。于是，"数学竞赛辅导"特色课程、"基础物理"课程、"物理竞赛辅导"特色课程也进入课程名单。"宁可读书无用，也不可用时无书"，正是对这种设计的解释。

（6）参加思维训练班的郭彦秀同学说："我认为这个兴趣班开展得很好，通过游戏开拓思维，把脑洞打开，让我思维更开放、更活跃。"参加爱心志愿者班的石敏慧谈道："爱心志愿班让大家充满了爱心、正能量，人人都热心为他人服务，是很有意义的事情，还可以增强社会实践能力……"

类似这样对特色课程充满喜悦的同学很多很多。特色课程能得到学生的喜欢，从而激发他们的学习热情，正是对优长发展理念的最好回应。

（7）国际联系交流活动

例：在巴黎的第一个夜，好梦。10月5日。早晨的巴黎飘着小雨，乘船游览塞纳河，沿途可以欣赏到巴黎的城市景观。两岸的欧式建筑精美大气，繁忙的大街和街边葱郁的栗子树，充满了浪漫的生活气息。途中，我看见被大火烧毁的巴黎圣母院，虽然只剩下一小部分，但仍然可以看出它的庄严神圣与美丽。初二学生杨斯榆在访法归来后，在日记中写道。

世界很大，优教育人需要眼界。当黑眼睛与蓝眼睛对视之时，当汉语和英语借助手势和表情进行沟通的时候，当川剧与摇滚街舞同台的时候，就是学生"中国情怀 世界眼光"萌芽之时。就是生命中，求知的欲望被唤醒之时；就是意识中，人生取向被明确之际。

为了播下"优教育人"中"情怀与眼光"的种子，在乐山市外事办的支持下，学校先后与法国雨果中学、澳大利亚堪培拉中学、新西兰崇德中学等外国学校确立了友好学校关系。通过互派师生访问，增进友谊和了解，开阔学生眼界和思维。比较自我和他人，求得不断的自我唤醒，如春雨之于土地，润物无声。

（8）自觉醒于情感气息交流

例：一、拥抱爸爸或妈妈——亲情，是文学的永恒主题。二、和亲人一起吃饭、散步、逛街——感受生活的美好和幸福。三、观看直播或重播的"国庆70周年阅兵仪式及群众游行"……以上文字，印刷在一张色彩图案和谐搭配的A4纸上。

这是一位语文老师布置给学生的国庆节作业。

"优学高效"是一种情感价值追求，体现在教师教育的每个细节，用教师生命的情感气息，影响学生生命情感的气息；用教师生命的张力来扩大学生生命的张力。在这种情感气息和张力的影响下，逐渐唤醒生命的发展自觉。

（9）自觉醒于精神家园归依

例：约稿——《竹溪潮》是展示乐山市实验中学师生文学、艺术创作的平台，也是乐山市实验中学校友的精神家园。各版热忱欢迎师生及校友来稿。下期推出"国庆大阅兵"观后感为主题的专栏，展示我军威武之师、正义之师的力量与气势，希踊跃投稿。投稿信箱：syzxzxsy@sina.com。

这是乐山市实验中学校报《竹溪潮》最近一期的《约稿通知》。

每一个平凡的生命，都需要精神家园。诗和远方固然美丽，一篇小文章，一幅小照片，一张绘画作品，甚至一句自创的格言，都是一个小小的精神家园。优教的目的就是通过关注精神需求来构建具有时代特点和个性追求的精神家园，让学生的思想有归处、有方向，从而激发内心自觉的生长因子，走向更高的层次。

概括起来，这些特色课程，注重唤醒学生潜能的一个方面。一、交往与语言潜能，包括英语。开设了日语、法语唤醒课程。二、逻辑与空间潜能。开设了数学、物理、电脑制作、动画设计、摄影艺术、绘画艺术、航模社、剪纸等唤醒课程。三、运动与生存潜能。开设了体育舞蹈、野外生存、游泳、足球、篮球等唤醒课程。四、艺术与审美潜能。开设了民乐、话剧、播音、文学、诗和远方、合唱、川剧、街舞等唤醒课程。五、认识与创造潜能。开设了心理电影欣赏、欧美文化品牌欣赏、乐山乐水、嘉州古韵探寻、趣味生物学等唤醒课程。总共46门。

六、"唤醒教育"的对象与策略

我们首先需要指明"唤醒教育"的三大对象主体——教师、学生和家长。

后现代主义教育时期，知识符号化、商品化、数字化[①]；文化风格和内涵被重新定义，表达上模糊不清、不可捉摸；快餐文化大行其道，传统

---

① 燕良轼：《解读后现代主义教育思想》，广东教育出版社，2008年版。

教育教学思想和实践经受前所未有之冲击。不能否定科技的进步和社会的发展，但是作为社会人的教师，必然会在冲击中首当其冲。唤醒教师，就要唤醒教师的爱与责任，自觉践行师德规范；唤醒教师对职业的审美情趣，不断升华职业境界；唤醒教师的雄心壮志，追寻专业发展之道；唤醒教师的育人担当，不抛弃，不放弃，不让一个孩子掉队。唤醒教师，需要坚定地走向专业，走向尊重，走向交互，走向生命，最后走向职业的幸福。

（一）教师队伍的唤醒——"唤醒教育"的基础着力点

1. 唤醒教师的专业生长——保有高水平的教师队伍

如果你问一个老师，你的主要职责是什么？老师的回答肯定是"教书育人"，这是没有错的。但是这个简单的回答固化了教师行动，结果是教师认为将学科知识教好、对学生进行正确的教育就是自己执业的全部，其专业水准基本停留在大学学科知识加经验积累的基础上。没有专业的成长，再优秀的教师都会沦为教书匠，沦为教育理论与实践进步的反对者，甚至沦为学校发展的绊脚石。

行动研究唤醒，是唤醒教师专业生长的有效途径。根据叶澜教授的理论，教师专业结构包括专业理念、知识结构、能力结构三个方面。[1] 行动研究唤醒，就是让教师的教育教学行为，由已有知识结构加检验积累后直接行动，首先变成"研究后行动"，就是确定自己的教育教学指导思想，了解研究自己的教育教学对象，预设自己的教育教学实施策略，准备自己的教育教学应变方案。简单举例：我们坚持要求备课组先讨论、后上课，坚持要求班主任少说、多观察，再确定班级管理办法。然后是"行动后研究"，在实践中不断总结和修正，以自己的教育教学实践为中心。简单举例：我们一直鼓励语文、数学、外语老师最少教两个班，上一个班级出现的问题，在下一个班级进行总结和修正。然后是"对行动的研究"，就是在实

---

[1] 柳海明：《现代教育理论与实践》，东北师范大学出版社，2011年版。

践中找到问题，带着问题寻找原因和答案。简单举例：我们鼓励班主任解决好学生上课打瞌睡这个问题，鼓励任课教师解决好作业收不齐这个问题。最后是"在行动中研究"，在现实的教育教学场景中，研究教育教学本身，总结教育教学规律，积累为教育教学经验，最后提升为教育教学理论。简单举例：我们一直让班主任或者任课教师成为教师大会主讲人。

2. 唤醒教师的尊重意识——保有高觉悟的教师队伍 [1]

在电影《哈利·波特》中，年幼的哈利·波特进入霍格沃茨魔法学校后，学校里的老师都称他"波特先生"。电影中这个小细节，折射的是东西方教育中两种不同的理念。我们唤醒教师的尊重意识，尊重什么？乐山市实验中学的回答是：尊重教育的根本规律与创新理论，事情的客观事实和结果，学生的生命本体与人格尊严，家长的颜面与个人期望，社会的发展趋势与正向舆论。还有一个极端的问题：学生究竟有没有选择学与不学的权利？乐山市实验中学的回答是：告知监护人，共同谈话教育，采取相应措施，反复监督提醒后，对选择应付学习的学生，要给予尊重。这是我们在教学评价中，已经淡化平均分指标的重要原因。尊重，本身就是一种高水平的教育理念，反对教师强势，是尊重意识唤醒的根本目的。

3. 唤醒教师的交互意识——保有高互动的教师队伍

"交互"一般指的是信息、设计，我们所指的交互，是交流互动。它定义了交流的内容和结构，使之互相配合，共同达成教育目的。交互的第一个层次是同学科的交互。这是最低的层次，其实也是最难的层次。它虽然只停留在教案、课件、作业布置、试卷共享等基本的教学工作上，但是能主动交互的教师，有多少呢？乐山市实验中学要求备课组、教研组必须进行交互，作为考核备课组、教研组重要内容。笔者作为校长，也是语文老师，笔者在语文组里，就必须起到带头作用。第二个层次是不同学科的

---

[1] 陈钱林：《尊重教育新理念》，人民教育出版社，2005 年版。

交互。有一个事例：乐山市实验中学在安排教师办公室的时候，为了达到学科交互的目的，尽量考虑语文、数学、英语、物理、历史、政治、地理等学科老师坐在一起。乐山市实验中学每个学科组教师人数多，同学科的交互要求，完全可以达到；不同学科的交互，需要为老师们创造条件。第三个层次是班主任与任课老师的交互。有班主任在的办公室，必定有该班的任课老师，正式与非正式的交互，都是有效教育教学的补充。通过任课老师的全校性的讲座、班主任全校性的经验分享，这种交互的效果是明显的。第四个层次是管理层与执行层的交互。听取意见，反复研究，最后执行，是我们一直坚持的原则，这一点不需要过多阐述。第五个层次是家长与老师的交互。这是交互意识中非常重要而又非常难的一个层次和内容。这种交互，受到学生家庭构成、文化程度、社会阅历、婚姻状况、个人期望、子女成绩等诸方面的影响。交互次数的多少、交互实践地点的选择、交互内容的有效性、交互后结构的评估，都是值得考虑的。乐山市实验中学对家长与教师交互的明确要求是五个一：一把椅子、一杯茶水、一句问候、一段事实、一些建议。一个现实的问题：让学生家长送孩子忘记带到学校的作业，这也是一种交互，到底对还是不对？乐山市实验中学的回答是：坚决反对这种负面的无效交互。最高层次的交互是新旧与自我的交互。乐山市实验中学的教师队伍是相对稳定的，在新旧观念、新旧自我的交互中，适应新的时代和要求，找到过去和现在自己的不同，不断学习、不断超越、不断完善自己。这是时代赋予教师的要求。

4. 唤醒教师的团队竞争意识——保有高协作的教师队伍

一个人可能走得更快，但是一群人才能走得更远，因此，交互的本质是一种团队协作。学生需要全面发展，学科学习需要时间的合理分配。学生升学需要的分数是各学科的总分，育人是所有教育工作者的事情，学校对外竞争中团队的力量更加强大。这些因素决定了教师团队建设的重要性。发展是硬道理，学校发展、教师发展、学生发展，引入竞争机制是必要的。

一是以班主任为核心，唤醒班级团队竞争意识。班主任是一个班的领导者、组织者、桥梁、纽带。科任教师要紧紧团结在班主任周围，听班主任指挥、安排。学校奖励性绩效工资发放方案里有总分学生奖，教同一个班的教师的奖金基数是一样的，学科系数不同。还有育人工作考核的班级育人系数，该系数是各项育人工作的总和。育人不仅仅是班主任的事，更是该班所有教师的分内工作。总分学生奖和班级育人系数，把该班所有教师捆绑在一起，一荣俱荣，一损俱损。二是以教研组长、备课组长为核心，唤醒学科团队竞争意识。奖励性绩效发放方案里有单科优生奖，单科优生奖系数是按连续三年中考区县名次来算，是该科所有教师三年奋斗的结果，同样把所有该科教师捆绑在一起，也同样是一荣俱荣，一损俱损。

5. 唤醒教师的生命幸福①——保有高激情的教师队伍

一个没有幸福感的人，很难从事幸福的教育，也很难教出幸福的学生，因为情感是可以传递的。同时我们也承认，幸福与否，与教师个人的经历体验认识有很大的关系，可能与学校本身并没有多大的关系。但是我们主张的是：让教师在工作中有生命幸福感！幸福与自豪、骄傲、与众不同、独树一帜等紧密相关，有时候虚荣也是一种幸福。第一是用校园环境唤醒幸福感。校园环境的硬件与软件建设，给教师一种现代感、科技感、文化感、方便感，进而唤醒幸福感。第二是用校园服务唤醒幸福感。乐山市实验中学做到了打印一张文稿都有人送到办公室，教师足不出户，就可以把电脑资料转化成可以用的试卷；有好吃的饭菜，自然幸福感爆棚；等等。第三是多元肯定唤醒幸福感。对教师的评价是否客观公正，直接决定教师对自我职业的认同与否。多元评价的核心就是，每一位教师，总有一个优点或者突出的一面，使教师不断自我超越和自我成就。第四是共享学校资源唤醒幸福感。作为校长，掌握着学校的所有资源，包括人事、待遇、晋

---

① 朱永新：《致教师》，长江文艺出版社，2015年版。

级、转学等。分配资源是上级主管部门赋予校长的权力，但是利用资源，给教师校内校外的体面，也是一件重要的事情。第五是构建自己价值追求唤醒幸福感。教育的终极目的，就是追求价值和意义，这种精神层面的需要远比金钱重要。不断地对教师进行价值意义的引导，是实现这种精神追求的重要手段。在乐山市实验中学这样较高层次的学校里，集体荣誉是我们非常关注的对象，也是老师们非常珍惜的成果，凝聚着全体教师的心血。最后是关心关怀唤醒生命幸福。这里就不再阐述了。

"唤醒教育"的所有主张和举措，都需要通过教师队伍去落实，抓好了这个基础着力点，"唤醒教育"工作才有人去做，才能做好。

（二）学生群体的唤醒——"唤醒教育"的主要受力点

调查得知，现代学生群体是处于无目标的、被动的、完成任务式的学习状态中。"唤醒教育"就是站在较高的理论点，使用较好的手段等，着眼较长的时间段，让学生群体从无目标的学习转变成有目标的学习。育人先育心，浇树要浇根。唤醒学生，就要唤醒学生的责任与良知，使人格得以健全完善；唤醒学生追逐人生梦想，成就自己美丽人生。采取哪些策略来对学生群体进行唤醒呢？在实践中，我们认为以下策略是有效的。

1. 赏识与鼓励，是"唤醒教育"的基础

师爱是教育的灵魂，赏识与鼓励是师爱的突出表现。我们对赏识与鼓励关系的认识是：赏识是指对学生个体或者群体的表现，在不违背原则规律的前提下给予肯定；鼓励是指在肯定的前提下，教师或者家长提出合理化的意见或者建议。这如鸟的双翼，缺一不可，但是不能认为就是一回事。我们要求老师一定认清赏识与鼓励的关系，在与学生接触的过程中，不能偏废其一。不能用无原则的表扬代替真正的赏识，也不能只是赏识而不提出专业的建议。

2. 激趣与帮助，是"唤醒教育"的条件

激趣不仅仅是留下很多问题让学生去思考；激趣是一种求知欲望、学习激情、自我提高的情绪调动。张一成、袁铭萱主编的《激发学习兴趣》[①]一书中，用 40 个情节经典、文字精辟、道理深刻、内容具体的品德故事，引导孩了学习知识和人生哲理。课堂教学，尤其是文字学科，故事化，是激趣的重要手段。我们要求老师用喜闻乐见的故事，营造氛围，提高学生的关注度，从而达到唤醒学生求知与自我提高的目的。帮助指的就是解决学生不能解决的问题或者指导其解决问题，从旧问题到新问题，走向自我的肯定和成功。

3. 自省与反思，是"唤醒教育"的核心

如果说激趣与帮助更多作用于学生的知识学习的话，那么自省与反思，更多地作用于学生的情感。[②] 我们提出五个转变。第一是变零碎的唠叨说教为有理有据的有效教育，唤醒学生的内疚感。唠叨是教师情绪的发泄，不是教育的方式，家长的唠叨亦然。第二是变指挥安排的言教为躬亲示范的身教，唤醒学生的惭愧感。身教是示范引领，也是榜样模范作用的体现。第三是变抽象高大的道理为浅显易懂的事例，唤醒学生的体验感。身边人、身边事，就是最好的"唤醒教育"的素材。事例距离学生越近，其体验感越真实。第四是变简单粗暴的批评为具体落实的指导，唤醒学生的亲近感。有问题以后怎么改，才是学生最需要的，细致地给予指导培养出来的是师与生或者父母与子女之间心灵的相通。第五是变区别对待的分类为一视同仁的看齐，唤醒学生的荣辱感。破罐子破摔是学生最容易产生的情绪，消除这种情绪就需要荣辱感。学生内心的各种情感得到唤醒，进行自省与反思，也就达到了"唤醒教育"的重要目的。

4. 规划与实施，是"唤醒教育"的保障

生涯规划是为了帮助个人更好地了解自己，从而对未来做出规划。生

---

① 张一成、袁铭萱：《激发学习兴趣》，中国青年出版社，2012 年版。
② 林海亮、杨光海：《教育心理学》，北京师范大学出版社，2012 年版。

涯规划是从人的气质类型入手，人的气质类型分为胆汁质、多血质、黏液质、抑郁质四种，每种类型有若干适合的工作。学生首先判断自己是何种气质类型，然后选择自己喜欢的工作。生涯规划不等于简单的学习计划，生涯规划立足个体，着眼未来，对人生成长的唤醒起着至关重要的作用。[1]规划包括兴趣、性格、能力、价值观念等要素，为学生提供未来发展的多种可能性和主要可能性。我们要求老师们在引导学生树立理想的过程中，引入生涯规划的内容，指导学生明确自己的气质类型，选择自己喜欢的工作，而不仅仅是考高中、考重点高中，考大学、考重点大学这些大而空的内容。学生最缺少的是生活的经验和社会的体验，而老师恰好具备这些常识和认知，从最基础的特长开始规划，进而指导学生了解相关内容。帮助则是在学生已有基本规划的前提下，因人而异地要求其不断向规划的内容钻研，以求得规划的实效性。规划与帮助，就是长远打算的具体化，目标明确后的内生动力是个体的有效保障。

5. 自觉与蓄势，是"唤醒教育"的目的

杜威认为，"教育即生长"[2]。但是现实中，多数学生从出生开始就享受着父母提供的一切。我们强调的自觉，是少年的自信与激情，责任与担当，被爱与感恩，成就与价值被激活，要让学生自觉去实现这些，实现真正意义上的自觉生长。不能否认学生的年龄小，思想具有不稳定性和性格的可塑性，这正是"唤醒教育"的最佳实施时期，从而做到为学生的生长蓄势，为其人生奠定基础。这就是"唤醒教育"的根本目的。

6. 分数和升学，是"唤醒教育"的表现

分数是什么？这是一个需要回答的问题。"唤醒教育"中的分数，是学生素质的数字化呈现。如语文分数，是学生说读写能力、概括能力、理解能力、分析能力、推理能力等的数字化呈现。社会的关注与家庭的期望，

[1] 钟思嘉：《生涯规划实战手册》，中国轻工业出版社，2010 年版。
[2] 王凌皓：《中外教育史》，东北师范大学出版社，2006 年版。

与学校的办学思想并不能完全统一，矛盾点主要是短期的学习效果需求与长期的办学思想之间的冲突。"唤醒教育"正是调和这个矛盾的切入点。唤醒自觉的同时，对于学习文化知识的欲望肯定会被唤醒，学生的思想、素质、眼光、言行最终会因为"唤醒教育"而变成具体的分数，会成为看得见、摸得着的符合短期需求的具体体现。在学习的激情上、求知的欲望上、升学的目标上、考试的分数上，定会有与众不同的表现。

（三）家长群体的唤醒主张——"唤醒教育"的辅助着力点

家长群体的唤醒是学校"唤醒教育"的重要补充。当最后一批独生子女成为家长以后，面对的家庭教育问题尤为突出。这些家长的主要问题表现为：生活能力较弱，以自我为中心的思想严重，缺乏吃苦勤奋的精神，认为钱能解决所有问题、忙于工作事业而没有时间照顾孩子，等等。要改变学生，先改变家长。唤醒家长，就要唤醒家长的示范意识，抓住习惯培养的教育根本，着眼孩子的终身发展；唤醒家长的发现智慧，开发孩子的优势潜能，帮助孩子成为最好的自己。

家庭教育的唤醒主张，主要包括以下内容。首先是身教重于言教的认识。比如，让孩子不玩手机，那家长至少不要当着孩子面玩手机。其次是心理关怀意识。学生的心理问题已经成为一个社会问题，心理疾病已经成为威胁学生生命的重要因素。在这种背景下，家长的心理关怀意识至关重要。很多家长不愿意承认心理问题是一种疾病，更不懂得如何关怀孩子的心理成长。我们在家长学校里明确提出了三个反对和三个主张：反对将孩子作为情绪发泄的对象，反对将自己的孩子与别人的孩子进行比较，反对家长一言堂；主张倾听而少下结论，主张给孩子面子，主张协商解决问题。再次是唤醒成长意识。成长首先是指孩子的成长，很多家长将成长看成分数的提高和名次的提高。成长不等于分数，更不等于考试名次。成长是从自然人到社会人的一个正向发展过程，包括孩子各个方面的正面的变化。

家长的成长是提高帮助孩子解决问题的心理承受能力。孩子的成长过程中，家长的心理成长是重要的保障。最后是唤醒幸福意识。我们提出，陪伴就是幸福的观点。由此带来家庭的消费观念、夫妻关系、生活习惯、名利意识等多方面的变化。

七、"唤醒教育"的要素与原则

（一）"要素"即为必要因素

教育的要素与"唤醒教育"的要素之间，是一种共性与个性的关系。

1. 教育的主体要素

教育的主体要素，从狭义来讲，就是教育者。教育者包括学校教育者和家庭教育者。教师主体在教育主体要素中，占据着绝对的地位，发挥着重要的作用。教师的"唤醒教育"观念、"唤醒教育"策略、"唤醒教育"过程和"唤醒教育"评价，是发挥主体作用的关键。家庭教育者已经超越了家长的范围，在家庭中，能对孩子进行启发、引导、帮助和有效掌控的人，都可以纳入这个范围，包括父母、祖父母等。这些人也应该在学校的家长学校进行培训，使他们理解并实践"唤醒教育"的理念。

2. 教育的客体要素

教育的客体要素当然是受教育者，也就是我们的学生。

"唤醒教育"中的客体要素，包括课堂学习的活跃度、学科学习的关注度、探讨问题的深广度、兴趣爱好的广泛度、情绪发泄的公开度等。有效掌控客体要素是"唤醒教育"作用于客体的关键。这考验一个教育主体的智慧和教育技能。

3. 教育的内容要素

这是"唤醒教育"中最核心的要素。如果"唤醒教育"只是着力于学科知识教学，那么也不过是进行了课堂教学的改良或发展，也是应试教育的一种翻版。在"唤醒教育"中的教育内容要素，要涵盖学生潜能发展、终身发展的全部内容。在这个方面，乐山市实验中学明确提出了学生潜能及发展的框架。具体内容包括五个大的方面。一、交往与语言潜能，包括外语。我们在特色课程中开设了日语、法语课程。二、逻辑与空间潜能，我们用数学、物理、电脑制作、动画设计、摄影艺术、绘画艺术、航模社、剪纸等特色课程来加以培养。三、运动与生存潜能。我们在特色课程中开设了体育舞蹈、野外生存、游泳、足球、篮球等特色课程。四、艺术与审美潜能。我们开设了民乐、话剧、播音、文学、诗和远方、合唱、川剧、街舞等特色课程。五、认识与创造潜能。我们开设了心理电影欣赏、欧美文化品牌欣赏、乐山乐水、嘉州古韵探寻、趣味生物学等课程。

4. 教育的目的要素

我们把教育目的概括为我校的办学宗旨：尊重人的禀赋与人格尊严，开启学生发展的无限潜能，用优教来育人，让学生想学、勤学、乐学、会学，让优学而高效，实现优长的发展，培养综合素质高、发展后劲足的实中学生。教育是有阶段性的，学生的初中阶段具有承前启后的重要作用，"唤醒教育"的根本目的，就是正向的承前启后，让学生从成功不断走向成功。

（二）原则就是准则

"唤醒教育"需要遵守哪些原则呢？根据我们的研究和实践，概括出以下几条原则。

1. 适应性原则

不是任何一所学校都可以马上实施"唤醒教育"，教育是一个规定动作与自选动作相结合的工作。规定动作即为一所学校办学的基本条件。自选动作即一个学校的办学特色。是否适应校情、适应学情、适应社会需求、适应教师层次，都是需要考虑的问题。我们的观点是，在规定动作的基础上，再选自选动作。

2. 广泛性原则

我们对"唤醒教育"的对象的覆盖是广泛的，面向全体的，无差别的。这是在尊重学生个体生命和潜能的基础上的明智决定，要求全体教师在处理教育教学中的每一件事情、每一个人的时候都要贯彻"唤醒教育"的理念。举一个简单的例子。一个学生上课发言总是声音小、胆子小、不敢正视老师，如何用"唤醒教育"的理念让他敢说、能说？除了正面的表扬鼓励之外，我们要求班级为这些学生配备话筒和音响，让这样的学生到讲台上拿着话筒回答问题，让他们听见自己的声音。

3. 实效性原则

不搭花架子，不搞假大空，这是实效性原则的基本要求。如何体现实效呢？帮助个体学生解决问题，就是实效性原则的具体策略。在"唤醒教育"实施的过程中，学生会遇到各种问题，包括知识类问题、心理类问题和交往性问题几个大类。如何落实知识类问题的实效性？依靠教师的个体辅导和针对性辅导。如何落实心理类问题的实效性？持之以恒的专业疏导是最根本的策略。乐山市实验中学成立了"心理健康中心"，由专业老师专门负责此项工作。如何落实交往性问题的实效性？在活动中建立良好人际关系是根本策略。

4. 赏识性原则

赏识是"唤醒教育"的主张，也是"唤醒教育"的原则。换个角度看学生的问题，是赏识性原则的重要指导思想。每个孩子身上存在的问题都是个性的，都有前因后果，但是找到值得赏识的点，是落实赏识教育理念和主张的重要手段。学生的存在感需要是强烈的，赏识正是让学生找到存在感的重要方式。找到了存在感，就具备继续找更大的存在感和成就感的基础，"唤醒教育"的目的也就达到了。

5. 多维度①原则

"唤醒教育"的重要目的是指明受教育对象的发展方向，预设发展结果。发展方向的多样性和发展结果的多样性，确定了"唤醒教育"的多维度原则。第一个维度是国家责任维度。落实好国家的大政方针，不偏离社会主义的办学方向，是最基本的要求。唤醒爱国之情、民族责任、社会责任感，是起码的要求。第二个维度是社会发展维度。社会发展有什么需要，我们就要为学生指明这种需要，并加以指导性培养。比如，社会发展需要自由、平等、公正、法治来统领，那么我们就开展《城市初中学生厚德知行力培养》研究，落实社会需要。第三个维度是家庭期望维度。学生家庭背景千差万别，从政、从商、从军、从农、从医、从教……每个家庭对孩子的期望都是不一样的，孩子个体的期望也是不一样的。我们的"唤醒教育"需要从家庭和学生的个体期望出发，找到这两者的结合点，有针对性地进行引导。第四个维度是个体发展维度。个体的发展需要五育并举，并把核心素养培养作为重要内容。这也是实现其他几个维度的基础。

八、"唤醒教育"的效果与评价

我们把"唤醒教育"的效果分为年度效果、学段效果和长期效果三个层次。

所谓年度效果，包括教师和家长的年度效果评价结果，主要是指学生读完初一、初二、初三之后，与一年前的自己比较的结果。主要评价指标包括显性指标和隐性指标两类。显性指标包括身高、体重、视力、体育成绩、学科考试分数、获奖次数、参与社会实践次数、公益活动参与次数，以及是否制定年度目标、学段目标和长期目标。隐性指标主要包括心理健康测试、个人幸福感调查、实现目标的具体措施调查等。最终形成一份评价结论和建议，并请班主任和任课教师签字。我们用这样的评价代替了学生的

---

① 鲁善坤：《人的发展：教育的基本维度》，教育科学出版社，2005 年版。

期末评语，正在我们的强基实验班中落实。

所谓学段效果，主要是学生初中三年在学校的收获。对学段效果的评价，首先是升学率的比较。

上乐山一中线人数及占比

2017 届		2018 届		2019 届		2020 届	
人数	比例	人数	比例	人数	比例	人数	比例
203 人	28.0%	239 人	34.8%	318 人	42.1%	366 人	47.9%

教育的公益属性和社会属性要求我们必须对升学数据予以关注。

所谓长期效果，主要是指学生的发展。对学校而言，我们能掌控的主要是学生在高中和大学的发展。我们早就开始跟踪学生升入高一级学校以后的发展情况。从目前我们调查了解的情况来看，在四川省范围内，乐山市实验中学输送的学生，发展后劲足。事实上乐山市实验中学已经成为四川省内知名高中的生源基地。

九、综述

对教师和家长的唤醒，最终是为了对学生的唤醒。学生是发展的人，所有的教育理论和实践都必须符合学生的身心发展规律。这个规律具有顺序性、阶段性、不平衡性、互补性和个别差异性，"唤醒教育"面向全体，注重个体。学生具有巨大的发展潜能。每个学生都是有培养前途的，是追求进步和完善的，是可以获得成功的，因而对教育好每一个学生应充满信心，对唤醒学生自主进步和发展要充满信心。学生处于发展过程中，所以还是不成熟的，是需要教师和家长指导且正在成长的人。积极唤醒，让学生纠错向善，为学生成长撑开一片晴空，激荡学生的生命之河。

绿色教育

自贡市蜀光绿盛实验学校　宋世平

"绿色教育"的核心内涵为和谐、高效、可持续发展。这三者是相互关联、相辅相成的：和谐是基础，是前提；高效是手段，是保证；可持续发展是目标，是方向。"绿色教育"的"和谐"主要指人与人之间以及人与自我之间的和谐；"绿色教育"的"高效"指的是"高效益"，既包括微观层面的单位时间内的教育教学效益，也包括中观层面的学校整体办学效益，还包括宏观层面的社会效益；"绿色教育"的"可持续发展"既指学生身体、知识、能力、情感、态度、价值观等方面的可持续发展，也指教师、家长、学校、家庭以及社区的可持续发展。"绿色教育"遵循个体的自然天性，强调天人合一；注重个体的全面发展，强调和谐均衡；尊重个体差异，强调个性张扬；倡导探究式学习，强调主体意识；力求突破学校的围墙，与社会、家庭融为一体，强调开放整合。其最高目标是追求学生成长的生态平衡，强调可持续发展。

自贡市蜀光绿盛实验学校在"绿色文化"建设、"绿色德育"主张、"绿色课程"架构、"绿色课堂"实践、"绿色队伍"建设、"绿色管理"推进等方面做了有益尝试，在教育教学改革、学生持续发展、教师专业提升等方面探索出了系列实践策略。

绿色文化是学校发展的引擎。学校顺应生命的自然生长，探寻学校文化基因的个性图谱，办学思想定位于"绿色教育"，实践"绿润生命，盛及未来"的理念文化。加强物质文化建设，实现环境育人；加强精神文化建设，实现师生的自治自育。

绿色德育是学生发展的指南针。学校倡导"向美而行"的绿色德育主张，践行"以人为本，润泽生命，全面发展"的德育理念。让生命追逐阳光，拥抱美好，让每一个孩子享受成长的快乐，为每一个孩子的生命成长奠基，做最好的自己。

绿色课程是师生发展的行动路径。学校着力进行"向阳而生"绿色课程体系架构。课程建设策略基于把国家课程校本化，地方课程主题化，校本课程特色化。课程体系既相对独立、相对完善，又相互融合、相互补充，突出了课程的立体性，全面促进学生核心素养的养成。

绿色课堂是学生发展的主阵地。"让学引思"的课堂教学理念渗透教育教学的各环节。"让学引思"课堂教学改革就是让学生亲身经历学习过程，保证学生学习活动正常展开和学习行为真实发生，引导学生研究问题、分析问题、解决问题，形成相对稳定的思维方法和价值观。促进学生自主学习、优化学习、高效学习，成为学习的主人。

绿色队伍建设是学校发展的原动力。教师队伍建设应遵循教师专业成长规律和教师个人专业发展特长，探索出了绿色教师队伍建设路径。为教师专业成长制定制度、搭建各级平台、聘请专家引领、开展校本研修、实施同伴互助、采用梯级教师队伍建设等措施，极大地促进了教师专业素养的提升，培养了一大批名优骨干教师，为学校发展储备了优质人力资源。

绿色管理是学校发展的助推器。绿色管理始终基于人、为了人、服务人、发展人的管理理念，践行制度管理、自主管理、文化管理。所有的管理不是为了管住人，而是为了搭建一个公平、公正、和谐的成长平台，推动学校可持续发展。

一、绿色文化

学校的文化建设对师生来说是隐形的课程，卓越的文化氛围和学校精神可以起到润物细无声的育人效能。学校文化的产生、发展要经历漫长的历程，它不是人为设定的，而是教育教学工作者在各个历史时期对知识、文明执着追求的产物，是介于理性与情感之间的一个范畴，是历史的碰撞与沉淀的结果。

文化是一所品质学校不可或缺的精神之钙，是一所品牌学校最为本质的内涵体现。当一所学校经过长期建构积淀形成富有学校个性文化时，学校就具有了独特魅力和持续发展的核心能力。所以培育学校文化，彰显文化个性，是品质学校管理的高级形态，也是品牌发展的根本之路。

（一）加强物质文化建设，发挥"绿色教育"润物无声功能

建设优美环境，发挥环境育人功能。优美的环境作为一种教育资源，具备隐形课程的育人功能。一直以来，学校把校园文化建设作为推进素质教育的突破口，打造校园绿色文化环境，让教育、文化和艺术环境脉络交织，相互依存，形成具有学校特色的校园景观风格。校园环境建设分区合理，实现了春有花、夏有荫、秋有果、冬有绿。校园里，绿草如茵，花木扶疏，鸟语花香；一草一树、一花一景、一字一画，无不散发出浓浓的育人氛围，在潜移默化中熏陶师生良好的道德习惯，体现了传承文化的厚重之感和教化学子的良苦用心。

注重育人细节，让每一个角落发挥育人效果。如果说建筑文化是学校文化的耀眼之地，那么每一处室内文化就是校园文化的细节。无论是学生教室还是教师办公室，无论是学生的专用教室还是运动场馆，无论是学校的卫生间还是食堂……每一处室内布置，都洋溢着浓郁的绿色文化气息，散发着催人奋发的无形力量，引领着全体师生积极向上、奋发进取。

（二）加强精神文化建设，促进师生奋发向上

经营以学生为中心的课堂文化。"绿色教育"是旨在焕发学生生命力的教育，目标是让学生充满活力，自由生长，不断超越。学校教育要实现这个目标，则需要我们对每一个教育个体进行细致的认识、关注、理解、承认、引导，从而彰显学校"绿色教育"的精神实质——"尊重"。引领教师的课堂教育教学行为，对学生注入人文关怀，建立良好、平等、和谐的师生关系，创设生动的课堂氛围，构建和谐高效的课堂，让学生在充满生命活力的课堂中成长和发展。"绿色教育"的主体是学生，对教师来说，要解放思想，转变观念，将学生看作鲜活的生命个体，尊重他们的个性差异，在每一个教学环节中都要关注到学生的个性差异，提供个性化的学习指导。

培育精进师能的教师文化。教师就是一本打开着的德育之书，学生时刻都在阅读。我们把师德师风建设作为思想建设的首要工作。学校是育人的场所，是人才的摇篮，而教师则是人才的培养者，树立教师个人的文化形象，对带动和影响学生的"绿色教育"和发展显得尤为重要。我们为教师提供各种专业发展的平台，营造浓厚的学科教研氛围，出台系列激励和考核措施，形成比学赶帮超的格局，促使各个层次的教师在专业发展上不敢懈怠，永葆专业学术活力。

建立丰富多彩的活动文化。绿色课余文化活动的开展，是实施"绿色教育"的主要内容，也是校园精神文化的一种重要表现形式。带领学生举办内容丰富、形式多样的校园文化活动，是激发小学生广泛的兴趣、培养学生动手能力和实践能力、促进学生身心健康成长的基本要求。结合学校实际情况，充分发挥每个学生的个性特长，广泛开展富有人文内涵的文化活动。各项活动的设计既要体现知识性、文化性、益智性和趣味性，又要突出学生的主体性和创造性。活动内容要体现实践性、综合性。既有校级的运动队、合唱团、机器人社团，也有以班级为单位的各类小型社团等。

各种"绿色教育"活动的开展，使学生开阔视野、丰富知识、陶冶情操、提高素质、自由发展兴趣爱好，发挥特长。

（三）凝练学校理念文化，塑造师生精神家园

学校理念是全体师生员工在长期教育教学实践中创造、积淀并共同遵循的办学思想、价值观念、学校传统、行为规范和规章制度等的总和以及体现上述内容的各种物质载体和行为方式，是学校发展和学校品牌建设的核心与灵魂，对提升学校知名度，提高教育教学质量，增强学校核心竞争力，有着不可替代的引领作用。理念文化贯穿一所学校发展的始终，是传统中的精粹，是学校求生存、促发展的底蕴所在。

理念文化是核心，是学校及学校文化发展的方向性保证和决定性因素，具有彰显学校文化内涵、明确学校发展方向、提高学校管理水平、增强师生凝聚力、打造学校个性文化的显著功能。学校理念文化属于学校文化的精神范畴，是全体师生员工共创、共有和共享的信念、原则、宗旨及目标的总和。它能够将学校的组织力量有机和谐地统一到一个共同的指导思想中，汇聚到一个宏观的、科学的理性发展方向，从而对学校的教育教学行为产生深远的影响。

1. 自贡市蜀光绿盛实验学校理念文化的提炼

学校理念文化提炼的整体思路是"顶层设计、系统构建、特色彰显、四性统一"。

（1）顶层设计、系统构建：运用系统论及建构主义理论，站在全局的角度，统筹各要素，构建核心理念，将核心理念作为顶层概念，统领视觉识别、景观识别等系统，以期实现学校文化对全校师生思想与行为的整合，景观文化与理念文化的协调。

（2）特色彰显、四性统一：依据自贡市蜀光绿盛实验学校文化基因，结合学校地域特点以及未来发展方向，将"绿色文化"作为学校的特色文

化进行系统构建，做到"文化性、激励性、特色性、教育性"的统一。

文化性：学校文化是学校代代传承下来的，是在学校的土壤中生长起来的；在总结学校发展的历史，总结学校发展的经验，反思学校发展中存在的问题，并客观地分析学校发展的现状及问题的基础上提出的，是不会因学校人事的变更而改变的。着眼于后天的人生，要有旺盛的生命力，经过历史的不断发展和社会的不断进步还能保持自身的相对独立和不变性。

激励性：即满怀期待、有感召力。青少年对未来都充满了美好的憧憬，学校文化的要求与他们的需求相契合，既能为他们所接受，也为其主动发展提供巨大动力。学校文化所确立的发展思路、发展方向、价值追求应是学校师生经过一定的努力可实践、可实现的，而不是海市蜃楼、虚无缥缈。

特色性：彰显个性、体现品位。本质地反映了学校的文化传统和办学理念，体现学校办学思想指导下的特色追求，涵盖个性化的教育理念，以免千篇一律。

教育性：考虑学校生存的文化圈对学校文化的要求、教育根本的价值取向对学校价值取向的制约、学校现有的文化教育资源、学校的性质及其发展定位。

2. 自贡市蜀光绿盛实验学校理念文化呈现

自贡市蜀光绿盛实验学校坐落于自贡国家高新技术产业开发区，受惠于深厚的"千年盐都"文化，拥有优良的教育品质和厚重的办学情怀，形成了独特的办学品位和特色。学校倡导"绿色教育"，遵循教育规律和学生身心发展规律，重视科学精神和人文精神的融合，以期实现教育的科学发展、可持续发展。学校用爱心和真情浸润教育的每一个元素，立足教师幸福和专业成长，培育学生希望和梦想，建设"乐学盛行、卓越向上"的成长乐园，让学生个个有梦想；建设"启智盛业、耕耘教育"的事业家园，让教师人人有追求；建设"尚真盛美、生命蓬勃"的现代校园，让教育处处有温度。

2019 年，学校对原有理念文化进行精心梳理，系统整合，构建起一个独具内涵和个性特色的学校文化体系，为全力打造规范化、系统化、人文化、个性化的绿盛教育品牌奠定坚实的基础。学校将文化品牌定位为"绿色教育"。"绿色教育"顺应个体的自然天性，强调天人合一；"绿色教育"注重个体的全面发展，强调和谐均衡；"绿色教育"尊重个体差异，强调个性张扬；"绿色教育"倡导探究式学习，强调主体意识；"绿色教育"力求突破学校的围墙，与社会、家庭融为一体，强调开放整合；"绿色教育"的最高目标是追求学生成长的生态平衡，强调可持续发展。

办学思想：绿色教育

办学理念：绿润生命　盛及未来

校　　训：盛品　盛学　盛人生

校　　风：尚真盛美

教　　风：启智盛业

学　　风：乐学盛行

形　象　语：向阳而生

学校愿景：着一片绿色　圆一生梦想

二、绿色德育

（一）绿色德育背景

1. 传统德育源远流长

儒家经典《大学》中说："大学之道，在明明德，在亲民，在止于至善。"自古以来，教育的目的在于彰显光明正大的品性，在于不断向新向好，精益求精，在于以美善目标为终身追求，做最好的自己。这既是古人做学问的追求，也是今天学校育人的目标。

2. 国家教育发展愿景

习近平总书记在党的十九大报告中明确指出："要全面贯彻党的教育方针，落实立德树人根本任务，发展素质教育，推进教育公平，培养德智体美全面发展的社会主义建设者和接班人。"2016 年 9 月，《中国学生发展核心素养》研究成果正式发布，科学界定了以培养"全面发展的人"为核心的核心素养框架。2017 年教育部印发《中小学德育工作指南》，进一步明确了学校德育工作课程育人、文化育人、活动育人、实践育人、管理育人、协同育人的六大途径和要求。

3. 学校办学理念实践

自贡市蜀光绿盛实验学校自 2002 年建校以来，德育工作秉承"绿润生命，盛及未来"的办学理念，落实"立德树人"办学宗旨，遵循生命成长规律，依据德育新发展、新要求，积极探索、实践以"绿色教育"为统领的"绿色德育"策略、路径，逐步完善了"绿色德育"体系。

（二）绿色德育理念

秉承学校"绿润生命，盛及未来"办学理念，绿色德育的理念是以人为本，润泽生命，全面发展。让生命向阳而生，向美而行，让每一个孩子享受成长的快乐，为每一个孩子的生命成长奠基，做最好的自己。

（三）绿色德育内涵

"绿色"，人文科学意义上象征着文明、民主、科学、公平、关心、尊重、包容、安全，象征着和平、人际关系和谐、可持续发展，是一种现代的德育观。

"绿色德育"以人为本，立足生命成长，围绕生命个体，实施生命与健康、生命与安全、生命与成长、生命与价值等"生命+N"的多元生命教育，塑造精神生命、开琢自然生命、构建社会生命，实现学生"懂礼仪、知感恩、善学习、爱运动、乐实践、会审美、敢担当"的育人目标和"健康身心与健全人格、学习兴趣与实践能力、知识学养与核心价值、思维品质与探索精神、自然意识与社会担当、家国情怀与世界眼光"的绿盛学生核心素养。

（四）绿色德育"六化"途径

1. 序列化课程明德

18 年办学实践，在学校"绿润生命，盛及未来"办学理念的引领下，基于生命发展，学校确立了"生命发展"的课程理念和"塑造精神生命、开琢自然生命、构建社会生命，培养完整的人"的课程目标。绿盛一校两区 7600 余名学生，学校始终持守着"每一个孩子都是珍贵的存在，每一个生命都是美丽的不同"的学生观，用丰富多彩的课程为每一个"美丽不同"的生命搭建全面发展的台子，用课程的台子托起每一个孩子的"珍贵存在"。

一是构建学校"九年一贯制分段式序列德育方案"，让德育"有标可依"。根据不同年级学生身心发展、认知规律及接受能力，将学生核心素养和社会主义核心价值观融入 9 个年级，优化、细化各年级德育目标、内容和形式，让学生在 9 年的学习中能更加全面、系统和丰富地自主体验和感受教育活动，获得全面发展。

二是以课堂为主阵地，实现德教深度融合，让德育"有路可走"。学校坚持学科整合的意识和基于核心素养培养的"立德树人"理念，将德育目标有机融入课程与教学之中，把德育目标细化到每一节课、每一次活动、每一个生活细节中。注重各学科横向融通、课内外深度融合，引导学生在主题探究中学会做人、学会做事，让德育有实实在在的载体和实施契机，学生的核心素养培养也落到了实处。

三是实现德育课程化，构建特色德育课程体系，让德育"有课可上"。在完成国家课程、地方课程的前提下，学校将德育目标、内容体系、实施方式、组织保障等，用课程的模式进行构建，用课程标准化、科学化、规范化的管理和要求来组织实施，构建爱国主义教育课程、艺体活动课程、社团课程、综合实践课程、研学活动课程等系列德育课程，形成立志、立学、立身、立新、立趣、立行等"立人"德育校本课程体系；同时，编写德育校本教材，让学生在丰富多彩的课程中体验、感悟、成长。

2. 情景化文化润德

校园文化是学校精神、学校秩序、学校环境和学校形象的集中体现，具有重要的育人功能。学校将校园文化根基于社会大德育的整体要求，以"立体的、多维的、创生的"的形态，努力为学生营造良好的显性教育与隐性教育相结合的育人氛围。

（1）环境文化熏陶。一是注重校园"生态环境"的建设，组织学生开展"护绿卫士"等环保活动，为校园增添一道"美丽的风景"。二是注重校园"人文环境"的建设，校园的宣传橱窗，围绕学校的办学理念，展现生气勃勃的教育教学动态，让学生充分感受学校的"文化魅力"。同时，学校每学年开展的"艺术节""科创节""学科节""体育节"等，开拓学校人文建设更宽广的天地。三是注重班级"舆论环境"的建设，学校对班级黑板报宣传、墙报专栏布置等都有翔实具体的要求。在体现班级特色的基础上，班主任指导学生正确利用宣传途径，营造"温馨教室"，营造积极乐观的班级"舆论氛围"，让班级成为每一个学生"智慧的加油站""力量的积聚处"。

（2）精神文化引领。学校以弘扬民族精神为宗旨，注重传承和发扬中华民族的传统美德和优良文化，形成新的精神文化，用多元化的活动奏响爱国主义教育的主旋律。凭借"传统节庆日、伟人诞辰日、重大事件纪念日"等德育教育的实施载体，充分利用"开学典礼、毕业典礼、升旗仪式、入团仪式、主题班队会"等教育活动途径，引导学生不断增强"国家意识"、逐步培养"文化认同"、渐进塑造"公民人格"。将"美德教育、国情教育、时事教育、政策教育、理想教育、责任教育、榜样教育"等落到实处。

（3）社团文化延伸。学生社团是文化立校的重要载体，它是道德实践、人格培养、创新能力体现的呈现途径，是学校连接社会、课堂连接生活、知识转为能力的桥梁。学校依托"美术社团""合唱社团""舞蹈社团""主持社团""扎染社团""文学社团""剪纸社团"等，在校园文化建设和素质教育活动中让学生们展示才干、演绎风采。

（4）行为文化强化。学校以"培养好习惯"入手，每学期初开展"行为规范月"主题活动，加强行为规范教育和行为规范建设，努力使学生的道德意识和道德行为保持一致。通过行为规范训练，注重学生"形象建设"，美化心灵、优化行为，引导学生遵循道德原则和规范，整体提高道德行为水准，为实现人生价值对自己的品行进行锤炼和陶冶。

3. 主题化活动养德

德育活动是社会主义核心价值观教育的重要载体。一是精心设计组织国家、民族节庆主题活动，传承中华文化和美德，如清明节、端午节、中秋节、国庆节等。二是整合资源，开展学校特色主题活动。学校结合学生成长和发展的特点，形成了多姿多彩的"三四五"德育活动，寓思想教育于活动之中，让学生实现自我教育。"三项教育"："感恩教育""明星教育""君子淑女教育"；"四活动"：阳光体育活动、选修课活动、国学诵读活动、研学活动；"五节"：阅读节、艺术节、体育节、科创节、学科节，尊重个性，培养特长。三是依据年龄和教育时令，开展仪式教育活动，如入学、入队、入团、升旗、誓师、毕业等仪式教育活动，激发学生理想情怀。

4. 社会化实践习德

开展社会实践是培育和践行社会主义核心价值观的有效途径，是落实立德树人的重要载体。学校充分利用和发掘校内资源和地域育人资源，组织丰富多彩的社会实践活动，促进学生的全面发展。一是组织学生社团，如盐都小记者、环保小卫士、"小小蓝精灵"，增强社会责任。二是开展研学旅行，充分发掘自贡地域文化，建设校外研学基地，学校依据九年制学校学生特点，开展从一年级到九年级认识自然物种、了解生态文明、访盐史遗迹、走访百年学府等研学实践序列活动，增强学生对自然、社会、历史、文明的认知，培养学生热爱家乡、热爱国家的感情。三是组织学生参观考察社会服务机构。学校每年组织学生到法院、气象局、水务局、孵化园等机关、科研、企业参观考察，培养学生建设家乡、建设祖国、造福人民的社会责任感。四是选派优生到美国、澳大利亚等国家交换学习，拓展学生的国际视野，提升综合能力。五是组建绿芽志愿队伍，在校园或到养老院、社区、街道等场所进行志愿服务，培养学生的公民意识和道德情操。

5. 生本化管理塑德

在日常管理上，学校把校园还给学生，把课堂还给学生，把班级还给学生，让日常管理走向"生本管理""自主管理"。让学校的日常管理成为培养学生组织领导能力、促进其成长的一门课程、一个坚实基地。一是学生会、团委会公开民主竞选干部，招募监督管理志愿者，搭建学校、年级、班级学生管理机构，做到职责及分工明确。二是实施"道德积分"制，制定文明礼仪、道德表现、行为习惯的积分管理办法，引导学生自爱自律，积小善成大德。三是推行"团队评价"制，以小组、班级、年级考核为单位，实行捆绑考核，注重团队合作，强化集体意识，促进相互帮扶，实现自主教育管理。

6. 全员化协同育德

学校充分利用社会教育资源，发挥教育合力，构建"同向同行、协同育人"的新机制。一是发挥家长亲子教育作用，每学期开展校内外亲子活动，增进家长与孩子的感情。二是依托每周"三宽教育平台"建好家长学校，提升家庭育人水平。三是健全共育机制，与公安、交警、消防、食药、科协等部门和单位携手，多方联动，共建共育，开展"小小蓝天侠""小小蓝精灵""绿芽志愿者"等公益团队社会实践活动。四是配合各级关工委开展关爱、慰问活动。多渠道沟通，多方面参与，多平台推进，形成协同育人的大格局。

绿色德育"向阳而生，向美而行"，建设德智体美劳全面培养的教育体系，让每一个孩子快乐、健康、幸福成长，我们正在逐绿而行。

三、绿色课程

课程是指学校学生所应学习的学科总和及其进程与安排。课程是对教育的目标、教学内容、教学活动方式的规划和设计，是教学计划、教学大纲等诸多方面实施过程的总和。广义的课程是指学校为实现培养目标而选择的教育内容及其进程的总和，它包括学校老师所教授的各门学科和有目的、有计划的教育活动。华东师范大学课程与教学研究所所长崔允漷指出："课程决定着国家的未来，民族的期待。学校课程决定着国家意志和教育理想，是落实立德树人根本任务的重要途径，是建构德智体美劳全面培养的教育体系的重要环节，也是学校开展教育教学的基本依据。优质教育首先要有优质的课程，并确保这些课程从设计、实施、评价都符合专业规范。"由此可以看出课程建设对于贯彻教育方针、实现"立德树人"的目标、落实学生核心素养、深化基础教育课程改革、促进学校专业化成长、推动学校特色化发展等均具有重要意义。

（一）绿色课程哲学

学校确立了基于校名、校情的教育哲学——"绿色教育"。"绿色教育"的"绿"，取自校名"自贡市蜀光绿盛实验学校"中的"绿"字。

教育是一种唤醒，教育是一种推动。"十年树木，百年树人"，作为九年制学校，学校关注孩子一生的发展，旨在为孩子的成长奠基。主张尊重学生身心成长和教育规律，着眼学生全面成长和特长发展，强调成长的主体意识、内外协调和可持续发展。

绿是一种生命样态。建设"乐学盛行、卓越向上"的成长乐园，让学生个个有梦想；建设"启智盛业、耕耘教育"的事业家园，让教师人人有追求。

绿是一种教育生态。"随风潜入夜，润物细无声。"学校主张教师的教育更多的是对孩子如涓涓细流的浸润，如和煦春风般的温润，如滔滔大海的丰润，让教育处处有温度。

绿是一种教育愿景。学校的办学愿景以"绿色教育"为显著特质的品质优秀、品格鲜明、品位高雅的区域公办义务教育品牌学校。"品质优秀"，主要指教育教学质量领先，师生发展基础宽厚而有特长；"品格鲜明"主要指办学特色鲜明，师生发展自由而有个性；"品位高雅"主要指办学内涵丰富，师生发展卓越而有情趣。"品牌"是基于前面内涵的稳定而富有吸引力、影响力的优质学校标志体现。

（二）绿色课程理念

每一个孩子都是一颗特别的种子，都拥是一段生命成长的特别的旅程。学校课程建设就是给孩子的成长提供适合的土壤、阳光、养料、环境。在他们生命成长的画布上涂抹不同的绿色，为他们幸福的一生奠基。因此，将学校的课程理念确定为：着一片绿色，圆一生梦想。

课程是心灵的浸润。学校为孩子们提供的课程，是孩子们成长所需的各种营养。孩子们可根据自己的成长需求，自由自主地选择课程，始终处在一种心灵自由放松的状态，在润泽中不知不觉地成长。

课程是生命的旅程。学生在丰富多彩的课程中自主选择、主动探究、充分汲取课程中的养分。学生在经历课程的过程中不断提升能力、优化素养。

课程是个性的丰盈。学生根据自身特长，在多彩的课程中充分展现自己的个性，在学习过程中发现自身的优势，在课程参与过程中彰显自身特长。在大量高质量的课程滋养下，学生的个性和特长会更加丰盈。

总之，绿色的学校课程能促进师生共成长，丰润孩子的心灵；课程能激发孩子的生命潜能，提升生命品质；课程能为孩子的一生成长奠基，走向充满希望的未来。

（三）学校课程目标

学校课程承载着国家意志和教育理想，课程建设必须以贯彻党和国家教育方针为指导，与国家课程建设的思想高度统一，并在此基础上形成校本的思想主张。学校课程组以"立德树人"为宗旨，根据中国学生核心素养框架，和未来公民基本素养需要，围绕"绿润生命，盛及未来"的办学理念，结合学校教师、学生的实际，经过调研、筛选、聚合、提炼，形成学校育人目标：爱阅读、善思考、乐运动、有情趣的绿盛学子。具体如下：

——爱阅读：养习惯，乐阅读；

——善思考：有方法，勇创新；

——乐运动：勤健身，有自信；

——有情趣：广兴趣，会审美。

为实现育人目标，我们将"爱阅读、善思考、乐运动、有情趣"的培养目标进行了细化，形成小学低段、小学高段、初中阶段的课程目标。

小学低段、小学高段、初中阶段课程目标

育人目标＼年段	小学低段	小学高段	初中
爱阅读	1. 培养孩子喜欢阅读的习惯，感受阅读的乐趣，通过阅读产生对周围世界的好奇心与求知欲； 2. 学习用普通话正确、流利、有感情地朗读文章； 3. 能阅读理解浅易的童话、寓言、故事，诵读儿歌、儿童诗和浅白的古诗	1. 能用普通话正确、流利、有感情地朗读课文； 2. 默读有一定速度，默读一般读物每分钟不少于300字。学习浏览，扩大知识面，根据需要搜集信息； 3. 诵读优秀诗文，注意通过语调、韵律、节奏等体味作品的内容和情感。背诵优秀诗文60篇； 4. 扩展阅读面，课外阅读总量不少于100万字	1. 学会运用多种阅读方法，具有独立阅读能力。能阅读日常的书报杂志，初步鉴赏文学作品，能借助工具书阅读浅易文言文； 2. 感受语言文字的美，感悟作品的思想内涵和艺术价值，能结合自己的经验，理解、欣赏和初步评价语言文字作品，丰富自己的情感体验和精神世界； 3. 学会倾听与表达，初步学会用口头语言文明地进行人际沟通和社会交往。能根据需要，用书面语言具体明确、文从字顺地表达自己的见闻、体验和想法； 4. 通过阅读促进学生正确思想观念和良好道德品质的形成和发展，帮助不断拓宽视野，增强信息获取能力，体验学习乐趣，树立学习信心，成为有理想、有道德、有文化、有纪律的合格公民
善思考	1. 了解科学探究的过程和方法，尝试应用科学探究活动，逐步学会科学地看问题、想问题； 2. 保持和发展对周围世界的好奇心与求知欲，形成大胆想象、尊重证据、敢于创新的科学态度和爱科学、爱家乡、爱祖国的情感； 3. 尝试用科学的眼光观察现实世界，尝试用科学的思维思考现实世界，尝试用科学的语言表达现实世界	1. 在观察、实验、猜想、验证等活动中，发展合情推理能力，能进行有条理的思考； 2. 会独立思考，体会一些科学的基本思想。亲近自然、欣赏自然、珍爱生命，积极参与资源和环境的保护，关心了解科技的新发展	1. 通过基础理论学习、实验操作，培养学生的科学探究和实践能力，增强学生发现问题、解决问题的科学探索意识； 2. 通过真实的情境体验和科学问题的设置，在探究合作中培养学生独立思考和辩证思维的能力，提升科学素养； 3. 乐于探索，勤于思考，在学习过程中，初步掌握猜想、比较、分析、归纳、推理等思维方法，辩证地思考问题，有理有据地表达自己的观点，养成实事求是、崇尚真知的态度

（续表）

育人目标＼年段	小学低段	小学高段	初中
乐运动	1. 体验运动乐趣与成功掌握运动技能和方法； 2. 初步了解自己，乐于与老师同学交往，体验集体生活获得安全感和归属感，适应新环境，初步形成纪律、时间和规则意识	1. 塑造良好形体和身体姿态发展体能与健身能力； 2. 正确认识自己的优缺点和兴趣爱好，端正学习动机，恰当地与异性交往，克服学习困难，恰当表达情绪，初步形成解决问题和分析问题的能力	1. 掌握自主锻炼方法和技术运用形成合作意识能力以坚强的意志品质具有良好的体育道德； 2. 能够客观地评价自己，适应初中的学习环境和学习要求，愿意与老师、父母沟通，把握与异性交往的尺度，正确处理厌学情绪和考试焦虑，进行恰当的情绪表达和体验，能够应对失败和挫折，适应社会生活的变化
有情趣	1. 能够具备认识音符，掌握节奏，表演歌曲的音乐素养； 2. 初步建立审美意识和审美观念，学会欣赏、分析作品，用形体描绘对象	1. 能够有感情地演唱和表演歌曲，具备指挥歌曲的能力； 2. 具备基本造型能力和绘画能力，学会运用点线面表现写实对象	1. 能够鉴赏中外音乐作品，掌握音乐题材风格的分类，并能够认识区分中外乐器，培养审美情趣； 2. 通过感受、理解、欣赏、评价文学艺术作品，获得较为全面的审美经验，初步具有表现美、创造美的能力；启迪心智，温润心灵，涵养高雅情趣，使学生形成正确的审美意识、健康向上的审美情趣，做一个有情趣的人； 3. 用优秀的人类文化和民族精神陶冶学生心灵，用社会主义核心价值体系引领学生发展，提升学生的人文素养和社会责任感，帮助青少年树立正确的世界观、人生观和价值观； 4. 初步接触美术专业知识和技能，学习透视、素描、速写、精细描写，能独立创作装饰画作品

（四）学校课程体系

学校基于"绿色教育"的理念及学校的课程目标，设置了"向阳而生"的课程体系，包括：仪式与修身、语言与世界、艺术与审美、体育与健康、科技与创造五大类课程。以下是"向阳而生课程"逻辑示意图：

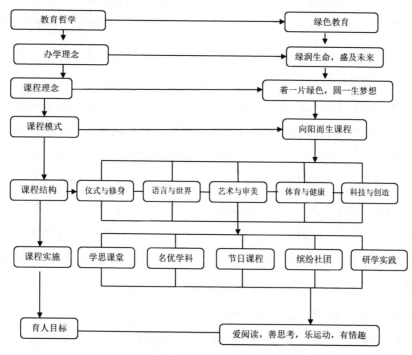

"向阳而生课程"逻辑示意图

（五）课程的实施

国家课程校本化，为生命成长着色。国家课程体现了国家意志，是基础教育阶段学校课程体系的主体部分。学校高度重视国家课程的落实，开齐开足国家课程。同时为了更好地开好国家课程，提出了国家课程的校本化实施的主张。即一方面对国家课程进行整体性、具体化的解读，通过教师根据学校学生实际需求，通过编写导学案和集体备课方式对教材进行再认知、加工，设计成为学生学习的内容和方式，即"将食材变成餐点"，让国家课程校本化实施。导学案的编写过程中结合学校"让学引思"的教学改革，侧重于提炼教学中的重要活动，促使学生主动参与、主动探究，落实各学科的核心素养的培养。另一方面，是对国家课程的拓展和创新，主要是根据学科特点，开发与之适应的学科微课程和活动，举办各个学科的学科节活动，如语文微课程"整本书阅读课程""经典诵读课程""随文小练笔课程""小记者社团活动"等。国家课程校本化的有效开展，为学生的生命成长着上全面基础的人生底色。

地方课程主题化，为生命成长添色。地方课程要求充分利用地方教育资源、反映基础教育的地域特点。学校根据四川省地方课程的内容和学校的硬件、师资、学生实际，将地方课程进行整合，进行主题化的活动式开展，形成了主题化地方课程群。如依据"生命·生态·安全""可爱的四川""家庭·社会·法治"等地方课的目标要求，充分应用学校消防教育馆、禁毒教育馆、校史馆、国防教育馆等场馆资源，开设了"消防与安全教育""禁毒与生命教育""绿色与环境教育""国防与爱国教育""探访盐都的研学旅行"等主题课程。地方课程主题化的开展，让学生在活动中学习，在浸润中成长，为生命成长添上绚丽的色彩。

校本课程特色化，为生命成长亮色。校本课程既指国家课程的校本化，也指学校自主研制和实施的课程，这里校本课程指的是后者。为了更好地关照学习者的个别差异，满足学生多样化的学习需求，提升学校的办学内涵，学校开设了综合性、实践性、创新性的选修课程，学生根据自身发展及兴趣需要，自行选班，自主发展。学校开设了剪纸、扎染、合唱、舞蹈、绘画、书法、排球、计算机编程等特色课程（如图）。学校课程组对学校的校本课程进行了整合、提升，提出了"人无我有、人有我优、人优我特"的建设目标。校本课程特色化的开展，让学生有了个性特长，为实现"成为优秀的自己"搭建了平台。

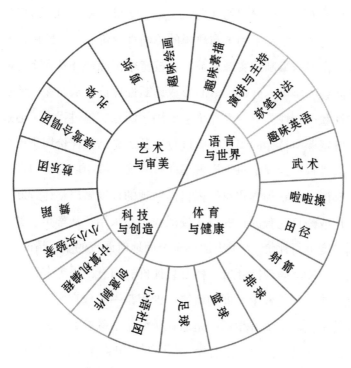

课程示意图

"向阳而生"的绿色课程结构，以校本课程为主，通过校本化实施突出了国家课程的基础性和重要性；地方课程与学校实际的融合主题性的开展增强了课程的趣味性；校本课程打破班级限制，课程丰富，自主申报，具有选择性；以校本课程为主，地方课程和校本课程是有益的补充，将必修课程和选修课程、学科课程和活动课程、分科课程和综合课程相结合，做到既相对独立、相对完善，又相互融合、相互补充，实现全面育人的目的，突出了课程的立体性和综合性。

（六）课程评价

为了促进课程有效实施，不断完善，学校课程组充分利用课程评价这一杠杆，不断优化提升学校的课程品质，系统地收集有关信息，采用各种定性、定量的方法，对课程的计划、实施、结果等相关问题做出价值判断并寻求改进途径。学校采用了布鲁姆的诊断性评价、形成性评价和总结性评价体系。在课程编制或实施之前，学校考察了课程开发和实施的准备情况，通过问卷、座谈、分析、诊断形成诊断性评价，从而保证课程的实施具有针对性和可行性。形成性评价主要用于课程实施过程中，通过观察、测验，对既定课程目标的实现程度进行判断。总结性评价用于课程编制或实施完成后进行。课程组每学期搜集课程开展过程中所有资料和信息，通过问卷、座谈、考察等方式对课程目标实现的程度做出整体判断，从而达到推广采用或修订完善的目的。学校课程组还采用了从学生、教师、课程三个不同维度进行评价。为了更加科学全面地对课程的实施情况进行评价，采用了纸笔测验、表现性评价、档案袋评价、问卷调查等多种评价方式。

课程是跑道，是人生发展的轨迹；课程是一条教育之路，它引领学生走向一种特别构想的美好生活，是通往美好生活的教育旅程的计划。优质的有特色的课程是学校的一张名片，学校课程组将在实施过程中不断总结、反思、优化，使学校的绿色课程真正成为绿盛学子向阳而生的人生跑道。

四、绿色课堂

绿色课堂就是要建立以学生学习为中心的课堂教学方式，引导学生采取自主、合作、探究的学习方式，探索轻负高效的课堂教学方式，以培育学生核心素养为核心目标。学校经过多年的实践和探索，确立了以"让学引思"为课堂教学的核心理念。

（一）历史沿革

我校于 2002 年建校起就实行了"双主体"教学模式，充分发挥教师的主导和学生的主动作用。2011 年起实行全员集体备课活动，2014 年起实施"五环三步"有效教学法。2017 年根据《自贡市蜀光绿盛实验学校

"十三五"发展规划》，为深入推进我校课堂教学改革，切实转变教学方式，发展学生核心素养，促进学生主动发展。在"五环三步"有效教学法的基础上进一步深入开展"让学引思"课堂教学改革行动。

（二）指导思想

坚持以党的十九大精神为指导，力求以"教学为中心，师生为根本"的绿色质量发展观，以"发展更高质量更加精品的绿色教育"为总体目标，以提高课堂教学效益为重点，以促进学思结合、提升学生核心素养为主旨，进一步深化课堂教学改革。结合我校"绿色教育"理念，深入推进"让学引思"课堂教学改革实践活动，切实解决我校当前课堂教学中存在的突出问题，构建规范有序、优质高效的教学管理机制，形成以生为本、主动发展的课堂教学生态，使教学活动更富前瞻性、针对性和实效性，全面推动我校教学质量稳步持续提升。

（三）基本内涵

"让学"就是要让学生亲身经历学习过程，在时间和空间上保证学生学习活动正常展开和学习行为真实发生。要切合学生实际创设具体学习情境，让学生通过阅读、讨论、操作以及完成真实情境中的任务等活动学会自主学习、协作学习和探究学习。"让"是位置的变化，是重心的转移，把位置、时间、场所、机会，尽可能地让位给学生，让学生在愤悱、顿悟、建构的心理体验中学会学习。

"引思"就是要引发、引导、引领学生思考，在形式和本质上保证学生大脑处于积极的思维状态。要贴近学生认知水平设计科学、合理、有价值的具体问题，引导学生研究问题、分析问题、解决问题。通过体验、建构及内化等过程，逐步形成相对稳定的思维方法和价值观。要指导学生在系统的学科学习中，养成思考习惯，增强思维品质，提升思想境界。

"让学"的原则：以解放头脑、创新思维为出发点，要有气度地让，有目的地让，有计划地让，有艺术地让。

"引思"的原则：一要科学规范，要引发思考，引导思维，引领思想；二要艺术智慧，要由点到面，要由浅入深，要由表及里，要由此及彼；三要讲究生成，教师要善于倾听，善于捕捉善于点评，善于追问。

"让"与"引"的关系："让"与"引"是辩证统一的，它们相互作用、相互影响、互为一体。"引"是为了"让"，"让"才能实现"引"。"引"的智慧决定着"让"的深度，"让"的深度反映着"引"的智慧。最终目的是通过"让学引思、引学激思"，从而让学生"乐学爱思、会学善思"。

我校教师以导学提纲为抓手，先学后教、以学定教；同时，以活动为载体，充分发挥学生的主体作用，努力使课堂成为学生自主学习、师生互动、思维训练、能力提高的有效高效课堂，培养学生自主学习的意识和能力，全面打造更高质量的课堂教学。

（四）实施原则

1. 差异性原则

从我校教育教学实际出发，依据核心素养的内容和要求，坚持面向全体学生，考虑不同层次、不同发展状态的学生实际状况实施教学，突出教学的差异性，让每一个学生都学有所得。

2. 开放性原则

为改变我校课堂教学现状，从灌输走向对话，从预设走向生成，从知识记忆走向思维提升，从封闭走向开放，着力打造以人为本、目标多元、氛围民主、手段多样、内容开放、动态生成的课堂教学范式。

3. 实践性原则

针对我校课堂教学普遍存在的问题，聚焦课堂教学范式的构建，为课堂教学变革提供操作路径，为课堂教学质量提升探索实践案例。同时在实践层面促进教师自主发展，提升教师参与有效教学实践与研究的水平。

（五）基本设计

1. 基本策略

以"基于学生，引导学生，成就学生"为出发点，突出三维目标的有机融合，转变教学行为与学习方式，实现课堂教学科学性、有效性、艺术性、人文性的有机统一，提升教师教学能力，提高学生学习能力，提升课堂效益和质量，建设高效课堂。一句话，就是"让学生动起来、让课堂活起来、让效果好起来"。

2. 框架构建

经过学习借鉴、创新构建、研究论证，在吸收现代教育教学成果的基础上，结合校本实际，提出"五让三引"的课堂教学模式。

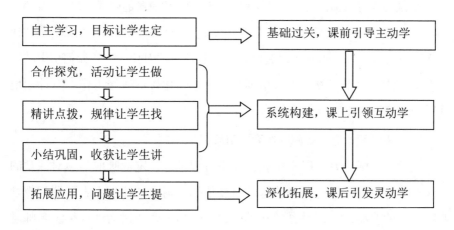

"五让三引"的课堂教学模式图

课堂教学模式创新要考虑几个前提性因素：一是学段因素；二是学科因素；三是课型因素；四是学生因素；五是教师因素。课型创新也是课堂教学改革任务之一，课堂教学模式与结构创新要兼顾不同课型的特质，因此可以根据不同学段、不同学科、不同课型，在遵循学校总体要求和构架的基础上，进行个性化探索，构建新的适合校情、班情的更加具体可操作的教学课型。至此，我们可以把我校的课堂建模统称为"五让三引——多课支撑"。

3. "学习案"配套

（1）学习案的界定。本学习案是指配合学生课前预习、课堂学习、课后巩固、运用、拓展而设计的学习、练习方案。

（2）学习案的基本构成。学习目标、学习重难点、自学检测题单、典型例题、当堂检测、拓展应用、课后作业设计。

（3）学习案的基本内容。主要体现引导学生课堂学习的过程和方法的指导说明，配合课堂的三类作业与实践活动设计。

（六）实施途径

1. 加强学习培训，明晰"让学引思"课堂教学改革的内涵

以学习"让学引思"课堂教学改革实施意见内涵与要求为重点，就"让什么""怎么让""如何让得有度，让得到位""引什么""如何引""如何引得得法，引得充分"进行培训与研讨。强化校本研修工作，有计划地开展校本培训。

2. 注重过程推进，实施"典型"引领

从学生实际出发，以学论教，注重过程推进，定期听取学生对课堂的反映，作为对教师进行业务追踪的重要依据。树立"让学引思"课堂教学实践活动的典型，定期举办"让学引思"现场观摩研讨活动；组织名师进行"让学引思"课堂教学展示活动，并录制成课堂教学光盘，在校园网上进行展示；组织"让学引思"典型课堂教学案例；组织"让学引思"课堂教学设计方案分类、分学段评比，并收集整理汇编成册。

3. 开展科研攻关，科学引领"让学引思"课堂教学改革实践活动

学校将成立以"学科工作室"为"让学引思"课堂教学改革研究中心，

以市、区学科带头人、教学能手为引领，确立"让学引思"专项研究领域。研究基于"让学引思"的课堂教学策略，基于"让学引思"的课堂教学案例，基于"让学引思"的课堂教学范式，基于"让学引思"的课堂教学管理，基于"让学引思"的课堂教学评价标准，基于"让学引思"的学程监控。学校组织"让学引思"课题研究工作和专题科研论文评选活动，同时收集整理汇编成册并推荐发表，推动"让学引思"研究和实践向深度拓展。

4. 搭建活动平台，推动"让学引思"课堂教学实践走向深入

以我校各个"学科工作室"为引领，先进行"让学引思"课堂教学示范。学科教研抓住课堂教学的重点和难点问题，依托学科组，通过教研活动、优课展评、论坛等活动，加强"让学引思"专题研究，推动"让学引思"课堂教学改革的深入实施。各学科、年级进行纵向、横向的双向共同开展，让课堂改革的触角深入边缘。

5. 坚持骨干示范，树立"让学引思"课堂改革实践的典型示范

以市、区学科带头人、教学名师与近年来在课堂教学改革上卓有成效的教师作为我校推进"让学引思"课堂教学实践的骨干力量和典型示范，引领广大教师立足实际，不断研究和探索，不断深化先进经验和好的做法。学校充分宣传"让学引思"课堂教学实践的成功经验和涌现出来的先进典型，及时进行宣传报道和阶段总结。学校在不同层面组织评选"让学引思"教学标兵与先进个人，让更多教师体验课堂教学改革的成功。

（七）改革成效

各学科初步构建了"让学引思"课堂教学改革模型。构建了"五让三引"——多课支撑的课堂教学体系。成功举办了两届"文轩杯"学思课堂优质课展评活动，有效促进了教师将理念转化为行动。为了更好地督促老师们反思教学，学校整理编辑优秀课堂教学实录两册，在《教育与教学》中发表了自贡市蜀光绿盛实验学校课改专辑。

在"让学引思"理念指引下，教师专业成长迅速。近年，国家级赛课一等奖 16 人次，省级赛课一等奖 22 人次，市级赛课一等奖 88 人次。教师在国家级、省级、市级刊物发表和获奖论文达 615 篇，教师自主编写校本教材 26 册。5 项科研成果获省级二、三等奖；10 项科研成果获市级一等奖，12 项获市级二等奖，11 项科研成果获区级一等奖。

学生自主学习能力、创新能力不断增强。近年，学生有 800 余人次在市级以上创新作文、演讲比赛、数学思维、创意设计等活动中获奖，获四川省第九届中小学生艺术展演活动中学甲组朗诵类一等奖。学生参加各级科创活动获国家级奖励 21 项，省级奖励 162 项，市级奖励 68 项，近三届自贡市青少年科技创新市长奖评选（共 10 项），我校每届均有 3 项获奖。

学校影响力不断增强。《中国教育报》《中国教师报》《四川教育导报》《华西都市报》《自贡日报》《自贡晚报》以及四川电视台、自贡电视台、中国经济网等多家媒体对办学先进事迹做了专题报道。学校获得了"全国特色学校""中国好老师自贡基地校""四川省中小学现代教育技术示范学校""自贡市科技创新拔尖人才"早期培养基地校等 100 余项荣誉。为充分发挥名校的引领示范作用，同市区 10 所学校结对成友好帮扶学校，定期开展学术交流活动，资源帮扶学校共享，促进了帮扶学校的全面进步和质量提升，为区域教育优质均衡发展做出了应有的贡献。

五、绿色队伍建设

在"绿润生命，盛及未来；绿源勤耕，盛自巧耘"教育理念引领下，学校狠抓教师队伍建设，努力打造一支"有事业情、专业力、学术范、生活趣"的高品质教师队伍，根据教师专业发展程度和教师自身特点，按需施培，整体提升了教师的素质。

抓实师德建设，创造良好教风学风。我校严格落实《关于加强和改进新时代师德师风建设的意见》《中小学教师职业道德规范》等文件精神，通过师德师风警示教育、师德大讨论等活动，深入开展师德教育，让教师把师德要求落实到实际工作中。

狠抓名优教师培养，实现教师梯级发展。经过多年的实践，探索出了教师梯级发展的"建培用一体化策略"。即教师梯级团队构建与升降策略、教师梯级发展内力激发策略、教师梯级发展专业诊断策略、教师梯级发展共享激发策略、教师梯级发展教学研一体化实践策略、教师梯级团队科学使用策略。从教师梯级团队的构建、教师梯级团队的培养到教师梯级团队的使用，进行整体规划、系统设计和科学推进。"构建"是前提，"培养"是途径，"使用"是关键。从科学定位、技能提升到作用发挥，体现教师梯级团队构建的针对性、动态性、实效性和梯级性，体现教师个体和团队梯级培养方式的整体性和多元化，体现教师梯级团队专业共享和智慧分享，达到相互刺激、相互激励、互动共生、整体提升的目的。通过梯级团队建设，我校培养了一批名优教师，其中省级名校长1人、教育名师1人、特级教师1人、骨干教师5人，市级教育专家1人、学科带头人9人、名教师9人、骨干教师50人，区级名师、骨干教师70余人。初步建成一支100余人的名优教师队伍，形成了省级、市级、区级、校级教师队伍梯级系列。

组建教研联盟，实现教师抱团成长。为博采各校之长，绿盛、汇南、嘉祥、龙湖实验学校四校组成"教研联盟"，聚力解决教育教学中的难题。每次活动聚焦一个研究主题，开展主题教研、课例研究、论坛沙龙、课堂展示、专题讲座等。每学期联合开展初中各学科联合教研活动，轮流主办，献课观摩，市教科所教研员莅临指导。在分享、交流、合作中加强互通互动，实现共研共思共成长。

实施蓝青工程，做好青年教师培养。学校高度重视新教师培养，通过任务驱动，抓好新教师入职培训，落实好新教师调研课和亮相课；通过名优教师跟青年教师结对子或者开展青年教师跟岗学习，抓实青年教师教育教学日常培养工作；通过青年教师竞赛课和各类比赛，倒逼蓝青工程培养，加速青年教师成长。

加大教师培训力度，提升教师培训实效。教师培训采取"请进来、走出去"的策略，一方面把教育专家请到学校来开展全员培训；另一方面把教师外派参加各类专业培训。我校每年派大量教师到北京、上海、西安等地学习课改先进经验。培训教师回校后进行一堂示范课、一次汇报讲座、教育教学工作有一点改进的"三个一"培训活动，将培训效益最大化。同时，学校也邀请国内知名专家到校开办讲座，面对面答疑，帮助老师们突破瓶颈，提升教师课堂实战能力。

开展课题研究，助力问题解决。"科研源于问题，课题研究反哺教师专业成长。"聚焦核心素养的课堂生长，以课题驱动的学习研究为载体，从认知活动、思维发展、经验借鉴中，探索不同学段、学科、课型的教学范式。构建了合理的教育科研课题体系，我校现有省级课题 7 个，以课题引领推动学校核心工作。为《指向深度学习的学思课堂教学策略研究》为引领，各学科子课题辐射课堂，形成了校级、区级、市级、省级的"深度学习"科研课题体系。

注重各级参赛历练，助推教师专业提升。我校重视在各级各类竞赛活动中提升教师的专业水平，每次参赛活动，采取个人自主设计、教研团队集体打磨、专家适时指引、团队再打磨、个人再修改的磨课模式。近两年，教师参赛成绩卓著：获国家级奖励 19 人次，省级奖励 124 人次，市级奖励 362 人次。其中，2020 年"理化生"三个学科教师参赛，同时获"全国中小学实验教学能手"奖励，全国罕见。

举行专业阅读，补齐个人发展短板。每个教师自身发展的短板会因人而异，专业阅读是解决这一难题的有效办法。每年寒暑假，学校都会安排老师进行专业阅读。教师根据自己专业发展需要，向学校提供所需要购买的书籍名称，学校会及时给老师们购齐书籍发放给老师们。每学期开学后，分教研组或备课组进行读书活动分享，既弥补了老师的不足，又让同组老师收获了新的思想。这一措施有效地促进了老师的个性化发展。

科学激励评价，激活教师发展潜能。教师队伍建设以评价考核激励教师投身教育事业。学校十分重视教师评价考核工作，以学科评价增强教师自我发展动能。学校考核制度的制定和修订，组织和实施，坚持标准、严格程序，做到"方案、过程、结果、反馈"四公开，让教师有安全感、归属感、荣誉感。学校注重在新形势、新问题解决中，增强评价考核的科学性、公众性、权威性，让教师在阳光的评价中看到自己的专业发展定位，增强效能感。学校注重优秀教师、先进典型的培养和宣传；通过颁奖仪式、嘉奖令、专题宣传等，对优秀教师、教育成果给予充分的肯定和鼓励，强化教师的成就感；用好人事政策，在职称、表彰、奖励、学习等方面向一线教师、优秀人才倾斜，让教师切实拥有看得见、摸得着的获得感。

学校的发展离不开专业的教师，培养"向美而行"的学生也离不开教师的引导和帮助。只有尊重规律，带动教师发展，才能建设绿色育人的温馨校园，才能成就教师的职业幸福，才能培养幸福快乐的健康少年。

六、绿色管理

绿色管理是"绿色教育"在学校管理中的实践，其基本要求和追求目标是"低耗高效"，管理的核心是"人"。学校的绿色管理始终以人为中心、优化机构设置、完善制度建设、全员参与管理，探索出了适合校情的绿色管理之路。

1. 优化内设机构，提升管理效能

本着精干高效、指挥统一、职权分明、管理有力和系统平衡的五大原则，将原有的六个处室重组成四个中心，其核心目标是聚焦服务、专心做事，做到精简高效、职责权一致、分工协作。

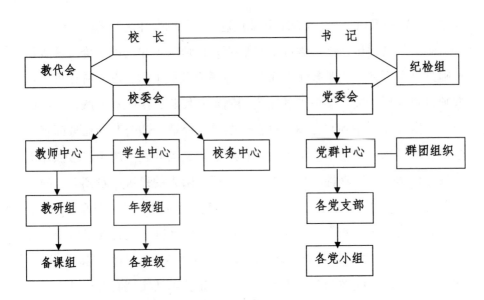

自贡市蜀光绿盛实验学校内部组织管理机构示意图

2. 健全制度，规范管理

学校以制度管人、制度育人，实现学校依法、民主、自主管理，促进学生、教职工、学校的协调和可持续发展。学校的管理制度自建校以来进行了多次改革建设，已经形成了一套较为完整、科学的管理制度体系。建立了"自贡市蜀光绿盛实验学校程序性制度、规范性制度、考核评估性制度、安全管理制度"为支撑的四大制度体系，各类制度总计100余项。让全体教职工开展各项工作做到有据可依，让职能部门科学管理做到有例可循。实施多元激励机制，让每一位教师都体验到被尊重、被赏识的愉悦，激活教师工作潜能。

3. 群策群力，民主管理

实现民主管理的制度化、规范化、程序化，充分发挥教代会的作用，涉及学生、教师、学校发展规划等重大内容交由教代会讨论通过。设立校长信箱，成立班级、年级、学校三级家委会，广泛听取家长、学生、教师对学校工作的意见和建议。每学期开展"金点子"征集和"头脑风暴"活动，对教职工提出的优秀建议予以采纳和奖励。"绿色管理"倡导实现教师的自我管理，目的是把教师的专业化发展与学校的和谐可持续发展统一起来，实现教师的自我进步与学校的特色发展。

4. 干部引领，开拓进取

学校的班子队伍是学校及其教育发展的关键。班子成员的思想观念、价值取向、工作作风等，直接影响着校风、教风、学风，决定着学校的精神理念和发展状态。学校干部队伍建设秉承"师之所思，我之所想；生之所需，我之所为"的思想，坚持以人为本管理和制度管理有机统一，要求干部做到"三带、六勤、三实"三个字上下功夫。"三带"是指带头学习、带头研究、带头守纪；"六勤"要求做到腿勤、眼勤、脑勤、嘴勤、勤工作、勤反思；"三实"是指为人做事求实、务实、扎实。

责任引领，共同发展

——乐山五中"责任教育"的教育理念与实践

四川省乐山市第五中学　唐林

由于社会角色的不同，人的责任具有多样性。作为家庭的一员，有家庭责任；作为工作岗位上的一员，有岗位责任；作为民族的一员，有民族责任；作为社会的一员，有社会责任；等等。但无论处于何种社会角色，行为主体都应尽职，这是社会的基本要求。责任是有客观规定性的。正因如此，古今中外每一个时代的社会都重视责任教育。

通过教育使人们养成责任习惯——时时尽职尽责，失职主动承担责任，这是责任教育的目的。当然，责任教育是一个长期的过程，全民责任素质的提高不是一蹴而就的，需要做耐心细致的工作。

——摘自孙庆平《责任教育的意义》[1]

笔者有 27 年一线教学和 22 年学校行政管理的工作经历，从教师到教导主任，从副校长到校长，从农村学校到城市学校，从九年一贯制学校到初中学校，笔者一直都在实践中思考这样三个问题：学校教育的原点和基点在哪里？学校教育能给个人成长发展留下什么？学校教育为社会留下什么？

这三个问题，在教育教学实际工作中从模糊渐到清晰。2018 年 11 月，笔者加入了四川省汪伟名校长鼎兴工作室，系统地学习教育理论，学习优秀学校的办学经验，不断反思、梳理和总结，加深了对教育工作的理解，促使笔者有意识地研究教育教学管理规律，思考更具科学化、个性化和校本化的办学理念，探索建设特色鲜明的学校文化品牌。在工作室领衔人汪伟校长的指导下，借助优秀学校的办学实践，结合多年来的办学思考，依托本校办学历史和文化沉淀，我校提炼出了以"责任引领，共同发展"为核心的"责任教育"办学理念，把"责任教育"作为学校教育的办学灵魂，引领和指导学校建设和可持续发展。

一、"责任教育"的提出

（一）主要背景——部分青少年责任感的缺失 [2]

每个社会成员都生活于特定的社会关系之中，扮演着特定的社会角色。这种社会角色与特定的责任、权利和义务联结在一起。责任感是一种道德情感和道德责任，任何社会角色都要承担相应的道德责任。如果个体角色意识模糊、社会责任感缺失，就会产生角色不清、角色冲突、角色中断、角色崩溃等问题，进而影响个体的社会责任担当。在道德虚无主义、利己主义、物质主义、西方自由主义等不良文化思潮影响下，部分青少年产生了角色意识模糊、道德素质下滑、责任感缺失等问题。

从角色视角审视当下青少年责任感缺失，表现有三。

一是社会责任意识淡薄。当前，个人主义、利己主义、功利主义等还占有很大市场。部分青少年以之为价值导向，片面注重个人利益的索取和个人价值的实现，不考虑个人对社会和国家的贡献，漠视集体的利益，忽视了自己应当承担的社会义务和社会责任。

二是生命责任意识缺失。生命责任是道德责任的基础层次，如果漠视生命存在的价值与意义，丧失了对生命的尊重和关爱，就会丧失道德义务和道德责任，更难以具有社会责任感和历史使命感。当前受学习压力大、情感挫折等因素影响，青少年自杀事件频频发生。据统计，我国有3000万青少年处于心理亚健康状态，每年约有25万青少年因心理问题丧失生命，其中自杀已成为青少年群体的头号死因。此外，青少年犯罪率也在逐年上升，校园欺凌、打架斗殴、杀人、强奸等暴力犯罪案件屡见不鲜。这些都说明青少年生命意识、责任意识还有待提高。

三是道德认知与道德实践割裂。道德责任是道德心理的重要范畴，它以知行合一的道德实践为最终价值指向。

我国婚检工作经历了强制婚检期、鼓励自愿婚检期、免费自愿婚检期。婚前医学检查是为了发现疾病、防止婴儿出生缺陷、保证婚姻幸福的利国利民利己的好事。我国自1994年起施行强制性婚检，当时全国婚检率为100%；2003年取消强制婚检改为自愿婚检，全国婚检率开始迅速下降，低于强制婚检期水平的20%以下，新生儿出生缺陷发生率明显增高且近几年呈持续上升趋势。成千上万缺陷婴儿的出生，给家庭、社会、国家带来了难以估量的负担。今天的社会人，昨天的青少年；今天的青少年，明天的社会人。

许多青少年存在道德认知与道德行为割裂、责任认识与责任行为冲突的问题。如部分青少年认为自己应当承担社会责任，为国家和民族的繁荣富强贡献力量。但在日常行为中追求绝对自由，强调实用主义，甚至以损害国家或集体利益的方式牟取个人利益。再如，大部分青少年对贪污腐败、污染环境、破坏公共秩序等现象深恶痛绝，但是在面对这些丑恶现象时，许多青少年总是抱着"事不关己，高高挂起"的态度，视而不见，听而不闻。

从道德环境维度出发，探究青少年责任感缺失的成因有三。

一是市场经济的冲击。在市场经济条件下，功利主义、物质主义、个人主义、享乐主义、拜金主义等不良思潮的泛滥，深刻地影响着青少年的道德观念、价值信仰和思维方式，导致许多青少年道德滑坡、诚信缺失、信仰虚无。此外，社会道德取向变得多元化、个性化、自由化，颠覆传统、蔑视权威、逃避责任、拒绝主流等成为道德生活的流行态。造成许多青少年产生道德困惑、思想迷惘，忽视了自己的道德义务和社会责任，常沉溺于自我利益的窠臼而不能自拔。

二是社会转型的影响。在当前全球化、多极化、信息化的国际环境和国内现代化转型的背景下，人们的生活方式、道德观念、政治信仰等趋于多样化。同时，贫富差距、社会腐败、诚信缺失、道德失范等社会问题也给社会道德环境造成了破坏，给青少年的道德教育和价值观培养带来许多负面影响。

三是青少年亚文化的误导。青少年亚文化具有叛逆性、颠覆性、边缘性等特征。与主流文化相比，青少年亚文化与青少年群体的社会地位、心理特点等非常吻合。当青少年遭到主流文化、家长文化批判时，就可能陷入主体意识丧失、人际关系冷漠、精神生活焦虑等困境，从而不自觉地认可和接纳一些亚文化，在享乐、逃避和封闭中放纵自我，用游戏人生、调侃社会、沉湎网游等方式对待生活，这些直接影响青少年责任感的生成。

（二）重大意义

"道德之所以是道德，全在于知道自己履行了责任。"中学生是社会主义事业的接班人，也是国家富强、民族复兴的希望之所在，理应担当起国家富强、社会发展、民族振兴的重要责任。因而，以"立德树人"为根本任务的学校教育在青少年"责任教育"方面就摆在突出地位。

1. 有着深厚的历史传统渊源

"责任"的提出有着深刻的历史文化意义。富有"责任感"是中华民族的优秀传统。顾炎武在《日知录·正始》中提出"天下兴亡，匹夫有责"；梁启超在《少年中国说》中说"故今日之责任，不在他人，而全在我少年"；周恩来曾说"为中华之崛起而读书"。马志尼在《论人的责任》中强调"任何人都应该履行对人类、对国家、对家庭和对自己的责任"。古今中外有所作为的仁人志士，在成长的道路上都不乏责任的动力。

2. 责任感是新时代公民实现中国梦所必备的底线品格

加强"责任教育"是全面提高社会主义劳动者素质的重要举措。在劳动者诸多素质中，责任素质起到核心和统领的作用。责任素质的高低直接影响着劳动质量、劳动效率；劳动者责任素质的提高有利于全面素质的提高。

加强"责任教育"是培养适应时代发展要求的新时代社会主义事业接班人的需要。学校要为党培养人才，为党治国理政培养人才，为实现中国梦培养人才。在经济全球化进程日益加快且世界局势日趋复杂的当下，坚定青少年社会主义信念、抵御西方资产阶级思想文化侵蚀的历史重任愈加艰巨。加强社会责任和家国情怀教育，提高社会主义事业接班人的责任素质，是我们事业发展的客观需要。

加强"责任教育"是实现依法治国与以德治国相结合的治国方略的基础。法治国家既需要法律、制度的保障，又需要道德的支撑。法治与德治的有机结合，是实现国家长治久安的有效方法。责任不仅有法律的而且有道德的，"责任教育"就是要提高人们遵纪守法的责任意识和责任素质。

3. 社会责任是学校深厚文化的体现

乐山五中始建于 1927 年，前身是乐山市第一所初级中学——乐山县立初中，有着近百年的办学历史，学校的发展与时代发展同呼吸共命运。学校人才辈出，杜道生（中国近现代文字学家、语言学家、音韵学家和古文学家）、吴新智（中国科学院院士、古人类学家）、黄品沅（著名影视演员，表演艺术家）、张悲鹭（著名画家）、蒋慧深（物理特级教师、全国优秀教师）是乐山五中师生中的杰出代表。他们身上体现的"责任担当"已成为五中人的精神底色和文化符号。

正是基于以上认识，我们认为，传承责任、实施"责任教育"是学校底线教育，是学校教育的原点和基点。为此，乐山五中提出了以"责任引领，共同发展"为核心的"责任教育"。自"责任教育"实施以来，"责任教育"助推着学校在教育教学质量方面稳固提升，赢得了良好的社会口碑。

二、"责任教育"的内涵

（一）关于"责任"

责任作为一种道德情感，是一切美德的基础，是人类理想和良知的集中体现，也是社会进步的基石。

1. 本义及引申义

责任是一个伦理学概念，是个人、集体在社会的立身之本。"责"，指分内应做的事。"任"，引申为担当、承受。责任，就是承担应当承担的任务，完成应当完成的使命，做好应当做好的工作。

2. 责任是一个系统

责任是一个完整的体系，包含五个方面的基本内涵：责任意识，是"想干事"；责任能力，是"能干事"；责任行为，是"真干事"；责任制度，是"可干事"；责任成果，是"干成事"。

3. 责任感是衡量一个人精神素质的重要指标

李社亮在《当前青少年责任感缺失的症候、原因及培育对策》中说："责任感是指个体在道德良心和道德情感上对他人或社会的伦理关怀和伦理义务。"责任体现了一个人的心态、态度、作风、风格、思想、原则及习惯；责任体现了一个人的心智、格局和胸怀；体现着一个人的使命、生活空间和追求；责任更体现了一个人的人生观、价值观和世界观。

4. 责任和自由

责任事实上以自由为前提，而自由只能存在于责任之中。责任是唯独存在于人与人之间约束中的人的自由。

（二）关于"责任教育"

立德树人是学校的根本任务。西奥多·罗斯福曾说："培养一个人的心智，忽略道德，无异于给社会树敌。"要重视德育，但德育不能达到应有的效果，那与没有进行德育没有什么区别。

我们要反思当今的学校德育工作。学校进行的道德教育，如爱国主义、集体主义、革命主义、文明礼仪、行为规范、社会主义荣辱观、社会主义核心价值观等，内容并不少，但学生道德品质如何呢？效果怎么样呢？许多学生把道德品质教育仅当作一种活动，既然是活动，参加也好，不参与也罢，没有约束力，没有找到一次心灵的碰撞和共鸣。所以你活动你的，活动过后仍我行我素，最后德育沦为学生被迫参加的形式性活动而已。

要让德育真正进入人心，那就必须找到一个共鸣点，能引起重视和反省的切入点，这就是"责任教育"所能赋予的任务了。

"责任教育"是什么？就是培养学生责任意识并将责任意识转化为责任行动的教育。简言之，就是培养责任感的教育。我们认为，责任感是意识和行动的共同体。从教育内容上说，"责任教育"就是要对生命、对自己、对家长、对亲人、对朋友、对同学、对国家、对社会、对民族负责任的教育。概括地说，"责任教育"就是培养学生对"责任"的体认：对个体生命和自我行为负责；对家庭和他人负责；对国家、民族和社会负责。

作为美德基础的责任感，是行动的先导。责任感一旦培养起来，就会对智育、体育、美育、劳育产生巨大的持续不断的内驱力。

三、"责任教育"的理念表达

（一）核心理念：责任引领，共同发展

乐山五中以"培育责任感"来统领学校育人工作，包含三个层次。

1. 强化教师责任感，培养一批履责尽职勇于担当的有强烈责任感的教师队伍，助推教师专业发展。以责任促进教师发展，着力打造教师的三种责任意识：一是岗位责任，爱岗敬业，思学乐教；二是社会责任，培育学生，引导学生；三是国家责任，百年大计，教育为本，以培养新时代社会主义建设者为己任，以培养为中华民族伟大复兴的建设者为己任。

2. 着眼培养学生的责任意识和担当品质，助推学生健康成长。通过富有实效能引起共鸣的德育活动，树立学生对生命、对自己、对家长、对亲人、对朋友、对同学、对国家、对社会、对民族负责的责任意识。

3. 以教师的责任培育学生责任，建立责任担当共同体，从而实现师生共同成长。在学校，师生是一个成长发展的共同体。教师用学识和人格培育和引导学生，学生的成长和发展反过来又影响和提升着教师的发展，这是一个不断循环的良性过程。雅斯贝尔斯说："教育意味着一棵树摇动另一棵树，一朵云推动另一朵云，一个灵魂唤醒另一个灵魂。"那么责任的作用就是"摇动"、"推动"和"唤醒"。

（二）校训：责任于心，美丽于行

"责任教育"的职责就是培养学生的责任感。培养责任感的意义就

在于将责任意识转化为责任行动。责任意识不仅要存在于思想、烙印在心灵中，更重要的是要落实在行动中，扎根于实践。"责任"存在于思想、精神和灵魂，方为"责任于心"；"责任"落实到细节处、行动上，才能焕发出人性美好的光芒，方为"美丽于行"。"责任于心，美丽于行"即为"知行合一"，是道德认知与道德实践的统一，此为人类追求的最高精神境界。

（三）办学目标：办有灵魂的学校，育有责任的学生

但丁说："道德能弥补智慧的缺陷，然而智慧却填补不了道德的空白。"道德的源头在于责任，责任感是品德之本，故"责任教育"是学校德育底线教育，是学校教育的基点和原点。

初中是基础教育的中间环节，承上启下。基础教育壮实了，才能发挥奠基的作用。现在人们常说的"缺心"，如缺良心、缺孝心、缺上进心、缺爱心、缺责任心等，其中严重的就是缺责任心。立德树人是教育的根本任务，抓好学校教育的关键就必须抓住德育这个"牛鼻子"，这个"牛鼻子"就是"责任教育"。

学校道德教育的灵魂就是"责任教育"，培养有责任感的学生是学校的终极目标。

（四）育人目标：培养阳光雅正的责任学子

责任，展现为"刚性"与"柔性"的特性。"刚性"表现在勇于担当，永不退缩，责无旁贷，承担应当承担的使命，完成应当完成的任务，做好应当做好的工作，又表现在勇于承担未履行职责的后果；"柔性"表现在内心温润，心存感念，乐于助人，即对家庭和他人负责，对国家、民族和社会负责。

乐山五中学子将具备"刚性"和"柔性"的品格，即阳光雅正且有悟性的学子，拥有豁达的心态、强健的体魄，拥有高雅的情操、审美的情趣，

拥有笃定的信念和家国情怀。

（五）校风：守正笃实，久久为功

守正，就是守住初心，坚守正道，勇于担当；笃实，就是忠诚老实，坚定目标，务实做事；久久为功，就是持之以恒，锲而不舍，驰而不息，方有收获。简单地说，"守正笃实，久久为功"，就是一辈子堂堂正正做人，踏踏实实做事。

（六）教风：为学习而教，为成长赋能

为学习而教。要遵行学生认知规律，创造适合学生学习的教育。学生成长发展只有通过自主学习才能真正实现。教师的教，是为了促进学生的学，让学生"会学"才是教学行为的价值所在。把学习的主动权交给学生是建构课堂有效学习的"支点"；"为学而教、以学定教"应成为乐山五中的教学思想和行为方式。

为成长赋能。要遵循学生成长规律，着眼学生发展。学生的健康成长，来自有责任感的教师队伍的培育和引导，以智慧启迪智慧，以人格培养人格，以责任培育责任，使学生获得健康心智模式，为学生一生健康成长赋能。

教学生3年，为学生想30年。学生的成长和发展既是学校教育的起点，又是学校教育的终点。

（七）学风：慎独自律，善于思考

慎独自律，是指一个人在无人监督的情况下，也能严于律己，自觉遵守道德准则，不做任何不道德的事，这是责任感的最高境界。

"学"是采金矿，"思"是炼真金的过程。"思考"，需要内心笃定，心无旁骛。慎独自律则是"思"的前提和保障。勇于思考、善于思考是学习的"无价之宝"。

四、"责任教育"的层次性

责任感是有层次性的。[3] 学生对责任的体认是一个不断深化的过程，是一个由对自己负责到对家庭负责、对他人负责，再升华到对国家、对民族、对社会乃至对人类负责的过程。

其中自我责任是最低层次的"责任教育"内容，对个体生命和自我行为负责是责任认知的起点和基础；家庭和他人责任是第二层次的"责任教育"内容，对家庭和他人负责是责任认知的扩展、责任个性的依托以及利他责任行为的起点；国家、民族和社会责任是第三层次的"责任教育"内容，也是"责任教育"的核心层次，对国家、民族和社会负责是责任认知、个性和行为的深化和核心体现。人类及环境责任是最高"责任教育"内容，对人类和环境负责是社会责任意识的升华。

"责任教育"的层次

层次	"责任教育"内容		认知过程关系
第一层次（最低层次）	对自我负责的"责任教育"	生命"责任教育"：是关于生命知识、情感、态度和价值观及关爱生命行为的教育。着眼于内在动机的情感体验，教育学生懂得自尊、自爱、自重、珍爱自己和他人生命，追求生命质量的完善，提升生命的价值和意义	是责任认知的起点和基础
		对自己行为负责的"责任教育"：培养纪律意识、规则意识、秩序意识、法治意识	
第二层次（基础层次）	对家庭和他人负责的"责任教育"	感恩意识教育：感恩意识以恩情为基础，以回馈为内在心理动机，以报答为外在表现形式。对学生有目的、有步骤地实施识恩、知恩、报恩以至施恩的人文教育。促使学生体谅父母的辛苦和他人的善意，增强人情味和利他责任感	是责任认知的扩展、责任个性的依托以及利他责任行为的起点
		尊重"责任教育"：尊重与责任有着内在的紧密联系，学会尊重他人有助于责任意识的生成。孝敬父母，尊重他人；尊重劳动，尊重知识，尊重人才；团队意识、悦纳意识、集体精神等都是尊重"责任教育"的主要内容	

（续表）

层次	"责任教育"内容		认知过程关系
第三层次（核心层次）	对国家、民族和社会负责的"责任教育"	爱国主义教育：弘扬以爱国主义为核心的团结统一、爱好和平、勤劳勇敢、自强不息的伟大民族精神和培育以改革创新为核心的与时俱进、勇于创新、追求实效、无私奉献等的时代精神，树立民族自尊心、自信心和自豪感，强化对国家和民族的认同感，正确对待和处理国家、集体、个人之间的利益关系	是责任认知、个性和行为的深化和核心体现
		理想和价值观教育：理想是人生发展的内驱力，是实现责任的牵引力，任何理想的实现都有明确的责任相伴，依赖于每一个具体的责任的实现；人生价值的实现是以社会整体利益的发展为基础的，引导青少年在参与社会公共生活的过程中认知并履行对他人、对社会所应承担的职责和义务，是责任行为付诸实践的关键环节	
		家国责任：对国家、民族和社会负责任，要有爱国主义精神、笃定的理想信念和正确的价值观	
第四层次（最高层次）	对人类和环境负责的"责任教育"	人作为类存在，应该有着相互尊重和同情的人道主义的精神，人类的生存和共同发展是每个人的责任，青少年应放眼世界，具有国际主义的精神。环境意识成为人类社会文明、发展进步的重要标志，热爱自然、保护环境、珍惜资源是现代公民素质的重要组成部分	是社会责任意识的升华

五、"责任教育"的实践策略

为使"责任教育"理念落地，由"责人觉人""责任化人"最终形成"责任育人"的乐山五中责任文化品牌，围绕"责任学子"的育人目标，主要从以下四方面努力。

（一）打造"责任文化"

1. 制度文化

学校把"以人为本"作为管理者的基本责任，秉承民主管理的原则，形成系统的管理制度，落实责任文化。

（1）树立"管理即服务"理念

"管理即服务"是责任"美丽于行"的实际体现。后勤为前勤服务，前勤为一线服务，一线为教学服务，教学为学生服务。突出细节文化——树立"1+0.1"的"向上做一点"管理意识，确保学校管理的每一个细节细致入微。

（2）创新管理模式

创新管理模式的现实意义，就是为了激发工作热情，将责任落到实处。

针对传统的学校管理模式进行探索式改革，实施年级管理负责制：管理重心下移，责权利重心下移，强调团队作用和集体智慧，提高整体竞争力。打破垂直化管理模式，减少中间环节，减少管理能耗，实施"一个决策中心""三个管理实体""两条主线""一个督评小组"的分级管理模式。

强化学校职能部门功能，业务科室向教育教学提供专业指导服务。如教务处改为"教学质量管理处"，聚焦教学质量，围绕质量这个中心开展教学管理，变往常"琐碎事务"为强化对教学"六认真"和教学成绩"分析评价"的管理，最终提高教学质量；德育处（政教处、团委）改为学生发展处，聚焦学生的"成长和发展"，时刻牢记教育事务要关注学生的发展成长；总务处改为"后勤服务处"，聚焦"为师生服务"，强调后勤的职责就是"为师生服务"，就是为教育一线提供好后勤保障；教科室、信息中心改成"教师发展处"，要求科室成员与时俱进，关注教师发展，用科研来引领教师发展。一句话，名称变，则方向变，重心变。

（3）实行刚柔相济的管理机制

学校是特殊的育人场所，教书育人是神圣的职业，需要和谐的内部环境作为支撑。因此，学校采取"民主治校"和"人文关怀"相结合的原则，力求在科学化管理中渗透人文因素。由学校党总支牵头，以教代会为平台，在全校教师共同参与和智慧凝聚下，修订学校章程和各类管理制度，形成《五中治理手册》，按章程治校，让制度管人，让规矩理事。在制度修订过程中，既要符合法律法规的要求，又要渗透科学性、发展性和人文关怀；既要关注共性，又要有利于个性的健康发展。

在管理过程中，让每位教师认识到自己在学校发展中的责任和作用，形成"一家人"的感受和意识。让"一家人"成为"四个共同体"，即生活的共同体、事业的共同体、命运的共同体、信仰的共同体。深入员工心灵，增强归属感，提升幸福感，从而最大限度地发挥人的潜能。

2. 环境文化

蓬生麻中，不扶自直。以班级文化建设为核心，在校园内形成浓郁的"责任文化"氛围，使学生耳濡目染，赋能阳光、雅正。

打造班级名片。围绕"责任"，各班精心打造班级名片，设计班名、班歌、班徽，提出班训、班规、口号、目标、班主任寄语；设置班级月度"责任·学子风采"展示栏、学生个人"责任·每日一语""责任·操行评分"栏、学生"责任·书画栏"、警示栏等。通过班级文化建设，营造浓厚的责任文化氛围。每个班级都拥有独特亮点，体现学生阳光、雅正的气质，赏心悦目。

优化校园环境。学校重视校园文化建设，在搞好校园美化、净化、亮化工作的同时，突出"责任"主题。充分利用现有空间，精心规划校园各类设施、文化宣传栏，力求精、细、美，让学校精神文化随处可见。在文化建设中，强调全体师生参与，以"我来说责任""我的责任我承担"等特定活动，将征集到的格言让有美术基础的师生将语言和图画结合起来，或由师生书写张贴在走廊、教室、楼道、办公室、食堂、长廊、橱窗里，发挥环境育人作用。

（二）打造"责任教师"

致力教师责任感培养，在日常教育教学工作中诠释教师责任的内涵，不仅要教好书，更要育好人。

1. 目标激励，激发责任

通过切实目标引领，凝聚向心力，普遍增强教师达标意识和责任意识。制订《教师专业成长实施方案》《骨干教师培养实施方案》《青年教师成长方案》《乐山五中名师工作室管理办法》等，邀请市内外特级教师担任学校骨干教师的导师，并整合教科室、信息中心为"教师发展处"，成为教师专业成长的管理机构等。

2. 专业成长，助推责任

专业成长，是教师"教书育人"责任有效落实的重要保障。教研活动是教师岗位练兵的载体，是教师专业成长的平台。乐山五中积极探索适合校情、有利于新课程实施的教研机制和活动方式，并形成一套具有校本特色的校本教研框架体系，即"教研训一体化"活动。"教研训一体化"活动主要包括理论学习、教学观摩、教学论坛、经验总结和推广交流等五大环节。

在理论学习和教学观摩上，我校秉持"立足本校、走出去、请进来"的教研方针，增加投入力度，不断提升教师课题研究和论文写作水平。我校建立"名师工作室""名班主任工作室""教师工作坊"，加强名师、名班主任的培养；积极开展"名师带徒""一帮一""结对子""异课同构"活动，让青年教师迅速成长起来，并为青年教师调研参观、交流经验、申请课题提供大力支持和服务。开展教师"教学论文、教学设计、教育案例、教学反思、班主任经验总结、读书笔记"评比活动，在全校教职工大会上表彰并将优秀作品汇编成册；同时推荐上报到区教师发展中心，促进教师及时总结并反思自我的教学和教育方法。

3. 榜样示范，引领责任

榜样始终是一面旗帜、一个标准。要着力挖掘教师身边的榜样，在各个具体岗位上树立具有责任感的榜样。以正确的舆论引导教师，以先进的典型激励教师，以榜样的力量更好地诠释责任的内涵。

设立年度"责任教师"，分为功勋教师、功勋班主任和优秀教师，根据教龄长短、长期奋斗在教育教学第一线且教育教学业绩突出的评选标准，通过民主推荐、班子讨论、教师演讲、投票选举等方式评选，学校给予隆重颁奖。该活动强调以德立教，以身作则，为学习而教，为成长赋能，以高尚的人格魅力教育感染学生，倡导建立平等、民主、和谐的师生关系和家校关系。

学校每年邀请杰出人才（如杰出校友或优秀社会人才）为全校师生开展"责任人生"报告，使报告活动成为一种极有感染力的教育题材。

4. 立足"四精"，优化教学

以课堂教学改革为依托，在学校领导的引领下掀起以"自主学习＋责任探索"教学模式的教改活动，优化教学策略，构建高效课堂。形成"备课精心""上课精要""习题精选""评讲精当"的教学要求，树立"为学而教，以学定教"教学观，形成"学自主、启思维、倡协作、求高效、展特长"的教学特色。

（三）打造"责任学生"

学校围绕责任感的不同层次，以课程建设为基本模式，构建"六大课程"育人体系，即基础学科课程"明责"、成长阶梯课程"养责"、情景文化课程"润责"、体验实践课程"习责"、自主管理课程"塑责"、家校协同课程"育责"，实现全方位立体式育人体系。

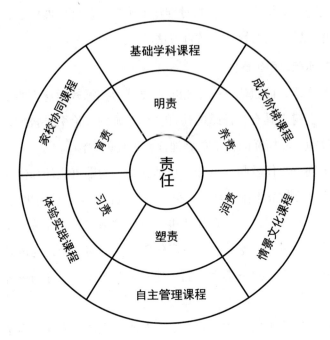

"责任教育"六大责任课程体系

1. 基础学科课程"明责"

重视基础课程（国家课程）育人功能，将课堂与德育充分融合，突出课堂育德。围绕课标，深挖课程育人功能，充分发挥课堂主渠道作用，引导教师守好讲台主阵地，将立德树人放在首要位置，将社会主义核心价值观渗透到教育教学全过程。以心育心，以德育德，以人格育人格，以责任育责任。

2. 成长阶梯课程"养责"

根据初中学生身心发展、认知规律及接受能力，将学生核心素养和社会主义核心价值观融入初中三个阶段，分别设置自我责任（七年级）、利他责任（八年级）、家国责任（九年级）三大课程，共12个主题、36个主题活动。优化、细化主题教育课程的目标、内容、形式、评价和反馈，形成可操作的序列化主题教育活动，让学生在三年的学习中能更加全面、系统和丰富地自主体验和感受教育活动，获得全面发展。

3. 情景文化课程"润责"

学校精心打造环境文化、反复强化精神文化、不断凝练社团文化、常态巩固行为文化，形成学校情景化课程，完善《责任五中，魅力五中》文化读本，将"责任"形象化、具象化，使之有厚度、有温度，使每一位五中学子对"责任"可感可知。

4. 体验实践课程"习责"

体验实践活动是推进学校德育工作的有效途径之一。体验实践类课程共分四大类：研学旅行、人文五节、志愿服务、劳动教育。体验实践课程以"责任教育"内容为中心设计活动，有目的、有步骤、有程序、有评价，具有可操作性。主题活动要精心筹备，确保安全有序。特别是让学生在活动中得到感染，获得启发。

5. 自主管理课程"塑责"

学生成长是由"他律"到"自律"的过程。我校强调学生主动参与学校管理是"责任教育"的重要内容。一是搭建管理机构，如学生会（自治委员会）、团委会、志愿者团队、班级学生管理机构、学校学生预防校园欺凌委员会等，组织学生有序而积极地参与学校管理；二是制定自主管理办法，如学生奖惩条例、文明班评比办法、操行分管理办法、各类优秀学生评选办法、各级优秀班集体评选办法、班级管理优秀团队管理办法、校园欺凌治理办法等，为学生自主管理提供依据和保障；三是搭建自主管理平台，如与上述相应的学生会干部竞选、学生值周及总结、大型活动组织筹划、校园广播站等。

6. 家校协同课程"育责"

成立"心理成长和家校共育中心"，将心理健康教育与家庭教育紧密结合起来。搭建线上家校，集合家庭教育专家资源和专业内容，建立空中学习课堂和家庭教育问题解决的线上平台，包含家庭教育质量测评、家庭教育音频学习课程、家庭教育资讯、在线咨询、家庭教育校本课程指导等核心功能。培训家长，提高家长家教认识和家庭教育水平，调动家长积极性，自觉参与到学校的德育活动中，成为教育主力军，与学校共育孩子健康成长。

（四）探索"责任课堂"

课堂是实践"责任教育"和培养学生责任感的主渠道和最佳契机。完善"自主学习+责任探索"的课堂模式，涵育"慎独自律，善于思考"学风。

具体体现为：三翻、两段、十环节，重在强调学生自主学习。三翻，相对于传统授受课堂而言，实现"教学观的改变""学习环境和课堂教学任务变化""备课转变"；两段，指的是课前和课上；十环节，指的是一次备课、发布任务、自主学习、反馈交流、获取学情、二次备课、展示交流、合作释疑、检测提升、总结评价。其中，有7个环节学生以主体角色参与。

"责任探究"模式，指在"自主学习"过程中，强化慎独和自律品质，不畏困难、摒弃各种消极干扰，在此基础上独立思考，坚持不懈地探寻解决问题的办法，重在锻炼学生心理素质。

"自主学习+责任探索"的课堂模式实施中，侧重融入"责任"元素。尤其是在课前自主学习、反馈交流、展示交流、合作释疑、检测提升、总结评价6个环节中，如不培养独立思考、合作分享、批判质疑、尊重意识等"责任品质"，是很难顺利完成学习任务的。

推进"责任教育"，努力创建"责任教育"文化品牌，是我校办学思想的实践之路。这是一个较为漫长的实践积累和理性思考的过程，更是一个千锤百炼的过程。要建立一个比较系统的办学思想体系，需要终生的实践和创新，同时要注重思想和科学的归纳。

参考文献

[1] 孙庆平：《责任教育的意义》，《光明日报》2005 年 1 月 11 日。

[2] 李社亮：《当前青少年责任感缺失的症候、原因及培育对策》，《学校党建与思想教育》2017 年 2 月，总第 545 期。

[3] 刘学飞：《论青少年责任教育的层次性》，《现代企业教育》2011 年 8 月下期。

为人生发展而教育

四川省雅安中学　张词勇

第一章　百年名校　思想引领

一、办学历史

四川省雅安中学始建于 1905 年，前身为清朝雅州府中学堂。学校办学历史可追溯到乾隆四十年（1775 年）创办的宗文书院和嘉庆十七年（1812 年）建立的雅材书院。光绪三十一年（1905 年），清朝雅州府改建雅材书院为雅州府中学堂，始办雅州现代中学教育。1912 年辛亥革命后，雅州府中学堂组建为雅州联合县立中学校，引进部分西洋课程继续兴办中学教育。1930 年，上川南师范校和宁雅邛联立高中先后并入雅州联合县立中学校更名为宁雅邛联立中学校。1939 年，民国政府始设西康省，宁雅邛联立中学校更名为西康省立雅安中学校。1950 年中央设立西康省人民政府，学校更名为西康省雅安中学。1955 年 10 月，中央人民政府撤销西康省建制，将其行政区域并入四川省，学校正式更名为四川省雅安中学，校名沿用至今。2000 年，雅安师范学校并入雅安中学。2003 年，四川省建安中学并入四川省雅安中学。四川省雅安中学于 1980 年被批准为首批"四川省重点中学"；

2002 年被批准为"四川省示范性普通高中";2013 年被省教育厅复核确认为"四川省二级示范性普通中学"。2015 年 9 月,学校高中迁入大兴校区,学校"一校两区"办学格局基本形成;2016 年被省教育厅命名为"四川省一级示范性普通高中"。

二、办学思想凝练

四川省雅安中学位于四川省雅安市雨城区周公山下青衣江畔。学校"一校两区",总面积 270 余亩。高中校区位于大兴镇穆家村,初中校区位于育才路。雅安中学是四川省一级示范性普通高中,在长期的办学历程中,栉风沐雨、薪火相传,几代雅中人用智慧和汗水,积淀办学经验,为党和国家培养了一批批人才。

21 世纪初,学校确立"为人生发展而教育"的办学思想。该办学思想体现在两个层面:一是学生为人生发展而努力学习,充分发挥主动性、积极性,注重个性发展,促进可持续发展,为自己的终身发展打下坚实基础;二是教师"为人生发展而教育",面向全体学生,立足学生的全面发展,尊重学生的个体差异,努力创造"适合学生的教育"。四川省雅安中学学子赠予母校的对联"讲席弦歌欣奏雅,科山耕攀耻求安",呈现了学校教师乐教、学生勤学的应然状态,诗一般的意境生动体现了学校办学思想。

(一)"为人生发展而教育"之根

人生指人的生存及人的生活,生存是基础,生活是动态发展。人生是人类从出生至死亡的过程,其中必将经历波折坎坷,经历喜怒哀乐,悲欢离合。

每个人的发展,都是以他人和过去的社会发展为基础,以为他人和社会发展创造、提供了多少有利的条件这一客观实际为标志,不是以拥有的权力、占有的财富、获得的荣誉为标志。从而在实践上实现自身与他人、个体与群体的互助合作、互利互惠、互促互补、和谐发展，实现个人发展与社会发展的统一。

人最宝贵的是生命，生命对于每个人只有一次。奥斯特洛夫斯基曾说："人的一生应当这样度过：当他回首往事的时候，不会因为虚度年华而悔恨，也不会因为碌碌无为而羞愧；临终之际，他能够说：'我的整个生命和全部精力，都献给了世界上最壮丽的事业——为人类的解放而斗争。'"屈原说："路漫漫其修远兮，吾将上下而求索。"毛泽东说："世上无难事，只要肯登攀。"顾炎武说："天下兴亡，匹夫有责。"由此看来，只有把人生融入国家发展、民族兴旺的伟大事业中，并为之不懈奋斗努力，才能实现生命价值的最大化。

广义的教育泛指一切有目的地影响人的身心发展的社会实践活动。狭义的教育是指专门组织的教育，即学校教育。它是根据一定社会的现实和未来的需要，遵循年青一代身心发展的规律，有目的、有计划、有组织、系统地引导受教育者获得知识技能，陶冶思想情操、发展智力和体力的一种活动，以便把受教育者培养成为适应一定社会（或一定阶级）的需要和促进社会发展的人。

"育人"是教师的基本准则。履行这一准则者，才具有这一身份。凡具有这一身份者，都在一定的程度上照此准则行事。随着他对社会的上述期望的认同程度的加深，"以身作则，为人师表，诲人不倦，期望学生成才"的基本心理特征就更为明显。这认同程度与其"育人"实践的广度、深度呈正相关。作为教师，对于学生，始终是个"育人"角色，始终期望学生成才。

教书育人是教师最基本的角色。教师是知识和技能的传授者。在教学过程中，教师传授给学生的知识一要"博"，即给学生以丰富的知识，开阔学生的视野；二要"深"，即教给学生具有规律性的知识，引导学生深入学习；三要"新"，即教给学生具有时代感的知识，帮助学生学会探索未知世界的知识。教师在传授知识的同时还必须向学生进行思想品德方面的教育，并通过管理、组织活动和个人言行对学生施加影响，塑造学生的个性。因此，要扮演好这种角色，教师就必须尊重个性发展规律，重视智育并举，加强自我修养，成为学生的榜样。

2012 年，在中共十八大上，习近平总书记用 10 个"更"字，诠释了"人民的美好生活"，而排在第一位的，就是"更好的教育"。

中共十九大报告中指出：中国要"优先发展教育事业"。报告强调：要全面贯彻党的教育方针，落实立德树人根本任务，发展素质教育，推进教育公平，培养德智体美劳全面发展的社会主义建设者和接班人。

中国教育改革将指向三个方向：第一，学校教育以立德树人、素质教育、学生全面发展为抓手；第二，在区域及全国范围内，教育机会与教育质量要走向"同步公平"；第三，改革的最终目标是"人民满意、教育强国"。

习近平总书记在全国教育大会上指出，要坚持把立德树人作为教育的根本任务。这是对新时代我国各级各类学校育人目标、培养体系、管理体系、评价体系的总体要求，体现了我国教育的价值选择和实践导向。

《中国教育改革和发展纲要》指出："根据我国社会主义现代化建设'三步走'的战略部署，到本世纪末，我国教育发展的总目标是全民受教育水平有明显的提高；城乡劳动者的职前、职后教育有较大的发展；各类专门人才基本满足现代化建设的需要；形成具有中国特色的、面向 21 世纪的社会主义教育体系的基本框架；再经过几十年的努力，建设起比较成熟和完善的社会主义教育体系，实现教育的现代化。"

办好人民满意的教育，提高全民素质，是新时代教育事业发展的主要目标。完成教育目标就要紧紧抓住提高教育质量这一核心。教育质量是现代教育的立足点，也是现代教育的生命线。

四川省雅安中学"为人生发展而教育"的办学思想根植于厚重的中国教育文化，体现了新时代国家教育发展的要求。

（二）"为人生发展而教育"之魂

学校的教育思想和理念是学校办学之魂，是学校主体对教育事业、学校使命、培养目标的独特理解，是普遍的教育思想在特定学校的校本化表达，是学校对教育教学、学校管理的基本规律、学生身心发展规律在学校教育中的个性解读与实践体现。办学思想在学校文化中具有核心地位和统摄作用，引导、规约着学校课程、管理制度、校园环境、师生行为等学校文化的其他要素。学校教育理念的提炼和表达是学校文化建设的核心任务，并由此建构学校的校风和校训等，形成一个完整的办学理念系统。因此有校长把一所学校的文化形象地比作一首"形散而神聚的'散文诗'"。对"魂"的成功塑造，是学校文化个性成熟的主要标志。

在党和国家教育方针的引领下，学校结合办学历史和"为人生发展而教育"的办学思想，塑造了学校特色鲜明与时俱进的办学文化。提出以"教育以育人为本，以学生为主体；办学以人才为本，以教师为主体"的办学理念；以"重德、塑美、厚基、创新"为校训；以"识求真、行致善、心尚美、事唯实"为校风；以"爱生、敬业、严谨、务实"为教风；以"明德、善思、勤学、合作"为学风；以"培养品德优秀、基础扎实、体格强健，具有实践能力和创新精神的合格中学生"为培养目标；以"建成素质教育成果突出、办学特色鲜明、教育质量高、师生共同成长、可持续发展的现代学校"为学校发展目标。

（三）"为人生发展而教育"之路

教育质量是现代教育的立足点，也是现代教育的生命线。办好人民满意的教育，提高全民素质，是新时代教育事业发展的主要目标。完成教育目标就要紧紧抓住提高教育质量这一核心。

全校师生凝心聚力，紧紧围绕"一个中心，两条主线，三项改革"之路，攻坚克难，取得了教育质量稳步提高、办学特色日益彰显、区域示范引领作用更加突出的办学业绩。

"一个中心",即实施素质教育,全面提高教育质量为中心。

"两条主线",即以着力打造有效课堂、全力推进幸福德育为两条主线。

"三项改革",即全面推进学校管理机制改革、教师队伍选用机制改革、课堂教学改革。

(四)"为人生发展而教育"之品

学校以"建成素质教育成果突出,办学特色鲜明,教育质量高、师生共同成长,可持续发展的现代学校"为发展目标。

学校先后获得了"全国青少年文明礼仪教育示范基地""全国优秀家长学校实验基地""全国创新教育实验学校""四川省文明单位""四川省'五一'劳动奖章获得单位""四川省教育先进集体""四川省校风示范学校""四川省艺术教育特色学校""四川省阳光体育示范学校""四川省体育传统项目学校""四川省现代教育技术示范学校""四川省青少年科技教育示范学校""四川省心理健康实验学校""四川省高中课程改革样板学校"等国家级、省级荣誉称号和表彰奖励;获得"雅安市教书育人先进集体""雅安市高考成绩综合考核一等奖""雅安市中考综合考核一等奖""雅安市爱国卫生先进单位""雅安市绿色学校""雅安市平安校园创建先进单位"等市级荣誉称号和表彰。

第二章 科学管理 护航发展

学校完善的管理制度使管理工作有章可循,有制可遵,有据可依,有度可评,为实现学校管理科学化、规范化、制度化,提供了可靠的保障,奠定了学校朝现代化学校高质量发展的制度基础。

一、学校章程护航学校发展

为适应现代教育发展的需要，规范办学行为，深化教育改革，推进素质教育，全面提高教育教学质量，促进学校持续、稳定、健康发展，根据《中华人民共和国教育法》《中华人民共和国义务教育法》《中华人民共和国教师法》《中华人民共和国未成年人保护法》等法律法规和有关政策，制定了《四川省雅安中学章程》。章程包含总则、宗旨和业务范围、党的领导、举办单位、管理层、服务对象、资产的管理和使用、信息披露、终止和剩余资产处理、章程修改、附则共 11 章。对学校的办学方向、发展规划、办学思想、党的领导、学校权利与义务、教师权利与义务等方面进行了全面清晰的阐述。

关于学校的办学方向和发展规划，"章程"明确指出：学校坚持社会主义办学方向，全面贯彻党的教育方针，坚持依法办学、依法治校，坚持育人为本，大力推进素质教育，促进学生德、智、体、美、劳全面发展；培养学生的创新精神和实践能力，促进学生个性发展、可持续发展，为社会培养高素质公民，为高一级学校输送合格新生。学校发展规划以加强内涵发展、突出办学特色、全面提升教育质量、切实惠及全市人民群众为指引。

关于办学思想，"章程"明确指出：为人生发展而教育。办学理念：教育以育人为本，以学生为主体；办学以人才为本，以教师为主体。办学特色：以德为先，五育并举，着力培养学生的创新意识和实践能力。

关于党的领导，"章程"明确指出：四川省雅安中学在学校党委的领导下，实行党委委员与行政领导交叉任职，全面加强党对教育工作的领导，引导学校教育教学工作健康科学发展。学校党委坚定不移地贯彻执行党的路线、方针、政策，紧密结合学校工作任务和工作特点，加强党的思想、组织和作风建设，加强党内监督，坚持从严治党，充分发挥党的思想政治优势、组织优势和密切联系群众的优势，推进教育事业蓬勃发展。学校党委坚持民主集中制，实行集体领导与个人分工负责相结合的制度，学校重大问题和重要事项由集体讨论决定，领导班子成员按照分工履行职责。

关于学校的权利与义务，教师的权利与义务，"章程"明确指出：学校依法享受按照学校章程自主管理、自主组织实施教育教学活动的权利，履行下列义务：（一）学校严格遵守中华人民共和国的法律、法规、规章和政策，认真贯彻国家的教育方针，保证教育质量；（二）依法实施中学阶段学历教育的基础教育；（三）积极支持工、青、妇开展工作，维护学生、教师及其他职工的合法权益；（四）以适当的方式为学生及其监护人了解学生的学业成绩及其他有关情况提供便利；（五）遵照国家有关规定收取费用并公开收费项目；（六）依法接受学生家长、社会、政府综合部门及教育主管部门监督；（七）建立安全管理制度，履行安全管理职责，做好后勤保障。

教师享有下列权利：（一）开展教育教学活动，从事教育教学改革和实验；（二）参加科学研究、学术交流，加入专业的学术团体，在教研和学术活动中充分发表意见；（三）指导学生学习和发展，评定学生品行和学业成绩；（四）按时获取工资报酬，享受国家规定的福利待遇以及寒暑假的带薪休假；（五）通过教代会或其他形式参与学校管理，对学校工作提出意见和建议；（六）使用学校设施、图书资料及其他教育教学用品；（七）参加进修或者其他方式的培训；（八）法律法规规定的其他权利。

教师应当履行下列义务：（一）遵守法律、法规和职业道德，为人师表；（二）贯彻国家教育方针，遵守规章制度，认真履行职责，完成教育教学工作任务；（三）对学生进行宪法所确定的基本原则教育和爱国主义、民族团结教育，法制教育以及思想品德、文化、科学技术教育，组织、带领学生开展有益的社会活动；（四）关心、爱护全体学生，尊重学生人格，促进学生在品德、智力、体质等方面的全面发展；（五）履行人人都是德育工作者的职责,经常与学生家长取得联系,共同做好学生的教育工作;(六)履行安全工作"一岗双责",制止有害于学生的行为或者其他侵犯学生合法权益的行为,批评和抵制有害于学生健康成长的现象;(七)不断提高思想政治觉悟和教育教学业务水平;(八)法律法规规定的其他义务。

关于学校教育教学机制,"章程"明确指出:(一)学校严格按课程改革的要求设置和开设课程。全面安排基础性课程、拓展性课程和研究性课程。贯彻国家课程、地方课程和学校课程三级管理的政策,认真执行国家和地方课程计划,积极开发学校课程,并逐步形成学校独立的课程体系。(二)学校将德育工作摆在重要位置,校长负责,教职工参与,全面落实教书育人、管理育人、服务育人。(三)学校以普通话和规范汉字为基本的教育教学用语用字。(四)学校组织教师积极推进教学改革,借鉴国内外先进教育理念,积极探索符合素质教育要求的各种教学模式,逐步形成学生主动参与、探索发现、合作交流的适合学生的学习方式,努力提高学生的学习能力和教学质量,为学生的终身发展打下扎实的基础。(五)学校执行国家教育考试制度。按上级教育行政部门规定组织好期中和期末教学质量检查、考试及各学科的毕业考试和综合评价。(六)学校成立家长委员会,依靠家长委员会建立家长学校,并在各年级建立分校。总校和分校定期召开家长会议,介绍学校发展规划、教育教学工作和学校发展中存在的问题以及解决问题的设想、措施,听取家长委员会的意见,取得家长们支持。学校利用家长学校的培训机制有计划地对家庭教育进行指导。(七)学校要求班主任和任课教师广泛联系家长,做好家访工作,使家庭教育与学校教育形成合力,促进学生健康成长。

二、级部管理构建科学高效的管理模式

（一）管理体系

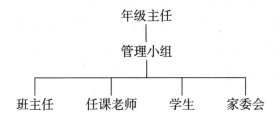

年级组根据学校发展的总目标，负责制定学期教育教学的管理目标、检查、评价、反馈、成果展示的具体安排。

年级组负责定期召开年级教师会，对全年级各阶段教育教学工作进行汇报、总结、反思，展示年级组管理的成果，修正、加强管理措施。

（二）运管模式

管理小组的设置、人员安排与职责（由年级组完成）。

管理小组名称	人员设置		职责
	小组长	成员	
年级规划			
年级教学			
班级常规			
学生常规			
课外活动			
校本课程			
家长委员会			

管理小组考核办法：检查管理方案，管理实施过程的各种文字和图片资料，定期展示达到的管理目标和取得的管理成果。

（三）课程建设

总体目标：国家课程精品化实施，校本课程特色化建设。

1. 按国家课程标准开足开齐各门课程，建设精品课程。

2. 开设符合学生和学科发展的校本课程，拟开设拓展课、礼仪课、书法课、辩论与演讲课、科技活动课、英语综合能力培训课等有助于培养学生综合能力的各类校本课程。

（四）特色建设

1. 全力推进"幸福德育"，建设雅中特色德育体系。以社团活动为平台，要力争做到全员都参与，人人有成长。以社团活动为载体，引导学生加入一个社团，培养一种爱好，学习一项技能，获得成功体验和幸福感，推进人生发展。

2. 大力推进高效课堂，深入推行精准分层的针对性教学模式，让每一个学生想学、乐学、善学。精心设计教案和学案，使教与学和谐统一；精心设计教学目标、课堂提问、课堂练习，增强课堂教学的目的性、针对性、有效性；精心设计课堂教学过程，充分发挥课堂"两主"作用。

3. 探索学校、年级和家长、学生共同设计年级管理、班级管理方案的方式。开学之前，年级主任牵头，制订一学期的教育、管理方案，征求家长、学生意见，修订执行。探索学生和家长共同评价教育管理、教学工作的机制。

4. 提前公布教学计划制度。各备课组开学前制订一学期的教学计划，包括教学内容、教学计划、考试安排、教学进度、学习目标、学科活动、校本课程、兴趣小组、课外活动等，各项内容明确对学生的具体要求。开学前，以文本方式告知学生和家长，让学生和家长心中有数，以便检查和监督。

5. 对班主任和学生及家长的谈话次数、作业面批次数，实验室、电脑室开放的次数做出明确的要求。

6. 实施个性化教育方案。建立每个学生的成长记录档案，制订每个学生的培养方案。以学生本人为主，家长、任课教师共同参与，在班主任指导下，学生制订"自我成长规划"，设计近期目标、中期目标、远期目标，不断激励学生逐步实现目标。

7. 努力建设"四个一工程"：每个学生有一项特长，参加一个社团，喜欢一门校本课程，爱好一项体育活动。

8. 加强家校联系，通过家校通平台，把学校、年级、班级的重要活动、学生的学习情况、在校表现及时告知家长，促进家校联系、促进学校管理。加强年级管理向家长和社会宣传的力度，探索学校和家长双向宣传的模式，逐步提高学校的声誉。

（五）考核评价

1. 年级组管理方案、各管理小组管理方案、教师教案均应在每学期开学前由年级组和学校审定实施。

2. 对年级组的考核采用汇报展示的方式进行。

3. 期末教育教学考核按照《雅安中学过程考核方案》进行。

第三章　多元课程奠基人生发展

"课程"一词在我国始见于唐宋时期。唐朝孔颖达为《诗经·小雅·小弁》中"奕奕寝庙，君子作之"句作疏："维护课程，必君子监之，乃依法制。"这里课程的含义与我们今天所用之意相去甚远。宋代朱熹在《朱子全书·论学》中多次提及课程，如"宽着期限，紧着课程""小立课程，大作工夫"等等。这里的"课程"没有明确界定，但含义是很清楚的，即指功课及其进程。这里的"课程"指学习内容的安排次序和规定，没有涉及教学方面的要求，因此称为"学程"更为准确。到了近代，由于班级授课制的施行，赫尔巴特学派"五段教学法"的引入，人们开始关注教学的程序及设计，于是课程的含义从"学程"变成了"教程"。新中国成立以后，由于凯洛夫教育学的影响，到 20 世纪 80 年代中期以前，"课程"一词很少出现。

在西方，课程（Curriculum）一词最早出现在英国教育家斯宾塞（H.Spencer）《什么知识最有价值？》（1859）一文中。它是从拉丁语"Currere"一词派生出来的，意为"跑道"（Race-course）。根据这个词源，最常见的课程定义是"学习的进程"（Course of study），简称学程。这一解释在英文词典中很普遍，《英国牛津字典》《美国韦伯字典》《国际教育字典》（*International Dictionary of Education*）都是这样解释的。但这种解释在当今的课程文献中受到越来越多的质疑，并对课程的拉丁文词源有了新的理解。"Currere"一词的名词形式意为"跑道"，由此课程就是为不同学生设计的不同轨道，从而引出了一种传统的课程体系；而"Currere"的动词形式是指"奔跑"，这样理解课程的着眼点就会放在个体认识的独特性和经验的建构上，就会得出一种完全不同的课程理论和实践。

综上所述，课程是指学生所应学习的学科总和及其进程与安排。广义的课程是指学校为实现培养目标而选择的教育内容及其进程的总和。它包括学校所教的各门学科和有目的、有计划的教育活动。狭义的课程是指某一门学科。

当代主要的课程类型有：学科课程、综合课程和活动课程。学科课程也称分科课程，是一种主张以学科为中心来编定的课程。综合课程是一种主张整合若干相关联的学科而成为一门更广泛的共同领域的课程。活动课程的基本特征是：第一，主张一切学习都来自经验，学习就是经验的改造或改组；第二，主张学习必须和个人的特殊经验发生联系，教学必须从学习者已有的经验开始；第三，主张打破严格的学科界限，有步骤地扩充学习单元和组织教材，强调在活动中学习，而教师从中发挥协助作用。

课程是跑道，是人生发展的轨迹，它引领师生走向构想的美好生活，是通往美好生活的教育旅程的计划。学校以"创造适合学生的教育"为目标，构建了国家课程校本化、地方课程主题化、校本课程特色化的课程体系，铺设了"为人生发展而教育"师生共同成长的跑道。

一、国家课程校本化，为人生发展奠基

国家课程是基础教育阶段学校课程体系的主体部分。学校高度重视国家课程的落实，开齐开足国家课程。为了更好地开好国家课程，学校主张"以学定教"高效实施国家课程。一方面对国家课程进行整体性、具体化的解读，根据学校学生需求，通过研讨课标、编写学案、编写分级练习、开展学情调研、集体备课等方式对教材进行再认知、加工。课堂上让学生主动参与、主动探究，落实学科素养的培养。另一方面根据学科特点，开发与之适应的学科微课程和活动。如语文"经典诵读课程""随笔课程""小记者社团活动"、物理"小实验、小制作"、地理"畅游世界"、历史"大国崛起"等。国家课程校本化实施，为学生人生发展奠定了坚实的文化基础。

二、地方课程主题化，为人生发展筑基

学校根据四川省地方课程的内容，结合学校的硬件、师资、学生实际，与当地社区、高校、企业衔接，利用当地文旅资源、红色文化资源，将地方课程通过各种主题活动加以实施，形成了校内与校外结合、书本与社会结合、文化与资源结合、形式多样、主题丰富的地方课程实施体系。依据"生命·生态·安全""可爱的四川""家庭·社会·法治"等地方课的目标要求，学校与应急管理局联合开设了"消防与安全教育"专题讲座和应急演练；与当地派出所联合开设"禁毒与生命教育"专题讲座；新生入校开展军事素质拓展训练和学前教育，开展"参观熊猫基地""探访南方丝绸

之路""了解藏茶文化""蒙顶山茶文化之旅""重走长征路之旅"等研学旅行；开展"社区服务我参与""尊老敬老我先来""文明交通我先行""参观川农大研究基地"等实践活动。主题化实施地方课程，让学生在活动中学习，在感悟中成长，为人生发展筑牢社会基础。

三、校本课程特色化，为人生发展强基

校本课程既指国家课程的校本化，也指学校自主研制和实施的课程，这里的校本课程指的是后者。为了更好地满足学生多样化的学习需求，提升学校的办学内涵，学校开设了综合性、实践性、创新性的选修课程。学生根据自身发展及兴趣需要，自行选班，自主发展。学校开设了剪纸、扎染、机器人、合唱、舞蹈、足球、乒乓球、科幻画、羽毛球、编程、陶艺等特色课程。学校课程组对学校的校本课程进行整合、提升，提出了特色化发展的建设目标。校本课程特色化的开展，让学生有了个性特长，为实现学生个性化发展搭建了平台，强化了学生个性化发展的特长基础。

通过国家课程校本化、地方课程主题化、校本课程特色化实施，突出了国家课程的基础性、地方课程的实践性、校本课程的趣味性，达到了全面育人的目的。

四、课程实施与评价

为了实现课程实施与评价的有序有效，学校成立了课程实施与评价工作领导小组。教务处负责国家课程和地方课程的统筹安排，包括教师配置、课程计划审查、课程实施过程检查、课程阶段性评价等。年级组负责特色课程申报、审查、学生安排、过程检查、学生家长意见反馈等。教科处负责制定各类课程的评价办法，定期开展教师培训，指导教师开展课程开发与研究，通过问卷、座谈、巡查、分析、诊断等方式开展课程实施效果评价。各部门分工明确，责任落实，相互独立，相互配合，统筹开展，协调

到位，为课程的高效实施与评价提供了有力保障。

为了促进课程有效实施，学校采用诊断性评价、形成性评价和总结性评价相结合的评价体系。在课程编制或实施之前，学校考察了课程开发和实施的准备情况，通过问卷、座谈、分析、诊断形成诊断性评价，从而保证课程的实施具有针对性和可行性。形成性评价主要用于课程实施过程中，通过观察、测验，对既定课程目标的实现程度进行判断。总结性评价主要在每学期搜集课程开展过程中所有资料和信息，通过问卷、座谈、考查等方式对课程目标实现的程度做出整体判断，从而达到推广采用或修订完善的目的。学校还借助第三方教育评价机构通过问卷、访谈等方式对教育教学管理实施过程性评价。

第四章　幸福德育浸润人生发展

一、幸福德育背景

（一）文化传承

儒家经典《大学》中说："大学之道，在明明德，在亲民，在止于至善。"教育的目的在于彰显光明正大的品性，在于不断向新向好，精益求精，在于以美善目标为终身追求，做最好的自己。这既是古人做学问的追求，也是今天学校育人的目标。

（二）时代召唤

习近平总书记在党的十九大报告中明确指出："要全面贯彻党的教育方针，落实立德树人根本任务，发展素质教育，推进教育公平，培养德智体美全面发展的社会主义建设者和接班人。"2017 年教育部印发《中小学德育工作指南》，进一步明确了学校德育工作课程育人、文化育人、活动育人、实践育人、管理育人、协同育人的六大途径和要求。

（三）校训之要

学校的校训是"重德、塑美、厚基、创新"，体现了学校贯彻党的教育方针，落实立德树人根本任务，遵循生命成长规律，依据新时代德育新发展、新要求，积极探索、实践"幸福德育"，逐步完善了学校德育体系。

二、幸福德育内涵

德育是有目的、有计划地对社会成员在政治、思想与道德等方面施加影响的活动。它是基础教育的重要组成部分，与智育、体育、美育、劳育等相联系。德育对学生健康成长成才和学校工作具有重要的导向、动力和保证作用。基础教育必须把德育工作摆在素质教育的首要位置。基本任务是把学生培养成为热爱祖国、遵纪守法、具有社会公德和文明行为习惯的公民。

学校德育有目的、有计划、有系统地对受教育者施加思想、政治和道德等方面的影响，并通过受教育者积极的认识、体验与践行，以使其形成一定社会与阶级所需要的品德的教育活动，即教育者有目的地培养受教育者品德的活动。

学校德育包括爱国主义教育、理想教育、集体主义教育、劳动教育、人道主义与社会公德教育、自觉纪律教育、民主与法治观念的教育、科学世界观和人生观教育、心理健康教育。现行德育课程内容的主要特点是生活化、综合化、生本性、开放性。

幸福德育指以遵循教育规律和学生思想发展规律为基础，以焕发学生的幸福情感为出发点，坚持以学生为中心，充分尊重学生的主体地位，将学校德育工作与学生个体的幸福情感体验融为一体，从而培养为学生幸福人生奠基所需要的幸福观念、品质和能力。

三、幸福德育"四化"途径

（一）幸福德育课堂化

学校始终坚持将德育目标有机融入课程与教学之中，把德育目标细化到每一节课、每一次活动、每一个生活细节中。注重各学科横向融通、课内外深度融合，引导学生在交流、合作、探究中学会做人、学会做事，让德育有实实在在的载体和实施契机，学生的核心素养培养也落到了实处。

（二）幸福德育课程化

学校将德育目标、内容体系、实施方式、组织保障等，用课程的模式进行构建，用课程标准化、科学化、规范化的管理和要求来组织实施，开设了爱国主义教育课程、学生文明礼仪课程、艺体活动课程、社团课程、综合实践课程、志愿者服务课程、劳动实践课程、研学旅行课程等系列德育课程，构建了"幸福德育"课程体系，让学生在丰富多彩的课程中体验、感悟、成长。

（三）幸福德育主题化

国家民族节庆主题活动和学校特色主题活动是学校实施社会主义核心价值观教育的重要载体。一是通过精心设计组织清明节、端午节、教师节、中秋节、国庆节等传统节庆活动，传承中华文化和美德。二是通过开展阅读节、艺术节、体育节、科创周、校园春晓、新生军事素质拓展夏令营、评选最美教室、评选最美寝室、评选新时代好少年、评选幸福德育之星等学校主题活动，寓思想教育于活动之中，让学生实现自我教育。三是通过入学、入队、入团、升旗、国旗下演讲、誓师、毕业等仪式教育活动，激发学生理想，培养学生爱党爱国的情怀。

（四）幸福德育实践化

一是开展研学旅行传承红色基因。参观红色教育基地是培育"红色"下一代的重要课堂，加强对未成年人的教育是我党一项重要的任务。旅游是青少年普遍喜欢参与的时尚型、文化性的高层次生活消费活动，具有很强的学习、教育功能。通过开展"红色旅游"活动，可以将革命历史知识、革命传统和革命精神以旅游的方式传输给广大青少年，潜移默化，行之有效。学校充分利用雅安市的红色文化教育基地资源，组织学生到安顺场、大渡河铁索桥、夹金山、天全红军村、百丈关、上里红军碑刻等爱国主义教育基地参观学习，了解中国革命的历史，激励学生继承革命先辈意志，树立努力学习献身祖国建设坚定信念。二是开展志愿服务活动，培养公民道德。学校组织学生到养老院、社区、街道等场所进行志愿服务，通过志愿服务活动丰富学生的生活体验感，增加了学习的机会，让学生在实践中传递爱心，传播文明，奉献社会，有助于建立和谐友善的社会，促进社会的进步，增强学生对人、对社会的信心，培养学生良好的公民道德品质。三是开展考察学习培养家国情怀。学校每年组织学生到四川农业大学、气象局、水务局、企业、工业园区等单位参观考察，组织学生到周公河珍稀鱼类保护区了解长江 10 年禁渔带来的生态变化，培养学生建设家乡、建设祖国，造福人民的社会责任感，增强学生对自然、社会、历史、文明的认知，培养学生热爱家乡、热爱国家的感情。

第五章　创新教育助力人生发展

一、创新教育的内涵

创新教育以培养创新精神和创新能力为基本价值取向，核心是在普及九年义务教育的基础上，在全面实施素质教育的过程中，为迎接知识经济时代的挑战，着重研究与解决在基础教育领域如何培养中小学生的创新意识、创新精神和创新能力的问题。创新教育与创造教育有相同的一面，也有很多的不同。创新教育是为了迎接即将到来的知识经济时代而提出来的。创新教育不仅是方法的改革或教育内容的增减，而且是教育功能的重新定位，是带有全局性、结构性的教育革新和教育发展的价值追求，是新的时代背景下教育发展的方向，是教育全方位的创新。

二、创新课程的宗旨

创新课程的宗旨就是为学生提供一个学习如何把掌握的各个方面的知识（实践知识与理论知识）调动和融会贯通，并发挥想象力解决实际问题的环境。在教学当中，通过教师的启发和引导，培养学生对事物的洞察能力与发现事物之间的异同点并找到解决问题方法的能力；培养他们"异想天开"的创造性思维和创新意识，掌握基本的"智力激励法""提问追溯法""联想类推法""反向探求法""系统搜索法""组合创新法""知识链接法"等创造性思维的技巧与策略。

三、创新教育的主要内容

（一）培养创新意识

创新意识是推崇创新、追求创新、以创新为荣的观念和意识。

（二）培养创新思维

创新思维具有积极的求异性、敏锐的观察力、创造性的想象、独特的知识结构以及活跃的灵感等特征。

（三）培养创新技能

创新技能是反映创新主体行为技巧的动作能力，是在创新智能的控制和约束下形成的，属于创新性活动的工作机制。创新性技能主要包括创新主体掌握和应用创新技法的能力，以及创新成果的表达能力和表现能力及物化能力等。

（四）培养创新人格

创新人格是科学的世界观、正确的方法论和坚韧不拔的毅力等众多非智力因素的有机结合，是创新型人才表现出的整体精神面貌。没有创新人格，人的创新潜能很难充分发挥。因此，培养创新型人才，不能只注重知识、能力，同时还要注重创新人格的养成。

学校主要从以下几方面培养学生的创新人格。

一是培养学生高度的社会责任感，激发学生追求科学、追求真理的激情。崇尚科学、热爱真理、追求进步的品质是创新的根本动力，是创新人格的核心要素，是创新型人才成长的动力、目标与价值导向。正如爱因斯坦所说，对一个纯粹的科学家来说，对人类自身命运的关注，从来都必须成为一切基础工作的目的。这句话不仅对科学家适用，对创新型人才同样适用。学校要教育、引导学生把服务于民族的进步、国家的发展，服务于人类社会的整体利益作为创新活动的出发点和根本归宿。只有这样，才能最大限度地挖掘学生的创新潜能，最大限度地激发学生追求真理、献身科学的持久热情。

二是培养学生关注现实、关注前沿的学术品格。学习与研究要站在科学的前沿，体验实践的呼唤，感知时代的脉搏，在丰富多彩的社会实践中发现问题，寻找有价值、有意义的课题与项目。这就需要我们努力培养有问题意识和综合素质的学生。有问题意识就是善于发现问题和提出问题；有综合素质指既有科学精神，又有人文素养，能够从科学与人文两个角度观察问题、解决问题。

三是培养学生强烈的求知欲和坚韧不拔的毅力。广泛的兴趣和强烈的求知欲、坚韧不拔的毅力和信心对于创新型人才的成长具有重要意义。一些人的成功往往不是因为他们有高于常人的天分，而是具有坚强的意志品质，具有明确的目的性、果断性、自制力、独立性。创新是一种探索，面临失败的可能性很大。这就要求我们培养的学生具备不怕挫折、不惧失败的心理承受能力，即使在最困难的时候也能够坚持探索。

四是培养学生"敢为天下先"的勇气和科学怀疑、理性批判的精神。缺乏独立思考，只知道人云亦云，就不可能见他人之所未见；缺乏"敢为天下先"的勇气，不敢超越常规，不敢坚持自己的独特见解，就不可能发他人之所未发。

要创新，就必须不唯上，不唯书，不唯权威，不唯潮流。爱因斯坦曾精辟地指出，学校应当始终把发展独立思考和独立判断的一般能力放在首位，而不应当把获得专门知识放在首位。因而，学校在培养创新型人才的过程中，注重培养学生独立思考的能力，鼓励学生对现有知识进行科学的怀疑和理性的批判，并勇于提出自己的见解。

四、学校实践创新教育的路径

（一）加强理论学习，实现教育观念的创新

思想是行动的先导，有什么样的教育观念，就会有什么样的角色行为。因此必须让教师深入了解国际国内发展形势，深刻理解教育改革的背景意义，并积极参与教学改革，自觉自愿地反思自己的教育观念和教育行为，从而树立终身教育、全民教育、素质教育等教育思想和教育理念。本校从以下方面入手：1.定期组织教师进行集体学习和交流。如教研组长例会专门有20分钟开展创新教育主题研讨交流，教研组例会要求每次安排1位教师做创新教育实践交流。2.有计划、有步骤地指导教师开展读书活动。如各种例会议程均安排读书心得交流。3.经常开展专题讲座、辩论赛、教

学论坛等活动，鼓励教师积极参与。4.以学生、家长的学习观、知识观、人才观的转变来促进教师教育观念的更新。

（二）加大教科研力度，紧跟课改形势，实现教育模式的创新

目前，国家教育管理部门针对创新教育、素质教育在基础教育阶段采取了一系列举措：一是规划并拟定了"十四五"期间各级各类不同研究领域的实验课题，要求相关实验学校积极申报并开展研究。二是新一轮的课程改革已在九年义务教育阶段铺开，四川省高中段的课改已于 2022 年下半年开始实施。三是实施"班班通"工程和教师信息技术能力提升培训工程。如果我们的每一所中小学、每一位教育工作者能够以此为契机，扎扎实实地开展上述工作，牢牢抓住"教育科研"这条生命线，遵循创新教育的基本原则，就能促使教育体制的转型。

（三）关注继续教育，培养创新型教师

时代呼唤创新型教师，而教师由传统型向创新型转变不是一蹴而就的，需要通过有目的、有计划、分层次、分阶段、长期不懈地系统地培训来逐步递进。使教师逐渐由教书匠向学者型、专家型转变。因此，教师的继续教育应由个别化学校自发的、不定期形式转变为由各级教育主管部门统一的、规范的政府行为。

创新型教师具有如下基本特征：强烈的事业心、责任感和真挚的教育情感；掌握先进的教育理论与方法；有较强的教育科研能力；熟练运用现代教育技术的能力；勇于开拓，善于创新和灵活机变的才能；吃苦耐劳、甘于奉献、敢于冒险和批判的精神；开放的人格和丰富的内心世界；远见卓识；善于组织管理和启发学生进行创造性学习。

（四）积极建设适宜创新教育生存发展的小环境

建设现实环境，即创新教育开展的方式、渠道或途径。比如一年一度

的全国中小学生电脑创作大赛、机器人大赛等。创新素质是与实践活动分不开的，但并不意味着开展的第二课堂活动越多越好，尤其是中小学。因为学生在校时间的 80% 是在课堂里，所以创新教育必须以课堂教学为主阵地和主渠道，着重促进"教学相长"的教学方式的形成，并努力提高课堂教学的质量和在效率上下功夫、做文章，避免舍本逐末的做法。

建设心理环境，即为学生创新素质的培养建立新型的师生关系，营造民主、和谐、平等、合作、真诚、共融的良好氛围。这种心理环境对学生创新思维的激发具有重要意义。

（五）积极营造氛围搭建实践平台助力师生成长

1. 办好"家长学校"

学校会定期向学生家长、亲友讲授有关培养学生创新素质方面的内容。从而使家庭环境能形成与学校教育相协调、相一致的有利于孩子健康成长的良好氛围。

2. 开设专题讲座

学校先后邀请中国科学院刘宝珺院士、中国科学院数学与系统科学研究所所长、北京大学博士后德国访问学者李丁、美国麻省理工学院博士徐藻、中国科学院张景中院士等专家到校为学生做报告。教科处组织教师面向学生定期举办研究性学习培训讲座、科幻画创作讲座等。

3. 搭建实践平台

学校举办学校科技创新活动周，开设机器人课程，编程课程等，指导学生参加各类科技创新大赛，组织学生参观四川农业大学科技创新示范基地，开展太空种子种植试验，组织学生参加重点高校科技创新交流活动。

通过师生长期的不懈努力，科技创新教育已成为学校高质量发展的突出亮点，创新教育取得累累硕果。2003—2021 年，学校参加全国、省、市青少年科技创新大赛获奖统计见表一，学校机器人、编程比赛获奖统计见表二。

表一

时间	全国奖	省级奖	市级奖
2003 年	1 项目获一等奖	4 人获省一等奖 8 人获省二、三等奖	10 人获市一等奖 16 人获市二等奖
2004 年	1 人获一等奖 1 人获二等奖	6 人获省一等奖 12 人获省二、三等奖	15 人获市一等奖 26 人获市二等奖
2005 年	1 人获二等奖	5 人获省一等奖 8 人获省二、三等奖	10 人获市一等奖 15 人获市二等奖
2006 年		5 人获省一等奖 4 人获省二、三等奖	9 人获市一等奖 18 人获市二等奖
2007 年	1 人获三等奖	2 人获省一等奖 3 个项目获省二、三等奖	5 人获市一等奖 10 个项目获市二等奖
2008 年		2 人获省一等奖 2 人获省二、三等奖	11 个项目获市一等奖 10 个项目获市二等奖
2009 年		2 人获省一等奖 5 人获省二、三等奖	8 人获市一等奖 10 个项目获市二等奖
2010 年		3 人获省一等奖 4 人获省二、三等奖	10 个项目获市一等奖 12 个项目获市二等奖
2011 年		3 人获省一等奖 9 人获省二、三等奖	16 个项目获市一等奖 21 个项目获市二等奖
2012 年		1 人获省一等奖 12 人获省二、三等奖	12 个项目获市一等奖 23 个项目获市二等奖
2013 年		5 人获省二等奖 9 人获省三等奖	18 个项目获市一等奖 21 个项目获市二等奖
2014 年		1 人获省一等奖 15 人获省二、三等奖	11 个项目获市一等奖 22 个项目获市二等奖
2015 年	1 人获三等奖	6 人获省二等奖 7 人获省三等奖	9 个项目获市一等奖 21 个项目获市二、三等奖
2016 年		2 人获省二等奖 11 人获省二、三等奖	3 个项目获市一等奖 12 个项目获市二、三等奖
2017 年		1 人获省一等奖 1 人获省二等奖 4 人获省二、三等奖	4 个项目获市一等奖 5 个项目获市二、三等奖
2018 年		1 人获省一等奖 3 人获省二等奖 1 人获省三等奖	4 个项目获市一等奖 7 个项目获市二、三等奖

（续表）

时间	全国奖	省级奖	市级奖
2019 年		1 人获省一等奖 3 人获省二等奖 4 人获省三等奖	9 个项目获市一等奖 18 个项目获市二、三等奖
2020 年		4 人获省二等奖 3 人获省三等奖	7 个项目获市一等奖 8 个项目获市二、三等奖
2021 年		1 人获省二等奖 2 人获省三等奖	3 个项目获市一等奖 4 个项目获市二等奖 6 个项目获市三等奖

表二

时间	项目名称	奖次	主办单位
2019 年 5 月	第十七届四川省青少年机器人竞赛	省三等奖 2 个	四川省青少年科技中心（中国科协）
2019 年 9 月	人工智能编程设计挑战赛	全国金奖和全国银奖	中国少年儿童发展服务中心
2019 年 10 月	综合实践活动"化学中的中医药研学活动"	全市一等奖推省上参赛	四川省电教馆
2020 年 1 月	WER2019 赛季中国赛区西南地区公开赛	一等奖 2 个，二等奖 5 个	世界教育机器人学会
2020 年 11 月	WER2020 重庆公开赛	一等奖 7 个 二等奖 2 个	世界教育机器人学会
2020 年 12 月	第十八届四川省青少年机器人比赛	省一等奖 1 个 省二等奖 2 个	四川省青少年科技中心（中国科协）
2021 年 5 月	四川省中小学信息技术与创新大赛——WER 工程创新赛	省一等奖 2 个	城乡统筹发展研究中心、中国人工智能学会

第六章　新时代"为人生发展而教育"的方向

经过几代人的努力，学校形成了多元课程奠基人生发展、幸福德育浸润人生发展、创新教育助力人生发展的办学特色。学校实现了培养"品德优秀、基础扎实、体魄强健、具有创新精神和实践能力的优秀中学生"的培养目标。学校逐步成为"素质教育成果突出，办学特色鲜明、教育质量高、师生共同成长"的现代学校。

党的十九大报告指出："建设教育强国是中华民族伟大复兴的基础工程。"《关于新时代推进普通高中育人方式改革的指导意见》和《关于深化教育教学改革全面提高义务教育质量的意见》中均要求以习近平新时代中国特色社会主义思想为指导，全面贯彻党的教育方针，落实立德树人根本任务，遵循教育规律，培养德智体美劳全面发展的社会主义建设者和接班人。

进入新时代，人民群众对教育的需求更加多样，教育发展不平衡、不充分的问题依然突出。《中国教育现代化2035》提出推进教育现代化的八大基本理念是更加注重"以德为先，全面发展，面向人人，终身学习，因材施教，知行合一，融合发展，共建共享"。未来基础教育要以育人为本，构建综合育人体系，通过文化育人、实践育人、课程育人变革育人方式，创建富有成效的学生发展指导制度和机制，让每一所学校真正培养出优秀的时代新人。

学校将以习近平新时代中国特色社会主义思想为指导，全面贯彻党的教育方针，把立德树人作为教育的根本任务，坚持教育为社会主义现代化建设服务、为人民服务，全面实施素质教育，努力办好人民满意的教育。学校将继续通过"青蓝工程""名师工程"、教师"全员培训工程"大力提升教师的教育教学水平。全面实施课程改革方案，满足学生发展的多样需求，促进学生全面而有个性的发展；全面落实学校"为人生发展而教育"的办学思想，为培养优秀的时代新人做出新的贡献。

校长"本真教育"办学思想初探

乐山市五通桥区佑君初级中学校长　张俊如

　　新时期党的教育方针为要坚持教育为社会主义现代化建设服务，为人民服务，把立德树人作为教育的根本任务，全面实施素质教育，培养德智体美全面发展的社会主义建设者和接班人，努力办好人民满意的教育。

　　校长是一校之魂，一个好校长能够成就一所好学校，一个好的办学思路能够领航一所学校高速发展。为适应新时代发展的需要，构建高品位的校园文化，进一步传承学校传统精神，塑造崭新的学校形象，校长需要提炼办学思想，引领学校高品质发展。

　　笔者担任校长工作以来，除了向他人学习，也读了一些书，发现学校管理基本上就是两个方面：一方面是制度管理，即把学校各种事情都设计得非常细致，确定相应的标准，然后一切事情都严格按照既定的逻辑和标准去实施；另一方面是人文管理，即人文关怀，充分了解本校教职员工真实的生活环境并给予适时的关怀、尊重和肯定，避免类似"何不食肉糜"的事件发生。笔者试图把这两个方面结合起来，但始终不太理想。于是笔者想，能不能用自己近30年的物理教学经验以及对教育教学的理解来管理学校？

在校长工作中，笔者既依靠积累的经验开展工作，也要求自己开拓创新，在工作中不断总结。笔者写过一些学校管理类的文章，但办学思想却一直处于潜在的模糊层面。苏霍姆林斯基说："领导学校，首先是教育思想上的领导，其次才是行政上的领导。"要做好思想上的领导，作为校长，就应该提炼自己的办学思想。只有办学思想明确了，校长才能更加清晰地确定办学方向，才能引领老师们为实现目标共同前行。

一、"本真教育"的产生

作为一名物理教师，笔者曾提出"本真物理"的教学主张。物理是一门以实验为基础的自然学科，所以探本求真、研物究理是物理教学应遵循的根本准则。本真物理，是以学生物理知识的本源经验为基础，以物理知识由来、生成、发展的自然过程为载体，根据学生学习心理认知的根本属性，结合物理学科的本质特征，围绕物理学科核心素养而设计的立体课堂。

本真物理的内涵体现在以下三个方面。

（一）本真物理在理念上主张"生活、生本、生态"

生活，课堂中的情境创设、课程资源的开发和使用都来自学生的生活经验，让学生有最直观、最真实的体验，不能脱离他们的生活实际。

物理教学应当是源自生活而高于生活的一门艺术，我们在教学中要从学生实际出发，紧密联系学生生活，从学生的视觉、听觉、嗅觉、触觉等多个方面，让学生全方位地、多角度地观察生活和体会生活，并从生活实践中总结提炼出内含的物理知识。

生本，就是以一切为了学生、高度重视学生、全面依靠学生为宗旨。一切教学活动都要以学生为本，以学生的成长为出发点和最终归宿。生本是针对师本、本本、考本提出的。生本不是学生一时发展的课堂，更不是分数的课堂，而是基于学生长远发展的课堂。生本的表现形式一般为先学后教、问题引领，最高表现形式为不教而教。

生态，强调本真课堂平等和谐的教学环境，摒弃师道尊严，教师要始终确立自己是平等中的首席地位，课堂上师生活动、生生活动要充满和谐、愉悦的情感。生态课堂强调对学生的尊重、突出学生的个性和主体，让学生在课堂上表现得积极、主动、融洽。

（二）本真物理在氛围上强调"自然、自主、自由"

自然，即非人为的或不做作的、不拘束、不呆板、非勉强的。我们的课堂要力求尊重学生认知规律和发展规律，以原始的真实的教学活动呈现。自然课堂强调释放学生学习的天性，让学习过程自然地发生。

自主，学生是课堂的主人，突出学生的主体地位，凸显教师的主导作用。教师不是拉动学生前进的纤夫，而是学生旅行的陪伴者。

自由，是由自己做主，不受限制和约束。课堂上学生的思想和精神是自由的，只有在自由的前提下，他们的积极性和创造性才能得到最大限度的提升。

（三）本真物理在效果上追求"真实、朴实、扎实"

真实，课堂首先是与客观事实相符合，符合学生的特点，符合培养的目标，贴近学生的生活，上真实的课，做真实的人。

朴实，本真的课堂不应该有花架子，不应该追求所谓的形式，是返璞归真，是简单、简约、简明的，是符合学生特点、学校特征的质朴的课堂。

扎实，我们要求教师的备课是扎实的，教学的过程是扎实的，训练的指导是扎实的，评价的落实是扎实的。要让学生参与、感受、体验、熏陶，为学生提供一次次锻炼的机会，搭建一个个展示的舞台，增加一份份参与的喜悦，留下一段段成长的经历；在学习中用真实的设计引领学生，让学生学会学习、学会理解、学会感恩、学会竞争，为学生提供一次次拼搏的机会，找寻一条条成功的道路。

基于"本真物理"的教学主张和校长管理经验，笔者提出了"本真教育"的办学思想，希望得到各位读者的指正和帮助。

二、"本真教育"的概念

（一）何为"本"

《论语》中"君子务本，本立而道生"一句很值得思考。"本"是什么？根本、本质、本源、基础、基石等中心的、主要的，万丈高楼平地起，地基不牢固，高楼是立不起来的，就算勉强立起来，也是经受不住风雨的。学生学习也一样，基础打好了，能文善读了，后面的学习就会轻松很多，就能融会贯通，举一反三。"本立而道生"就是说要由基础入手，循序渐进。

（二）何为"真"

"真"指自然的、固有的、实在的意思，亦指与客观事实相符合，与"假""伪"相对。"本真"指本源、真相、本来面貌，或是事物本身所固有的根本的属性，亦指真实的、不加任何修饰的内心世界及其外在表现，即回归自然、返璞归真。

"千教万教教人求真，千学万学学做真人"是陶行知的一句话，他告诉我们"真"比一切都重要。一个"真"字，揭示了现代教育最本质的属性。教师作为现代进步教育思想的实践者，应牢记陶行知先生的话，教学生求真知，学真本领，养真道德，说真话，识真才，办真事，追求真理，做真人。以"真"字作为立教之本，教好书育好人。因此，教人求真，学做真人，还需从师求真做起。

（三）何为"本真教育"

本真教育：指遵循教师发展及学生成长的自然规律做真教育，要求学校以教师为本,教师以学生为本,以发展教师为中心促进学生全面发展的教育。

"本真教育"既是一种思想,一种理论,更应该将其看作是对教育的一种美好理想与不懈追求,对其解读"仁者见仁,智者见智"。"本真教育"的理论基础植根于博大精深的中华传统文化,借鉴老子、孔子等中国思想史上前人的智慧,同时吸纳了西方文化中的自然主义、进步主义、建构主义、人本主义、后现代主义等教育思想。围绕"本真教育",我们还可分为本真党建、本真管理、本真课程、本真课堂、本真研修、本真德育、本真生活、本真校长、本真教师、本真学生等。

"本真教育"是"以人为本,知行求真"的教育。它强调教育要回归本义,要立足学生个性化发展和全面发展的真实和本质之需,尊重规律,重知重行,务实求真,进而促进学生的根本、真实、自然的发展,并为学生的终身发展打下坚实基础。

"以人为本"是指学校的一切教育行为都要以学生为主体,遵循学生成长发展规律,满足学生发展的需要。学校教育中的文化、管理、队伍、课程、活动等因素都要围绕学生为中心营造教育生态。"知行求真"是我们的育人目标追求,要培养"求真知,做真人,知行并重"的本色学生。"求真知"就是勤于思考,积极探索,有坚韧的学习品质;"做真人"就是具有积极的态度、情感和正确的价值观,身心健康,志存高远,有高尚的道德品质。

实施"本真教育"要坚持三个原则。一是以学生为中心的原则。所有教育的行为、方法、手段都要立足学生发展的本质需要。二是知行并重原则。要把知识技能与思维品行以及实践应用兼蓄并举。三是关注发展原则。既要立足学生当前需求,还要长远于学生终身持续发展。

三、"本真教育"的特征和内涵

本,是教育规律的感性解读,是学校人性管理的人文表达;真,是教育规律的理性解读，是学校科学管理的逻辑表达。

（一）"本真教育"的原理：教育是一个灵魂唤醒另一个灵魂

著名的教育学家福禄贝尔说："教育之道无他，唯爱与榜样而已。"由此可见，教育是一种影响，是一种感染。要改变一个人是很难的，但学校校长可以感染、影响教师，教师可以感染、影响学生，用自己的言行举止去唤醒一颗颗懵懂的心。

（二）"本真教育"的内涵

1. 立本

君子致力于根本性的工作，根本确立了，正道就随之产生。《中庸》中说："唯天下至诚，为能经纶天下之大经，立天下之大本，知天地之化育。"唯有诚，才能掌握治理天下的大纲，树立天下的根本道德，知晓天地化育万物的道理。立本，就是教育要尊重生命的本态，遵循生命的发展规律。"本真教育"的核心追求是对人的心灵陶冶。

2. 求真

陶行知告诫教育工作者："千教万教教人求真，千学万学学做真人。"求真，就是教育要尊重规律，崇尚科学，追求真知，坚持真理，真实诚信，追求真才实学。苏格拉底认为，在教育的现场，必须尊重共鸣的精神、人类普遍的需求、正义以及在自己的头脑中进行批判性思考的勇气，实际上这正是教育的精髓。"本真教育"追求学生拥有质疑的自由、表达的自由、人格成长的自由。

3. 至善

"至善"出于《礼记·大学》："大学之道，在明明德，在亲民，在止于至善。""大学"的宗旨，在于弘扬光明正大的品德，在于使人弃旧向新，在于使人的道德达到完善的境界。"至善"是指一种"最崇高的善"。"本真教育"的使命是努力让作为个体的人成为社会所需要的尽可能完善的人。

4. 立己

"立己"出自《论语·雍也》:"夫仁者,己欲立而立人,己欲达而达人。"仁德的人想成功,首先使别人成功,做到通达事理,首先要使别人通达事理。"立己"指相信成长的内在力量,"本真教育"强调加强自我修养,自强自立,使自己品德高尚,学业有成。"本真教育"的一个重要目的就是培育人成长的可能性,最大限度地开发人性。促进学习者真正意义上的学习、促进人的成长。

5. 达人

"达人"同样出自《论语·雍也》,指要关爱他人、回报社会,使大家共同发展和进步。《礼记·学记》指出"学然后知不足,教然后知困",首次明确提出了"教学相长"的命题。"立己"与"达人"实际上是相辅相成的。

生命是流动和开放的,"本真教育"向学习者提供经验,使学生能够与世界沟通。学习是学生自身生成的,不是教师创造的,教师要为每一个学生提供相应的、能够实现自主选择的支持和帮助,促进双方共同发展。充分信任、尊重学生的意愿和选择,真正理解并尊重学生的内心世界,给予学生关爱与支持。

6. 生态

《道德经》有云:"人法地,地法天,天法道,道法自然。""道法自然"揭示了宇宙的特性,囊括了天地间所有事物的属性,宇宙间万事万物均效法或遵循"道"的"自然而然"规律。生命有其生长与发展的规律,教育就是要尊重这样的规律顺势而行。在某种意义上,人都有独一无二的价值,人人拥有潜力。可惜有的人一生中也未尝挖掘出自己的潜力。学生的求知方式拥有多样风格,学习应该是一个自然状态,是顺应儿童的生长的,而不应该是相悖的。

7. 关联

老子说："道生一，一生二，二生三，三生万物，万物负阴而抱阳，冲气以为和。"道产生作为统一体的原始混沌之气。这个统一体产生阴阳二气，阴阳二气相交而成为一种和谐状态，从而生出千差万别的东西。世间万物有其关联性，自然与人类都是这样生生不息、发展变化的。

8. 包容

《尚书·君陈》中说："有容，德乃大。"宋·晁说之的《晁氏容语》有言："惟有德者能以宽服人。""有容乃大"，每一种教育思想都有其特点，有积极的方面，也存在不足。"本真教育"就是要吸纳百家之长，集教育之大成。在教育的实施过程中没有放之四海而皆准的真理。事物存在相对性，必须根据现实的状况进行变化，才能让教育理念在实践的土壤中落地生根，开花结果。"本真教育"就是要包容一切改革、创新、个性化，始终以发展的眼光鼓励理论与实践在探索中前行。

9. 和谐

《论语·子路》云，"君子和而不同"，具有差异性的事物可以共存，倡导互助合作、互利互惠、互促互补的精神。联合国教科文组织在《学会生存》一书中写道："我们的儿童被分裂在两个互不接触的世界中。在一个世界里，儿童像一个脱离现实的傀儡一样，从事学习；而在另一个世界里，他通过某种违背教育的活动来获得自我满足。"这种教育世界的不和谐状态妨碍了广大的儿童、少年、青年的健康成长。教育必须促进学生的情感、体质、审美、精神、智力的和谐发展，让学生拥有健全的、富有充实意义的人生。

（三）"本真教育"的理念：教师第一，学生第二

海明威说："优于别人，并不高贵，真正的高贵应该是优于过去的自己。"教师应该不断发展，名师支撑名校。从学校发展的逻辑来看，应

先有优秀教师，再有优质教育，才有学生更好的自我。所以，校长把老师放在第一位，老师也才会把学生放在第一位。

1. 校长作为教练：应努力让教师享受到职业的幸福

叶澜教授说："教师在学生面前呈现的是其全部的人格，而不只是'专业'。"学生对教师有敬意或瞧不起、反抗或喜欢，都不仅仅因为教师的专业，而是因为教师的人格。

未来的教师一定是一个优秀的教练，校长的责任是做好教师们的教练。既然教育是为美好的生活做准备，那么，教育本身就应该是美好生活。校长引领教师在工作上实现全情投入，教师才能体验到工作带来的快乐与幸福。

2. 倾听教师心声：善听比善说更重要

学校最重要的事就是倾听师生的心声。这也是以人为本的思想核心，"一切基于人，一切依靠人，一切为了人"。教育如此，学校管理也如此。校长应尊重教师、关心教师、依靠教师、服务教师，只有做到这些，才能赢得教师的支持与信任。

学校严格坚持"三重一大"制度，凡是涉及教师切身利益的，要坚持公开、公平、公正原则，普遍征求教师意见，坚持民主决策。学校教代会成员由教研组自行选举产生；中层干部由全体教职工选举产生；教师职称晋升方案、奖励性绩效工资发放方案等，均需教代会通过才能执行。在执行过程中，主动听取教师们的意见和建议，及时修订和完善。

3. 校长内外兼修，唤醒、激励教师

校长公正公平，为人朴实，教师才可能敬重你；校长平易近人，以诚相待，教师才可能亲近你；校长勤勤恳恳，踏踏实实，教师才可能跟随你；校长讲究艺术，懂得感情沟通，教师才可能感激你；校长尽心尽力，大公无私，教师才可能相信你；校长博学厚积，修炼内功，教师才可能佩服你。校长要努力做一个服务型、特长型、学习型、开拓型、追求型的校长，不

断加强自我修炼。

（四）"本真教育"的核心：以学生为本

叶圣陶先生说："教育是农业而不是工业。"当前教育，正在从工业革命的标准化走向数字时代的个性化。"本真教育"的核心理念是以生为本，唤醒与激励学生主动学习、学会学习，形成积极科学的学习态度与方法，培育创新精神，从而由学科兴趣走向学科情怀，培养学生终身学习的愿景、感受终身学习的快乐。

1. 以真教人，感化学生学做真人

陶行知先生在《创造的儿童教育》中说："把我们摆在儿童队伍里，成为小孩子当中的一员，我们加入儿童队伍里去成为一员，不是敷衍的，不是假冒的，而是要真诚的，在情感方面和小孩子站在一条战线上，我们要钻进小孩子队伍里才能有这个新认识与新发现。"这就要求我们的教师在日常教学工作中，要明礼诚信，以真教人，不敷衍塞责，不弄虚作假，以诚信取人，以真诚育人。

诚信是中华民族的传统美德，以"诚实守信"为核心的"为人之德"是道德教育的基础。在注重"包装""推销"的当代，诚信应该是永恒的，因为它本身就是价值的体现。诚信来自自身的人格修养，作为教师要真心真意地对待学生，实事求是地处理问题。在和学生一起学习、活动时，有时，由于疏忽或其他原因，学生时常会提一些令你措手不及的问题，一时答不上来在所难免。此时教师应放下师道尊严的架子，对自身存在的不足不掩饰，用人格魅力去感染学生，认真听取意见和批评，虚心接受。这样学生会更敬重你，从你的身上学到诚实，学会求真。

2. 以真待人，感戴学生学做真人

陶行知先生说："教师的责任就是'不辜负机会；利用机会，能用千里镜去找机会；会拿灵敏的手抓机会'。"对待听话懂事、学习成绩好的

孩子也好，对待个性比较张扬、成绩平平甚至较差的学生也好，都要始终做到一视同仁。如果教师压抑学生的个性，挫伤学生的自尊心，就会在这些学生的心灵深处留下难以抹去的伤痕。所以，要想使学生平等地受教育，教师必须真诚而公正地面对每一个学生，用发展的眼光看待学生；要学生真诚地对待老师，就得真诚地对待学生。既关心金凤凰，又关爱丑小鸭。这就需我们教师利用机会，抓住机会，以真待人，才是真教人，才使学生学会做真人。

教师必须"有真知灼见；肯说真话，敢驳假话，不说谎话。我们必须拿着这两个尺度来衡量我们的先生，合于此者是吾师，立志求之，终身敬之"（陶行知语）。老师爱学生、尊重学生，必定会得到尊重、敬爱的回报。反过来，"一个人不懂学生的心理、学生的问题、学生的困难、学生的愿望、学生的脾气，如何能教学生？如何能知道学生的力量？"（陶行知语）教师要善待学生，善解人意。倘若惩罚、讥讽、冷眼相看学生，学生自尊心就会受损。善待学生，多一些"换位意识"，善解学生的心意，与学生同忧乐、共休戚，就会与学生心心相印，产生共鸣。

3. 以真做人，感召学生学做真人

陶行知先生说："我们希望今后办教育的人要打破侦探的技术，丢开判官的面具。他们应当与学生共同生活，共甘苦，做他们的朋友，帮助学生在积极活动上行走。"笔者从教 20 多年无时无刻不以自己的言行来影响学生，平时言行谦逊，规行矩步，从不口出脏言，无论在教师中间还是在学生中间，随时注意文明用语。语言是教师用心教育学生不可缺少的工具，而如何来使用这个工具，直接关系到教育的效果。只有用文明的语言才能取得学生的信任和良好的教育效果。《礼记·仪礼》中说："言语之美，穆穆皇皇。"说话要尊重对方，谈吐要文雅，态度要和气。这是处理人与人之间关系的要求。为人师表者，自然也不例外，教师对学生说话，更应该使用文明、规范、平和、温柔的语言。

（五）"本真教育"的路径：点亮星火

"本真教育"的实施路径表现为校长影响行政干部，行政干部影响骨干教师，骨干教师影响一般教师，全体教师影响学生及家长。

"本真教育"的结果就是让大家动起来，让高效工作和深度学习真实发生。为此，校长不应是管理思维，而应是运营思维。

总之，"本真教育"就是一种回归教育本义、完美统一的人的个性化和社会化的教育，在尊重生命本态的前提下，以人为本，务本向善，尊重规律，崇尚科学，求真立美，探索真知。通过追求善，促进人的发展，是人的自主、自由、自觉发展的教育，是根根本本、真真实实回归自然本色的教育，让人成为世间最美的存在。

四、"本真教育"的实践

（一）推行"本真性"的学校管理

本真性的学校管理，应该是以教师和学生为本，从实际出发，关注学生、教师、学校的整体发展，营造健康的教育生态环境。在学校的管理中，要充分调研，发扬民主，务实建章立制，动态管理，力求制度管理与人性化管理有机结合。要充分发挥全体师生主人翁精神，体现尊重全体，民主平等的基本原则，重视教职工大会和教职工代表大会，团委、家长委员会等各种组织作用的发挥。

近几年乐山市五通桥区佑君初级中学（简称佑君初中、佑中）教学管理扎实有效，在师生共同努力下，学校重点高中升学率连续几年全区第一名，多次荣获乐山市初中联系学校教学质量综合评估一等奖和向普通高中教育输送优质生源奖，多次荣获五通桥区初中教学质量综合评估一等奖和突出贡献一等奖。

（二）建设"本真化"的校园文化

"本真教育"的校园文化，必须是立足于学校和地方实际，定位学校发展方向，并能够被全体师生理解和认同的"本真化"文化。所以，我们必须秉持"本真教育"理念，充分挖掘佑君精神和五通桥区的历史、人文、科技、教育等因素，重视利用校训、学风、教风的提炼、内化和深化过程，激发师生的认同感、归属感、荣誉感、自豪感。

佑君初中是乐山市唯一一所以英雄命名的学校。校园传承红色基因，展现英雄风骨，铭刻历史荣光，彰显伟大中国精神，是我们的时代使命。我们深入挖掘学校历史和文化资源，打造"扬佑君精神　育时代新人"党建品牌。以"学习英雄精神，弘扬英雄文化，争做时代英雄"为主题，以为党和国家做出过巨大贡献的英雄人物"佑君"和中国精神为坐标，打造丁佑君小广场，建设红色文化长廊、教学楼、班级红色文化，营造独具特色的红色校园文化。

"祖国是人民最坚实的依靠，英雄是民族最闪亮的坐标。"我们用英雄故事点亮师生心中灯塔，让佑君精神浸润校园文化，大力弘扬中华民族的英雄基因，让红色文化渗透到学校的每一个角落，让每个角落都成为文化和教育的载体，让校园的一草一木都闪烁英雄之影，让师生的一言一行都折射英雄之魂，让校园充满红色精神，处处蕴含红色希望。让学校的每一处墙壁都讲英雄故事，让全校师生在英雄群星中找到人生的坐标，指引师生学习英雄，争做英雄，不负时代、不负韶华，让佑君精神永绽时代光芒。

（三）探索"本真型"的课堂教学

"本真"课堂是"以生为本，求真求质"的课堂；是"知行求真、知行合一"的课堂；是"依靠每一个学生主动学，引导所有学生探究式学"的课堂；是"学生主体，问题中心"的课堂。课堂教学以"求真知、做真人"为目标追求；以"问题导学"为基本教学模式；以"问题教学法"为主要教学方法。课堂教学全过程以"发现问题、解决问题、反思问题"为基本结构，重视实践应用，倡导师生共研，实现教与学的最优化。以交流、互动、合作的师生关系为学习环境依托，以知行并重、关注发展为重要评价指标，实现教师"真教"与学生"真学"。

引导老师思考问题：讲题的时候，都说听懂了。怎么又做错了？这类试题都讲了几遍了，为什么还是做错了？在您的试题讲评后，学习目标达成度大约是多少？在您的常态课教学中，学习目标达成度是多少？平时备课研究课程标准吗？平时研究"学生的学习"吗？

教了，不等于学了；学了，不等于学会了。这是常识！但现实中课堂上有太多的常识背离。有些教师在备课或上课时总把学生设想为"天才"，总以为"我教过了，学生一定学过了，学过了一定是考得出来了"。

华东师范大学崔允漷调查发现，我们大多数老师总是关注自己"是不是教过了，是不是讲过了，有没有讲完，有没有讲漏了"，而很少去关注，学生真的在学习吗？学生真的听懂了吗？真的学会了吗？

老师们常常忽视评价，对评价之于教学质量的重要性理解不深。

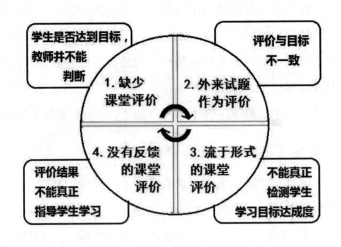

课堂评价的四种表现及后果示意图

针对这些情况，我们应该怎么办？

我们应该坚决摒弃基于教师个人经验的教学和完全基于教科书的教学。认为教科书就是教材的权威，是教学方案的心脏；没有教科书就没有学校，应该教什么，如何教，几乎完全取决于教科书。

我们的课堂应该是基于新课程标准的"目标—教学—评价"一致的教学，此种教学课堂具有三大特征：一是学习目标基于新课程标准；二是教学内容和方式围绕学习目标；三是课堂评价指向学习目标达成。

教育部前部长陈宝生明确指出："课程标准是龙头，教材、教学、考试、评价等，相关因素是龙身、龙尾。龙头舞起来、龙身动起来、龙尾摆起来，才能充分发挥综合育人作用。"依据课程标准开展命题和评估，就是要让考试、评价的龙尾摆起来，真正发挥课程标准的龙头作用。

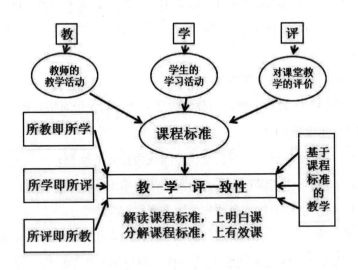

教—学—评的一致性示意图

在特定的课堂活动中，以清晰的目标为前提，教师的教、学生的学以及对学习的评价应具有目标的一致性。这种一致性体现在教、学、评三者都服务于学习目标：教师的教，是为了学习目标而教；学生的学，是为了学习目标而学；课堂的评，是对应学习目标而评。简言之，所教即所学，所学即所评，所评即所教。

教学设计，应该是教、学、评一致的教学设计，应该是基于核心素养的教学设计。教学实施，应该做到教、学、评一致，致力于学生的深度学习，可以借助信息技术融入教学过程。教学评价，应该关注学生学习目标达成度，关注课堂形成性评价，可以有信息技术的融入。

"学—教"一致性，在目标的指引下，学生的学习和教师的教学之间有很高的匹配程度，体现在学生角度看课堂：

（1）课堂上我们有机会说出自己不懂的地方；

（2）主动表达自己对某个问题的看法或观点；

（3）我认为自己能够很好地理解书本上的知识及老师所讲的内容；

（4）学习时我喜欢通过自问自答的方式来检验自己是否掌握了所学的内容；

（5）我很清楚每堂课我要学什么。

"教—评"一致性，教师的教学对学生学习的评价有很高的匹配程度，体现在学生角度看课堂：

（1）在我回答后，老师会继续追问我为什么的问题；

（2）得到学生错误答案后，老师往往会给出正确答案；

（3）每次上课前教师会预先说明希望我们学什么。

"评—学"一致性，学生的学习与对学生学习的评价之间有很高的匹配程度，课堂上的形成性评价与终结性检测与学生所学的内容是否一致，评价中所获得的学情信息是否参照预设的目标进行分析、做出判断并形成反馈，评价是否促进学生的后继学习，体现在学生的角度：

（1）作业内容与上课内容的一致程度；

（2）平时小测验的内容和教学课上的内容是一致的；

（3）大型统一测验的内容和教学课上的内容是一致的；

愿景目标：80% 的学生达成 80% 的学习目标。

（四）开发"本真类"的课程体系

"本真教育"的课程是以国家和地方课程为奠基课程，强调普及性与普惠性，关注全体学生的全面发展。而"本真教育"的校本课程，应该尊重学生兴趣爱好，关注学生的个性发展和持续发展需要，是国家课程和地方课程的有效补充和拓展，要具备本土化。

结合学校现有资源和师资队伍现状，我们开设以下课后服务活动课程：科技类（信息技术、机器人）、艺术类（书法、美术、声乐、舞蹈）、益智类（象棋、围棋），劳动技能教育课程、运动健康教育课程；课后服务设置 10 个艺体项目，实行走班选学。于是我们有了浸润书香，感受文化魅力的演讲比赛；有了运动中体验诗意的篮球比赛；有了感受中华文化博大精深的班级诗词大赛；有了中英文书法大赛、手抄报比赛……在我们的校园，有用画笔绘梦的美术社团；有以诗抒梦的文学社团；有在奔跑中追梦的足球队；有在旋律中寻梦的舞蹈队……

我们立足学校已有活动项目的基础加大实践研究，开展知行并重的活动课程，要让教育之"本真"与生活之"本真"有效结合，做到"知行合一"。以提升道德修养、强化生存意识、重视强身健志等方面为目标，为学生终身发展夯实基础，推动"本真教育"活动课程向纵深层次发展。

（五）打造"本真型"教师队伍

强教就是强师，教师强才有教育强。我们将努力打造一支能够认同并乐于实践"本真教育"理念的教师队伍，这是办学理念发展的根本保障。队伍发展强调立足教师自身的"本"位，关注自身的"真"需，多措并举促进教师队伍能力水平的提升。

1. 重视教师专业研究

提倡教师要乐于专业阅读、重视教研科研、参与课程开发，以此不断获得自我提升。

2017 年 11—12 月佑中开始举办教师优秀论文征集大赛，征集的论文在 2018 年春天，全部上报区级教改研究与实践优秀论文评选。2018 年佑中论文区级以上获奖 21 篇，2019 年区级以上获奖 12 篇，2020 年获奖 9 篇，2021 年获奖 16 篇，2022 年获奖 22 篇。行政管理论坛及优质课展示活动成为佑中每年 12 月的常态化活动。

2. 重视发展共同体建设

重视学科组、年级组、教研组、骨干团队、师徒对子的作用发挥，发挥集体力量带动教师专业发展。

学校保证各教研组每周有固定时间开展教研活动，如周二下午语文、周三下午数学、周四下午英语，政史地、理化生、艺体类也一视同仁。时间固定，但教研内容、形式允许百花齐放百家争鸣，研什么、怎样研、如何运作、如何记录、如何评价，均由教研组长和组员进行讨论决定，然后每周在固定的时间以不同的形式切实开展校内教研活动，教研效果已经逐步呈现。

坚持磨课后的公开课活动，一次磨课不行，就两次，磨课的过程是艰辛的，但效果显著，在各级赛课中脱颖而出的老师越来越多，教研组内团结空前。

3. 积极创设平台

我们通过校内外各种形式的活动设置和平台搭建，给教师展示自我、发展自我、成就自我的机会，让教师有获得感和成就感，激励教师能力水平持续提高。

（1）校级公开课比赛。初步以各教研组每学期组织的公开课为准，凡在校内上了公开课的老师，颁发《公开课证明》，以学期为单位颁发"公开课"比赛获奖荣誉证书。校级优秀教案评比，颁发荣誉证书。

（2）校级优秀论文比赛。9—12月为论文比赛时间，为获奖论文的老师颁发校级论文获奖荣誉证书。

（3）校级专题发言或者交流。每学期教研组内开展专题研讨，学校为主讲人颁发《专题交流发言证明》；11—12月举行行政论坛和学科论坛，颁发校级《专题交流发言证明》。

（4）3—4月以每年下学期期末考试教学质量、完成教务处安排的工作情况、完成教研组内工作情况为参照，评选出佑君初中优秀教师，并颁发荣誉证书。以完成教务处、德育处安排的工作情况，德育处负责评选出校级优秀班主任，并颁发荣誉证书。

（5）12月，评选校级优秀教研组长，并颁发荣誉证书。

（6）3—4月，在副校长、工会主席、团委书记、中层干部、后勤、干事等人员中评选出校级优秀教育工作者，并颁发荣誉证书。

（7）在党支部内，评选优秀党员、优秀支部委员。

（8）9—10月，校级课件制作比赛，颁发荣誉证书。

（9）9—10月，校级微课大赛，颁发荣誉证书。

（六）"本真教育"的具体实践

1. 凝聚核心——行政团队

（1）行政团队的定位：行政干部是教师队伍的核心。

（2）行政团队的产生：民主推荐，个别谈话，组建行政团队。

（3）行政团队的培养目标：独当一面，协作互助，在做事中培养行政干部；寻找方法，改进方式，在建模中培养行政干部；责任担当，理想信念，在情怀中培养行政干部。

2. 搭建脊梁——班主任和教研组长

（1）骨干的定位：班主任和教研组长是教师队伍的脊梁。

（2）骨干的产生：民主推荐，个别动员。

（3）骨干的培养目标：集体座谈与个别交流，在思想上重视，在态度上努力；梳理内容与交流方法，在实施中有效，在研究中提升；强化学习与榜样引领，在理念上指引，在主题中升级。

3. 培育资源——教师是学校最珍贵的资源

百年大计，教育为本；教育大计，教师为本。教师，才是学校最珍贵的教育资源。在现实工作中，有不少学校出现教师厌教的现象，这应该是学校的动力机制缺失所致。建设一支师德高尚、业务精湛的教师队伍，是建设一所好学校的关键。笔者所在学校，一直坚持着"老教师守家，中年教师当家，青年教师发家"的发展理念。

4. 架设跑道——课程建设助推学生发展

课程是学生成长的跑道，很多学校课程开发和使用都做得很好。这一话题笔者不做赘述。

5. 争取外资——外部资源助推学校发展

把一个一个教育活动剥离开来，就违背了生命的存在状态。任何一个教育教学活动都是综合的，忘了这一点，就搞不好教育。

没有一所学校能够独立存在。学校应加强与行政部门、业务部门、课程联盟学校、教育集团、家长团队、社区等的紧密联系，要充分获得它们对学校工作的理解、支持和帮助，这样形成的合力才能让学校实现既定的办学目标。其中，家长对学校工作的支持尤其重要，学校一定要让家长理解：孩子的成长，家长最重要。中国最需要教育的是家长，而不是孩子；家长学校开课先于孩子入学；从瞧瞧人家的孩子走向瞧瞧人家的家长；不是家长配合老师教育孩子，而是老师配合家长教育孩子；最难教育的孩子，爱才是金钥匙，这种爱，需要包容与坚持，才能最终见效；等等。

在"本真教育"的实践过程中，校长的工作主要是用正确、科学和先进的教育思想，不断地引导全体教职工统一认识。校长的管理理念一旦被大家接受，工作就会提升效率。

五、"本真教育"的发展

把课上好，是教师崇高的师德；让学生考好，是教师基本的职责与担当。我们认为，将不同基础的学生最大可能地培育好就是学校的成功。笔者所在学校是一所以英雄命名的学校，学校一直坚持打造"庄敬自强，砥砺奋进"的英雄精神，逐步形成了"忠诚，奉献，刚正"的教师精神、"勤奋，坚韧，勇敢"的学生精神。

"天命之谓性，率性之谓道，修道之谓教。"（《中庸》）教育，实质就是修道。"师者，所以传道授业解惑也。"（韩愈《师说》）教师的职业贵在传道。不传道，无师；不修道，无教育。学校管理，言传身教极为重要。很多时候，老师们不是看你说什么，而是看你做什么；有些时候，老师们既看你做什么，更看你是什么。所以，作为校长，修炼自己很重要。

当前对师范生的培养，还有很多陈旧的观念，认为教师的基本功就是学点教学法，如普通话、三笔字，学点心理学。这些是必要的，但只是技能意义上的，对什么是教师职业更为根本的基本功，如教师是谁，应该有怎样的品性与人格等，还缺少研究。中国现代著名历史学家、思想家、教育家、国学大师钱穆说："中国之知识教育必以德性教育为基本，亦以德性教育为归宿。"教育如此，学校管理亦如此。笔者所在学校一直以"做人如水，做事如山"来鞭策师生，升华师生。

问题不是问题，如何应对才是问题。应对问题不是目标，建构解决之道才是目标。

眼中有人，心中就会有法。教育即修行，无时无处不道场；治学先为人，修行即修身。

北京市第四中学邱济隆校长曾提出："教育思想是办学的灵魂，教育质量是学校的生命，管理水平是办学的关键。"总之，新时代的教育改革必须回归育人的初心，回归教育本真，确立人是教育的原点，坚持育人为本，唤醒主体生命自觉，激发生命潜能，培育在全面发展基础上的"自由个性"。

办学思想不会横空出世，它来自真情的奉献，源于真切的实践。做好每一件具体的工作，思想才有生长的土壤。

立足当前，展望未来，我将以更加奋发有力的精神状态、更加务实高效的工作作风，坚持"本真教育"办学思想，审视佑中、把握佑中、引领佑中，不忘立德树人初心，牢记为党育人、为国育才使命，守正创新、砥砺奋进，为办好五通桥区老百姓满意的教育而奋斗。

悦润研中，"雅卓"前行

——沉淀"雅卓"理念，厚植校园文化

四川省井研县研城中学　汪言军

四川省井研县研城中学（简称研中）坐落于风景秀丽的井研东门磨儿山上，是一所环境优美、有着悠久历史和文化传统的学校。建校以来，学校浸润在"雷氏翰林"及"文学四李"的千年文气中，秉承"崇德、好学、健体、尚美"的校训，践行"大写人生"的育人理念，承担起了办井研优质教育的责任。作为教育人，应当如何办好教育？研中人经过不断探索，认准教育应以培养学生健全人格为目标，在办学思想上确定"先做人，后做事"，提出了"做人品位高雅，做事追求卓越"即"雅卓教育"的办学思想。

作为乐山市一所知名的公立初中，研中领导团队带领一批批教师创造了一个又一个辉煌。学校领导团队一直在努力思考和探索，究竟应该办怎样的教育，培养怎样的人。

"雅卓教育"是研中几十年办学思想提炼的精粹，是全体师生努力拼搏形成的独特而又内涵丰富的办学思想。研中培养了大批有追求、有抱负的学生，并总结出了一套人才培养经验。这些都是研中追求卓越过程中的

成就，也是酝酿"雅卓教育"办学思想的前提。

学校的发展是提炼"雅卓教育"内涵的引擎。回顾研中几十年的发展史，我们发现，这是一部奋斗史，更是一部改革史。30年前，研中是一所教学质量普通、师资团队较弱的中学。在学校领导团体的带领下，教工们披荆斩棘，不断改革创新，在发展过程中树立了"大写人生"的育人理念。

偏僻的地理位置限制了学生的思维。我校地处县城，生源大多来自县城及周边农村。偏僻的地理位置导致我校学生与一、二线城市学生存在巨大差距。很多学生对于未来缺乏内生动力，缺乏明确的目标，没有正确的价值追求。

近年来，随着素质教育、"双减"政策的实施，研中领导团队带领教工不懈地探索学生成长规律，通过对"立德树人"目标的实践体验，逐渐认识到教育并不仅仅局限于知识的教授，更应该教会学生做事做人。随着教育改革的深化，教育理念的不断更新，根据我校教育现状及学校教育目标，深化完善前期教育理念，提出了"雅卓教育"这一办学思想。"雅卓教育"将"大写人生"这一教育理念具体化，明确了如何做人做事。"雅卓教育"是一种教育规律本质的回归，因为学校面对的是具体的、完整的、有血有肉的、自我发展的人。"雅卓"是学校在质感、美感与情感等方面的综合体现，是研中人在代代传承中办学思想的升华。这一思想培植了学校独特的气质文化，从而形成有生命力的"学校精神"。

研中把将学生培养成新时代的杰出人才作为目标，致力于唤醒学生个性天赋，激励其持续努力、追求卓越，实现自我的可持续发展。具体而言，研中以"雅卓教育"为指引，通过丰富多样的德育活动、科学系统的课程体系、氛围浓厚的学校文化等途径培养学生，使之具备"雅品、卓识"的特质，这样也就牢牢地打下"雅卓"的根基。在这个过程中，学生不仅成为雅正之人，并将逐渐认识到一个独一无二的自己，发现自我的天赋和优势，并在通往成功的道路上成就更好的自己。

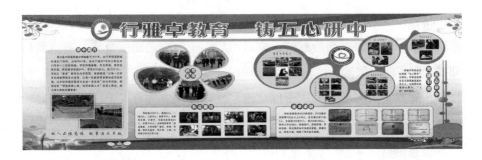

行"雅卓教育"，铸五心研中。在"做人品位高雅，做事追求卓越"的"雅卓教育"下，研中每一位师生始终持有忠心、初心、爱心、孝心、恒心，脚踏实地地在自己的岗位上挥洒汗水，坚定不移为党的教育事业奉献自己的力量。

一、含英咀华，品"雅"

（一）"雅"的内涵

"雅"，意为高尚的、合乎规范的；又为高尚、美好、美观、正直之意。品位高雅是赞美一个人的品质、趣味、情操、修养有内涵，生活精致、有情趣、有格调、有追求、有意义。做人之雅在于有书卷之气，有文雅之言语，有典雅之举止，有宽广之胸怀，有雅致之风度，有高尚之品行。我校将学生培养成深致之雅人作为目标，力行"雅"的教育。"雅"教育：以"雅"育德，塑俊雅少年；以"雅"启智，蕴醇雅少年；以"雅"健体，炼健雅少年；以"雅"韵美，显优雅少年。

（二）"雅"的外延

1. 德性正

德性正，即道德品行端正。《礼记·大学》："古之欲明德于天下者，先治其国；欲治其国者，先齐其家；欲齐其家者，先修其身；欲修其身者，先正其心；欲正其心者，先诚其意；欲诚其意者，先致其知，致知在格物。物格而后知至，知至而后意诚，意诚而后心正，心正而后身修，身修而后家齐，家齐而后国治，国治而后天下平。"意诚方能心正，心正方能修身，修身才能齐家治国平天下。所以"雅"教育首先应教育一个学生做真诚、正直、品行端正之人，做一个爱国、爱家、敬师长、孝父母之人。

2. 勇担当

从"黄沙百战穿金甲，不破楼兰终不还"的坚毅到"苟利国家生死以，岂因祸福避趋之"的无畏；从"人生自古谁无死，留取丹心照汗青"的舍生取义到"漫天风雪漫天愁，革命何须怕断头"的铁骨铮铮；从"横眉冷对千夫指，俯首甘为孺子牛"的鞠躬尽瘁到"单薄苍颜病弱身，杏坛春播万千人"的无私奉献，一代又一代中国人用他们的奋斗与担当抒写了华夏的辉煌篇章。因此，继承先贤的青年更是有责任、有担当的青年。作为教育者教育学生勇担责任的勇气，勇担当小到倡导学生为父母分担家事，为班级分担班务，为学校承担事务；大到为学好一身本领，能为家乡、为国家建设贡献一份力量。

（三）"雅"的修炼

一些学生往往以自我为中心，在日常生活、学习中存在一些问题。因此，研中着力打造"三雅"校园，即打造优雅的校园，塑造儒雅的教师，培养文雅的学生。

1. 群策群力，打造优雅的校园

（1）与时俱进，建设幽雅的校园自然环境。根据学校独特的地理位置，与时俱进、群智群策、因地制宜、精心布局、统一规划，使学校的建筑物、景物布置结合，平面绿化与垂直绿化相映，树木与花卉并存。无论是校园绿化、美化，还是室内布置，都构成了和谐的整体，进入校园犹如进入花园，让人赏心悦目。

学校花园里争奇斗艳的月季、海棠、玫瑰等，每到花开时节，红的、黄的、紫的……乱花迷眼。花儿盛放，蝴蝶翩飞，少年笑脸，就是一幅多彩的油画。春天，走廊边的紫藤萝沿花架攀爬，开放时，串串花穗重重叠叠，沿花架而下，形成一片花的瀑布。教学楼前边三角梅如同攀登的少年，从底楼攀爬到顶楼。从春到秋，艳红的花朵就在教学楼前绽开笑脸，成为研中一道独特的风景。操场周围，榕树、梧桐、摇钱树等形成一道道绿荫。晴日里，阳光透过浓密的树叶洒下光斑，照在树下奔跑嬉笑的少年身上——这才是校园青春鲜活的模样。

青山清我目，流水悦我耳，山光山色与人亲，说不尽，无限好。优美的自然环境总给人以美好愉悦的享受，能调节学生因学习而带来的紧张情绪，有利于学生的身心健康，而且还会对学生审美情趣的培养起到潜移默化的作用。一座风景优美的校园，还有风华正茂的少年，青春与美景相得益彰，是人世间最美的风景。

（2）增色增香，创建优雅的文化校园。优雅而具有时代气息的校园环境是对学生进行教育的最基本、最直接、最形象的途径。优雅、整洁的校园环境不仅给学生提供了一个优美的学习环境，还能使学生不知不觉、自然而然地受到熏陶。我们努力改变有环境而无文化氛围的校园状况，为校园增添一定的文化气息和教育意识，增强环境育人的功能。用苏联著名教育家苏霍姆林斯基的话说，要让学校墙壁能说话，将校园的园林化、艺术化、趣味化融为一体。校园里各种物化的东西体现学校的个性和精神，给学生一种高尚的文化享受和奋发向上的憧憬。就像一位沉默而有风范的教师，起着无声胜有声的教育作用。校舍的布局、校园的绿化和雕塑、校训的字体、墙上的装饰、宣传栏的布置、教室里桌椅和盆景的摆放、奖状的张贴等，都尽可能具有审美性、教育性。让学生走进学校，就能油然而生宁静舒适、爽心悦目之感。

崇德：寻找学生身边的榜样。一位先天缺陷的少年，生长在长辈多病的环境中。生活的不幸让他自小养成自立、自强、坚毅的"美德好少年"，品学兼优，堪为当代中学生楷模，引领学生向着"天行健，君子以自强不息；地势坤，君子以厚德载物"的美德努力。

学校乃传道授业解惑之地。校园文化展示出"雅"的文化特色。研中教学楼的文化主题为儒雅，突出"仁义礼智信孝"六德。楼层通道处处布置传统文化内容，走廊顶部悬挂有扇形牌匾。为何设计成扇形？因为扇是中国古代儒雅智慧的象征。牌匾上书"惜时励志""感恩孝道""知书达理"等教人明理的名言警句，还有本校师生书写的对人生的深刻感悟。

教室的设计主要体现以儒家文化熏陶育人的理念。教室正面黑板上方悬挂国旗和激励性名言警句；后面张贴个性化班徽和各班凝练的班风班训；两侧的墙上悬挂名人简介或者名言警句。

学校各功能室墙壁上悬挂着绘有名人头像的名言警句。这些名人名言内容与各功能室相适宜。如理化实验室里悬挂着卓有成就的理化领域的科学家，图书室里悬挂的是关于读书的名人名言或者文人大家，甚至食堂都做到了以诗化的语言带给师生就餐时精神上的享受。食堂取名"六味轩"，"轩"乃高也，本指建筑高，又暗含人生路上勇攀高峰；"六味"指酸、苦、甘、辛、咸、淡，蕴含人生滋味。

学校的布局注重每一个细节的文化育人。就连教学楼前花坛里也摆放着诗词牌，学校门口、走廊更是诗词的天地。这为学校增添了浓郁的翰墨气，增厚文化气息。

校园文化墙的"崇德、尚美、强体"等板块。以学生尊老爱幼、孝亲扶弱的照片彰显"崇德"内涵；一张张天真的笑脸、一个个专注读书的镜头是对"尚美"最好的诠释；"强体"板块真实记录了孩子们奔跑、起跳、投篮等的精彩瞬间。文化墙是青春的剪影，是研中少年追求卓越的见证。

尚美：美具有引人向善的作用和力量。由国旗护卫、入团时刻、七十周年国庆、美德讲座、心理辅导等诠释"美"。引领学生爱国、守法、敬英雄，用健康的心态发现美、创造美。

强体：文明其精神，野蛮其体魄。流水不腐，户枢不蠹。运动不仅可以改善人的体质，在运动的过程中，我们的品格也能够得到锤炼。拥有健强的体魄，才有机会打造一个无限可能的未来。

美丽研中是一座五彩缤纷的花园，是能让孩子快乐健康成长的乐园，更是一座具有浓厚文化气息的学园。莘莘学子在这样一个优雅的环境中，自然心情愉悦，举手投足间流露的都是内心的美好。

2. 传承先贤，做儒雅的教师

"学高为师，身正为范"，教师的言行举止是对学生最好的教育。想对学生进行雅行教育，教师首先要做到雅言雅行。教师之间的交往要以雅为先，师生之间的沟通要以雅为基。如果教师个个都是儒雅之士，就能够形成一个宽仁、谦让、相互合作、共同进取的集体，那么我们教育出的学生一定会是现代社会的"雅士"。

什么是"儒雅"？儒雅是外表的洁雅、态度的和善、学识的精湛、气度的温文尔雅。学识造就气度，气度是学识的外化。

"儒雅"应该是仪表端庄、笑溢脸上、平等尊重、自强自信、乐观向上、言传身教。具体分为以下三个方面。

（1）外在言行儒雅。在校园内，教师的一举一动，无时无刻不在影响和感染着学生，真正做到身正为范；在社会上，教师的言行举止代表着教师群体的荣誉。所以，教师的穿戴应该整洁、大方，在整洁中透着美观，在大方中孕育典雅，给人以亲切感和庄重感，既符合时代气息，又符合教师的职业特点。所以，教师外表不能给人"另类"之感，也不能成为追求所谓"时尚"之人。在行为上，男教师要有绅士风度，女教师应具淑女风范。

（2）内在气质秀美。著名教育专家王松舟老师说，一个优秀的教师，必须由丰厚的文化底蕴支撑起教师的人性、高超的教育智慧支撑起教师的灵性、宏阔的课程视野支撑起教师的活性、远大的职业境界支撑起教师的诗性，成为一个知识充盈、能力高强、教艺精湛之人。为师者要让自己的知识处于不断更新的状态，要有现代信息技术的能力，要有整合学校、家庭、社会教育的能力，不断改革教学内容和方法，掌握精湛的教育艺术，与时俱进，超越自己，超越过去，在物欲横流的时代坚守纯洁的精神家园。

（3）职业品质优异。作为教师，首先应该遵守国家各项法律法规，遵守《中小学教师职业道德规范》，继承弘扬我国优秀的师德传统，并充分适应新形势下经济、教育和社会发展对教师的要求，展示应有的道德品质和职业行为的风采。要成为一个品行优异的教师，"爱"应是永恒的主旋律。爱国爱民、爱岗位、爱学生。尤其在新课程改革的浪潮中，教师必须学会创新，学会思考，成为学生学习的优秀组织者、参与者、引导者、促进者。

3. 脚踏实地，争做文雅的学生

优雅的校园和儒雅的教师是培育文雅学生的基础。文雅的学生，应该做到尊师重道、仪表大方、与人为善、尊老爱幼。在研中校园，诚恳待人，热情大方，给他人带来愉悦，让校园充满温暖。

学校是实施雅行教育的主阵地，应将雅行教育落实到学校教育的点点滴滴。

（1）雅行课堂。教师们深入挖掘教材，把雅行教育作为课堂教育的重要内容，将雅行教育渗透到学科教学中，渗透到班级的日常管理中，让学生感受到雅言雅行在生活、学习中的重要性和必要性。我们需要反复教育、反复实践。课堂上与人交往有明确的礼仪规范要求，如上课时认真倾听别人发言是一种礼貌；同学间互相使用礼貌用语是一种关爱……

（2）雅行课间。在课间，我们提出了"快乐游戏"，如跳绳、踢毽子等，让他们在课间有"事"可做。还举行一些小型的比赛来丰富课间活动的内容，从而达到我们提倡的"雅行课间"的效果。在课间，我们倡导"弯弯腰"系列活动，共同维护良好环境，从而达到人人儒雅的效果。

（3）雅行生活。作为雅行教育的倡导者，教师要根据学生的特点，从小事入手，将雅行规范渗透到学生生活中。让学生在校内养成雅行品质带入日常生活，从而让我们的雅行教育产生实际意义。

总之，"雅"是内心世界的沉淀，也是在审美活动中的精神归宿；"雅育"就是以雅的人文精神来美化人心，唤起学生对真、善、美的追求。

二、融会贯通，悟"卓"

（一）"卓"的内涵

"卓"，高而立，高明、杰出的，不平凡的，超出一般的，卓尔不群，卓尔不俗。我校提出"做人品位高雅"，力行"雅"的教育，而在"做事追求卓越"方面推行"卓"的办学思想。"卓"即卓远之追求，卓荦之行止，卓越之学识，以卓行天下。

（二）"卓"的外延

1. 卓远之追求就是让学生树立远大的志向。"志不立，无可立之事"，立志是成事的前提。"志之所趋，无远弗届；穷山距海，不能限也；志之所向，无坚不入；锐兵精甲，不能御也。"志向不仅决定了一个人发展的方向，更给人勇气和力量。卓越不是一个标准，而是一种境界。卓越是一种追求，将自身的优势、能力发挥到极致。

2. 卓荦之行止就是鼓励学生以非同一般的勇气和力量去追寻自己的目标。实现自己的志向是一条漫长、艰苦、枯燥的道路。每个人的学习能力不一样，结果肯定有区别。不抛弃、不放弃，相信努力终会有回报，坚持不懈，以精卫填海般的毅力去追寻就是卓越。

3. 卓越之学识。知识就是财富，而知识要靠日积月累。有了广博的知识为基础，才能厚积薄发，才有创新发展的可能。知识还是可以从广阔的生活积累中而来，博采众长，学以致用、学能创新才是知识的最佳运用。

（三）"卓"的培养

1. "越而胜己"，卓越人生需要认清自己

"越而胜己"强调的是对自我的超越。超越自己很难，故而追求卓越的人必须清醒地认识自我。中国传统文化在为人处世方面有很多智慧和经验，"越而胜己"从积极的意义去讲，需要认识到人生是一个不断地超越自我的过程。清醒地认识自我，不守旧、不迷失是超越自我的基础。要"越而胜己"则须做到以下四点。

笃学：志不强者智不达。一位考入北京大学的学生说："从乡村到县城，从县城到省城，从省城到首都。一步步的突破告诉我们，知识可以改变命运。"他以"锲而舍之，朽木不折；锲而不舍，金石可镂"的精神，引领学弟学妹们笃学上进。

（1）"自我日清晰。"初中是学生自我认识进入相对理性的起始阶段，会思考"我是谁"，会思考"我到底是个怎样的人""我能够成为怎样的人"。认识自我，明确目标，才会有为之奋斗的方向和动力。

（2）"反思成习惯。""三省吾身"，反思是一个人成长过程中的重要一环，明白自己的问题、发展及障碍的还是自己。要学会在实践的过程中，在认知的基础上，对自我进行反思，养成这种习惯就容易胜己。不反思，就不明白问题在哪里，也不明白进步是如何取得的，更不清楚自己还可以怎样向前走。

（3）"人生会选择。"要成就自我、超越自我，需要每个阶段对自己做出的选择具有清醒的认识。初中阶段是人生的叛逆期，有些迷茫，容易被外界干扰。人生该是怎么样的？该怎样做？这时教师、家长的引导尤为重要。

（4）"发展能自觉。"人有了自我发展的自觉性，或者说达到自觉状态，就是达到了自我发展的最高境界。如今青少年缺乏的就是这种自觉性。"自觉发展"不是自由化，孔子说"七十而从心所欲，不逾矩"，自由是自己内心的选择。但在现实世界中，逾了"矩"去寻找"欲"就无法无天了。这个"矩"是"天道""人道"，是做人最基本的准则。世界也不会有无任何矩的自由。

我们以前讲"精英人才"，现在讲"创造型人才"或者"卓越人才"，这些概念都具有共性，需要教育者去关注、去研究。在共性之下，不同的学生会有不同的个性。

2. 坚持不懈，卓越人生需要水滴石穿的坚毅

"不积跬步，无以至千里；不积小流，无以成江海。"水滴石穿，绳锯木断，非力使之然也，恒也。摒弃侥幸之念，必取百炼成钢；厚积分秒之功，始得一鸣惊人，发愤图强方能博大精深；自强不息，终成栋梁之材，铸就卓越人生！

卓越是一种追求，是一种不断上进的精神动力，对每一名学生而言，需要的是养成永远向上、永不言弃的精神气质。不管成绩是否优秀，重要的是一种生活态度。做任何事都有上进心，不轻易怀疑自己的能力，每天前进一小步。卓越是一种境界，超越自我、卓尔不群；卓越是一种态度，坚持坚守、勇往直前；卓越是一种追求，在于将自身的优势、能力发挥到极致。

总之，"卓越教育"是为实现每个学生拥有幸福和有意义的人生而进行的教育。

"研中人"要做卓越的教师、卓越的学生，归根结底就是要学会做人，做一个有智慧、有价值、有追求、有贡献、有尊严的人。这样的人才能够成就事业，才能在奉献社会中成就自我。

教育就是教学生"成人"，这是核心目标。"雅卓"教育从做人、做事两个方面践行教育是培养学生健全人格的理念，实现教育是培养大写的人、舒展的人的目标，真正将教育做成立人之事业。

三、躬行践履，"雅卓"

如何实现"雅卓教育"？我校精心设计"雅卓教育"的实践路径，具

体做法如下。

（一）以先进的办学思想创建树立大志向、大作为的卓越目标

学校秉承"雅卓教育"的办学思想以来，以"教育不仅为提升教学质量，更为立德树人"为办学宗旨，始终坚持"以大爱大智大美书大写的人生"的特色教育，以"团结、勤奋、开拓、创新"之精神，创建"市内一流，省内知名的特色学校"为办学目标，实现从市一流学校到省名校的跨越。

（二）组建"率先、垂范、团结、务实"的干部队伍

领导团队是学校的核心，是火车头。班子成员履职尽责，时时做示范，处处当先锋，事事我带头。学习练就了底气，做事练就了担当，团结练就了和气。

1. 加强理论学习，树立威信，增强人格魅力。每周四下午，全校行政人员集中学习，每月两次党员干部集中学习。学习练就了领导团队的底气。

2. 发挥表率作用，时时处处起带头作用，树立良好的风气。学校行政人员不仅是行政，也是教师。从校长到各科室干部，每个人除了承担行政职务外，还承担学科教学。笔者是校长，承担了一个班的数学教学；张祖明副校长除了主管学校教师队伍建设以外，还担任一个班的班主任和数学教学；雷涛副校长除主管学校党务工作之外，还担任一个班的班主任和英语教学。每一个行政都有自己的责任和分工，充分发挥了班子的带头作用。

3. 增强团结，发挥团队作用，互相补台。每个班子成员时刻牢记管理即服务，为教师办实事、送温暖。团结是研中实现宏伟目标的坚强后盾。班子成员合力探讨育人方案，研究教学策略。从领导到教师，在团结勤奋中努力探索新的教育教学方法，以开拓创新谋求学校更大的发展，这就是研中精神。

研中的领导团队不仅是带领大家勤奋工作的班子，也是带领大家会生活的班子。学校办公室和工会经常组织开展各类活动，丰富教师们的生活。学校利用周末时间，组织大家唱歌、跳舞、踩气球、拔河、接力赛跑……

正是有这样一支团结勤奋、开拓创新、积极进取、乐观向上的学校团队，才得以创造辉煌的业绩，创建特色的目标。

（三）优化"雅卓"教师队伍

教育是一门科学，更是一门艺术。学校立足于办人民满意的教育，教师队伍建设就是学校发展的基础力量。学校多措并举，高效优化，提升教师的专业水平，打造一支具有刻苦钻研、无私奉献、水平突出、作风优良的教师队伍。

1. 博学助教

"学高为师"，要成为一个优秀的教师，随着时代的变迁、知识的更新，必须保持学习的态势，不断丰富自己的积累，不断更新自己的知识结构，才能在新时代、新形势下育新人。研中非常注重教师的学习提升，倡导师生共同阅读，让阅读成为教师们的习惯。学校为教师购买了大量书籍，如《教师微型课题研究指南》《中学语文名师的教学艺术》《翻转课堂、微课与慕课实操指南》等。学校要求教师每年至少阅读 5 本书，并且坚持写读书心得和教学反思，定期开展读书交流活动。

读书交流活动：生也有涯，知也无涯。学校利用暑假组织教师开展读书交流活动。教师们纷纷分享自己的读书心得及思考。教师不断学习是自身成长的需要，更是时代的要求。

2. 勤学善教

"三人行，必有我师焉。"多方位学习，择其善者而从之，博采众长，才能有所进步。研中为了提高教师的教育教学水平，采取了"请进来，走出去"的策略。

"请进来"，学校聘请全国名师和教育专家学者走进学校，让教师牵手专家、开阔视野、转变观念；让专家提携教师，成就名师。为了提高教师们的基本功，学校请乐山师范学院教授来教教师的普通话，请井研县素质教育基地的教官对教师进行常规训练……

"走出去"，学校组织班主任外出学习，吸取宝贵经验。学校多次组织班主任教师参加各级各类的班主任培训，聆听优秀班主任的班级管理经验介绍，结合自身在工作中的问题，查漏补缺，探索出一套适合自己班级的管理方法。

学校分教研组外派教师培训，培训过程中认真做笔记，回校后以讲座或者公开课的形式汇报成果，惠及更多教师。

3. 勤研促教

新时代，新形势，传统的教学形式已不能满足研中教师对高质量的追求。以深入开展教学改革，促进教学水平的提高，在学习中成长，在教研中精益求精。

研究教材，明确内容；研究课标，明确方向；研究学生，因材施教。为收获最佳的教学效果，每周分配固定的时间为各教研组教研提供时间保证，以公开课观摩、公开课研课探讨、教师在教学中遇到的难点突破方式探讨、教学经验交流，从而寻求问题的解决……

学校成立研中教师发展领导小组，由学校的名师、学科带头人、骨干组成。名师和学科带头人起引领作用，献出优质的公开课，定时讲座，传授宝贵的教育教学经验。学校领导采取推门听课方式，促进教师的专业成长。

对新教师采取师徒结对的方式，培养新教师，促进新教师成长。学校组织新教师举行拜师仪式，一对一帮扶，通过听一课、上一课的教学指导，促进新教师的快速成长。

学校成立教研课题小组，加强教育教学研究；学校强调学科融合的研究，探讨农村初中教师信息素养校本培训研究，农村初中高效课堂策略研究；英语教师积极突破英语教学的难点，对英语阅读教学进行课题研究；语文教师探究初中学生古诗词素养的培育、魅力语文课堂、如何悦享语文等；地理教师探讨如何将有限的时间利用最大化，探讨极简教学；数学教师针对学生的差异，探索分层次教学……多方位地探索教学重点和对难点攻坚克难，教师们总结个人教学实践经验，撰写论文，不断提升教研水平。

4. 爱心从教

教学是用智慧启迪智慧、用心灵感动心灵、用人格默化人格的过程。

研中教师始终坚持对学生严而不苛，宽而不纵，用爱心陪伴学生，用细心关爱学生。班主任对每一个学生的家庭情况、性格脾气了如指掌。单亲孩子，问题家庭较多，了解信息有利于教师对这类孩子进行帮助指导。

有一个孩子曾经因为父母经常吵架，导致不能受到任何刺激，经常产生轻生的念头，甚至会产生一些幻觉。老师知晓后，马上对该生进行心理疏导，同时联系该生父母。班主任和科任教师每天从生活、学习上关心帮助该生，使该生终于熬过了那段艰难的时光。

在研中教师的眼中，学生就是他们的孩子，每一个孩子都有自己的花期，耐心教育，尽心守候，是他们的责任和义务。

（四）素质教育全面推进，培养全面发展的综合性的"雅卓"人才

1. 培养学生健全的人格，成为全方面发展的综合性的"雅卓"人才

学校成立了 20 多个社团，学生在社团中充分展示和发挥自己的特长，提高综合素质。怎样的人才是全面发展的人？我们提出了卓越教师要懂得培养学生的"十商"。

（1）德商，是指一个人的德行水平和道德品质。德商包括珍爱、体贴、尊重、宽容、诚实、负责、平和、忠心、礼貌、和美、幽默等。

（2）志商，是指一个人的意志力。志商包括坚韧性、目的性、果断性、自制力等方面。

（3）情商，是指管理自己的情绪和处理人际关系的能力。情商高的人能够认识自身的情绪。

（4）胆商，是指一个人的胆量、胆识、胆略。表现在关键时刻能做出决断。

（5）健商，是指个人的健康意识、健康知识，包括自我保健、健康知识、生活方式、精神健康、生活技能等。

（6）心商，是维持心理健康，调节心理压力，保持良好心理状况和活力的能力。

（7）逆商，是面对逆境的反应方式、抗挫折能力。

（8）智商，是人们认识客观事物并运用知识解决实际问题的能力。

（9）财商，是一个人理财的智慧。

（10）灵商，是对事物本质的灵感、顿悟力和直觉思维能力。

2. 培养学生成为全方面发展的综合性的"雅卓"人才

（1）学礼仪，立雅行。中国是礼仪之邦，古人云：不学礼，无以立。因此，研中每年开学第一课就是学礼仪，立雅行。

"干净整洁勤洗澡，衣着得体不花哨，发型自然又美妙，举止大方懂礼貌。"这是研中的礼仪要求，在卫生、衣着、发型方面都有要求。如衣着方面，在校穿校服，不互相攀比。如果穿便服，女生不得穿吊带，裙子要过膝，等等。发型方面，学生不能染发，女生不能披头散发，不能留过眉的刘海，不能化妆；男生不能留长发，不能卷发等。总之，发型衣着以简单朴实为主，以展现青少年干净利落、青春阳光的风貌。

语言方面要文明用语，说话温和有礼……

开学第一课——思想教育。思想引导行为，因此开学之初，学校会对学生进行收心教育，引导孩子从假期散漫的生活习惯中走出来，明确学习目标，激发学习热情，激励学生全身心地投入学习中。

开学第一课——常规训练。训练学生坐姿、站姿、跑步。以体育教师为主要授课教师，以军训为参照，在体能上锻炼学生，在行为上训练学生，在意志上磨砺学生。

开学第一课，学礼、知礼、懂礼，说雅言，立雅行。

（2）正心性，端品行。学校党总支部始终坚持以党建引领，发挥党总支部的战斗堡垒作用和党员先锋模范作用，带领全校教师为办井研人民满意的教育贡献力量，全校教师集思广益，始终坚持"雅卓"教育。

（3）教学生做一个正直的人。古语说"做人德为先"，培根说，"任何本领都没有比良好的品格和态度更易受人欢迎"。做人要做一个正直的人、真诚的人，做一个雅致的人。研中在育人方面非常注重学生的品德教育。

每个班集体都有班主任和副班主任，这些教师承担着对学生思想引导的任务。从养成良好的学习习惯、卫生习惯、树立远大的理想、不怕苦，到勤奋努力、孝敬父母、团结同学、礼貌待人、热爱祖国、远离毒品等方方面面，教师针对学生情况，做到应讲必讲，应教必教。每周的班会活动课，班主任都会连同班委干部对一周表现进行总结反思，然后在全班进行分析讨论，自我反思，对学生进行教育、激励。

班级针对同学们的表现进行反思总结，教师则引导学生对社会现象进行分析。比如唐山打人事件，各班将这次事件引入主题班会，很多学生针对这次事件发表自己的观点。有男生写道：男儿应该顶天立地，应该为我们的亲人撑起一片天空。我们可以去戍边卫国，将拳头对准侵犯我们的敌人，但拳头绝对不能对准老弱妇孺。一篇篇、一句句、一字字，是同学们最真实的感受、最直白的流露。对美好的事情我们去颂扬，对社会的灰暗我们去剖析，起到由彼思此，有则改之、无则加勉的效果。

学校定期遴选"阳光美德少年"，并对这些少年进行表彰，从而起到示范作用。鼓励学校教师和同学捕捉孩子们行为美的瞬间——或是弯腰捡起了垃圾，或是街边扶了老人一把，或是随手关了走廊的灯，或是捡了钱交还失主……一件件小事，从生活细节中寻找美，让学生在潜移默化中养成正直美好的品性。人品看细节，美德看我研中少年。

（4）教学生做一个爱国的人。有国才有家，心中始终牢记我是中国人，这是研中人心中坚如磐石的信念。作为教育者，研中教师始终坚定不移地做好爱国思想教育工作。

学校每周一次升旗仪式，全校学生在国旗下肃立，唱国歌敬礼，这是每周必不可少的内容。学校值周组教师每周都会进行一次国旗下主题演讲，对学生进行思想教育。每年纪念日，学校团委都会组织开展各种活动。

关心时事，组织活动，引导学生思考，树立正确的价值观。孟晚舟归国时，不少班级的教师组织学生针对这次事件进行了大讨论。适时引导，增强学生的民族自豪感，激起同学为国学习、奋斗的热情。

思想教育是学校的责任，是班主任的责任，更是每一个教师的责任。学科教学要抓住契机，将思想教育贯穿整个教育教学当中。比如语文学习，学《国行公祭》一课时，教师讲述那段惨绝人寰的历史，唤起同学们的共鸣，同时针对当前国际形势，从而达到让同学们铭记历史、为强国奋斗的效果。学习《邓稼先》《一着惊海天》，讲述中国武器的发展、武器装备对于国家的重要性。科研人员殚精竭虑，艰辛付出，让同学们明白在岁月静好的背后是多少人的负重前行，从而懂得珍惜，懂得奋斗。

（5）教学生做一个懂得感恩的人。"十月胎恩中，三生报答轻"，研中高度重视对学生的感恩教育，教育学生感恩父母、感恩教师、感恩身边的每一个人。学校邀请著名的演讲家到学校演讲，全校学生和家长一起聆听。一个孩子在日记中写道：我总是觉得妈妈唠叨，打扮又老气；爸爸太严厉，总是不在家陪我。可我从来没想过我的爸爸、妈妈为了家庭，在外面奔波劳累；从来不知道我叛逆时，爸爸、妈妈的心碎。爸爸、妈妈为我撑起一个幸福的家，一个美满的童年……一次次活动让学生受到感染，产生质的变化。

初中时段，孩子正处于叛逆期，现在的孩子个性突出，教师的教导有时候会显得无力。学校在这方面做了不少努力。研中的教师，晨曦微露已经踏入校园，暮霭沉沉才拖着疲惫的身躯回家，学生知道这些吗？为此，学校进行专题教育。在国旗下举行专题演讲，平时捕捉教师们辛勤工作的画面，让同学们感受到教师的尽职尽责、兢兢业业。

父母也好，教师也罢，我们讲的是默默奉献。但如果孩子不懂得感恩，而认为是理所当然，那我们的教育就是失败的。所以，感恩教育，就应该让孩子感同身受，才能生出报答心。

（6）教学生做一个幸福的奋斗者。在一本解读华为的书中写道："具有不屈不挠、奋不顾身的进取精神的年轻群体的努力奋斗，成就了今天的华为。"

一个公司如此，一个国家如此，一个人也是如此。成功者哪一个离得开奋斗。

教学生奋斗，首先是教师要奋斗。研中的教师带头奋斗，别人是朝九晚五，研中的教师至少是朝七晚六。在教学中，努力学习，提升自己的教育教研水平，研究新课标，研究新高考。有人说，一个初中教师研究什么高考？我们的初中教育难道不是为高中教育打基础吗？研究新高考，就是为孩子的未来做准备。教育不能急功近利，应是长远的、是能厚积薄发的教育。研中的教师不断学习，让自己的教学有源头活水，主动升级，和孩子们一起奋斗。

教学生奋斗，培养他们有"千磨万击还坚劲"的坚韧毅力，这不是呼喊的口号。在跑道上，800 米、1000 米，学生们跑得汗流浃背、腿脚酸软仍不放弃，这就是奋斗。有个学生体育从来没及格过，矮小的身材成了他的绊脚石，但他从来没有放弃过。暑假，在教师的鼓励下，他坚持每天早上、晚上都在体育场锻炼，从未间断，即使在 40 多摄氏度高温的时候也不曾放弃。也许他的体育成绩依然不理想，但他这种永不放弃、坚持奋斗的精神终有一天会让他脱胎换骨。

他只是上千个研中学子的缩影。吃得苦中苦，方为人上人，吃得下苦的奋斗精神就是研中精神。这种精神可贵，在于在奋斗的过程中，磨砺着心性，锤炼着品格，最终在人生的某个阶段显示出无与伦比的魅力。

（7）教学生做一个勇敢的担当者。"位卑未敢忘忧国"，年少不能忘担当。现在说为国担当还太早，但责任感是从小培养的。

在家庭中，告诉学生是其中一员，理应承担家务。周末，教师会开展"我来做家务"的比拼活动。家长们将孩子做的饭菜、收拾的房间晒一晒。周一教师在班上点评，让孩子收获了认同感、成就感、幸福感。

在班级中，设立多个岗位，分配任务，实行轮换制度，让每一个孩子都能为班上做事，都能为同学服务，也能享受服务，增强学生的主人翁意识。

学校是我的学校，我为学校做事，我以学校为荣。每一个学生都是学校的主人，如何增强学生的主人翁意识，除例常的思想教育，就是让学生参与学校事务。

生活就像旅行，思想是导游。所以，作为教育者，对学生的思想教育尤为重要。培养一个大写的人是教育的终极目标。何为大写的人？首先就是心性正直、品行端正、有责任感的人。

（8）教学生读好书，好读书。校园是诗，校园是画，校园书香弥漫。"雅卓"教育的目标是培养雅致、卓越之人，以立学为本，立学以读书为先。

学校图书室藏书 20 万余册，涉及历史、文学、地理等各方面，有专业书籍也有工具类书籍，学校图书室全天候开放，随时可以借阅。

班级教师订阅杂志，也鼓励孩子们订阅自己喜欢的书籍。班级每周专门设置一节读书课或者读书分享课。大家分享自己所看的书籍，相互推荐。

（9）教学生知行合一，笃行致远。"不登高山，不知天之高也；不临深溪，不知地之厚也。"学习知识的目的是使用，是实践，实践出真知。"雅卓教育"注重培养学生的实践能力。

物理、化学的理论从实践中来。学生掌握知识最快捷的方法是动手做实验。在研中的实验室里，实验器材准备充分，教师悉心指导，同学们认真地进行着每一个步骤的实验。遇到不懂的，同学们互相帮助，或请教老师。实验、记录、问答，甚至于争论，这是研中实验室的常态。通过实际操作掌握知识，或许有一天他们会从实践中发现新问题，打开了科学的又一扇大门。

身着校服，挥动锄头，弯腰锄地，播撒种子，低头栽苗，是研中欢乐农场同学们劳作的画面。在土地上挥洒汗水，在欢乐中收获硕果。我们的学生可以赤脚下田插秧，可以挑粪浇菜，可以将手中的笔杆子换成锄头，可以在烈日下割谷晒谷……

勤劳：骐骥一跃，不能十步；驽马十驾，功在不舍。勤劳的人能创造美好未来，在欢乐农场，播下的一颗颗种子，洒下的一滴滴汗水，收获的一个个果实，告诉研中学子，成功都离不开努力与勤奋。

音乐室传来动听的丝竹之声；画板上勾勒出多彩生活；棋盘上你来我往，激烈厮杀；一把剪刀剪出灵动图形；机器人制造闪烁着智慧的光芒；农场里泥巴沾满裤腿，播种希望……多样的社团活动，点染多彩的校园生活，舒展了青春的笑颜。

知行合一，才能不谈空话，不脱离实际，才能培养卓越人才，才能让"雅卓教育"的最终目标实现。

通过以上途径，我们需要将师生培养成以下品质：

第一，"志向不狭窄"。志向反映价值观，好似看不见摸不着，但眼光越短浅就会越没出息。这里蕴含着教育价值问题，无论眼界还是人生观都要放宽。

卓越人生不是以奖项的多少为标准，人生有多丰富、世界有多美好，都需要你的努力来创造。因此"卓然独立"首先要做到不拘泥于眼前利益。教育是要打开学生眼界，对人生、世界产生兴趣，而不是被眼前一点点蝇头小利冲昏头脑。

第二，"人格不依附"。人格不依附至少包括两个方面：一是不仰视所谓的大人物，二是不俯视所谓的小人物。"平视"包含着相互欣赏。独立绝不是无视他人，而是一个人个性和才华的表现。事实上只有这样独立的人、不依附的人才能做到真正的相互合作。只有大家都独立了，在一个群体里才能形成有意义的合作。

第三，"思维不趋同"。我们一直在讲培养创造性人才，认为创造性人才的养成是要有一些专门训练的，但我们更看重的是人才的思维的创造性。思维不趋同表现在对问题的观察上，不局限在已有的答案，而追求更多的可能性。

善于发现问题是创造性思维重要的方面。我们要培养学生思维的不趋同，很重要的一点就是不扼杀探索的欲望、学习的兴趣、研究的积极性以及发现问题的能力。

第四，"言行不虚浮"。这是特别值得注意的一个问题。很多人不是靠脚踏实地做事，而是靠包装获得所谓的"成功"。如果把这种商业炒作方式用到教育、学习、科研上来，就是用吹嘘代替实践，用个例代表整体。在实现追求的过程中，不说大话空话，言行一致，求实奋进。这样的人格让人感动、让人难忘，才可能成为我们期望的创新人才、卓越人才。

近年来，研中在"雅卓教育"办学思想的引领下，从大处着眼，从细节入手，着力打造"雅"的过程，取得了一系列"卓"的成绩。学校培养了一批高素质的师资队伍，研中学子也在各个领域绽放他们生命的光彩。

"成长教育"促成长　文化理念引发展

——"成长教育"的教育理念和实践

泸州老窖天府中学　游卫东

教育的理念有很多，且是"仁者见仁，智者见智"。人们界定教育理念是为了能够完整地、准确地认识和把握教育的本质，更好地实现教育的价值。近年来，我们从未来社会需要、教育发展需求和本校实际出发，重构学校的教育哲学，重建学校的核心价值取向。我们学校在教育实践中逐步凝练形成教师、学生、学校"三位一体"共同发展的"成长教育"理念。主张"人的成长"是教育的愿景和责任，倡导"发展自我、出彩人生、奉献社会"，提出"我的成长名师相伴"的口号，形成了以关注教师成长、学生成长、学校成长"三位一体"的"成长"教育办学理念。

一、"成长教育"的提出

德国哲学家雅斯贝尔斯说："什么是教育？教育就是精神成长。"他还进一步指出："教育活动关注的是，人的潜力如何最大限度地调动起来并加以实现，以及人的内部灵性与可能性如何充分生成。"美国教育家杜威指出，教育就是促进青少年健康成长。

"成长教育"（Growth education）的概念是20世纪70年代初以荣格等为代表的西方心理学家和社会学家提出的。他们认为"青少年成长过程中，在学习文化科技知识的同时，还要学习做人、强化心理能力"。

在国内，很多教育专家和学者也都有相似和相近的看法。杨绛先生在谈到教育的时候说："我体会，好的教育首先是启发人的学习兴趣、学习的自觉性，培养人的上进心，引导人们好学和不断完善自己。"在实践方面，一些教育改革家也进行了一些探索。上海市闸北八中刘京海同志在1987年就提出了"成功教育"，并取得了一定的成绩。

但我们认为，"成功"只是一种结果，而教育永远是个"过程"。如果把过程做好了，结果就水到渠成。所以，自2008年以来，学校把教师、学生、学校"三位一体"共同发展的过程确定为共同"成长"的过程，提出了"成长教育"的理念。

二、"成长教育"的内涵

成长，一般指长大，也泛指事物走向成熟、摆脱稚嫩的过程。简言之，就是自身不断变得成熟稳重的一个变化过程。

从学生受教育的目的和方向上讲，应该是培育身心健康、适合社会生活、能够自食其力、家庭和睦、追求幸福生活的合格公民；从内容上讲，主要是素质及智慧的开发和培育。人最根本的是思想，包括思想的水平、能力等；外显是言行、气质等。"为谁培养人，培养什么样的人，怎样培养人"，这是习近平总书记在北京大学师生座谈会上提出的教育命题。习近平总书记明确指出："我们的教育要培养德智体美全面发展的社会主义建设者和接班人。"这其实也是对"成长"指明了方向，提出了要求。在平时的学校管理及教育教学工作中，要根据初中学生的认知特点抓好学生的思想教育，教育他们学会运用科学的立场、观点、方法观察世界、分析社会，让他们深刻领悟并践行社会主义核心价值观，引导全体教师做社会主义核心价值观的坚定信仰者、积极传播者、模范践行者。同时，执着的信念、优良的品德、丰富的知识、过硬的本领，这四点，是习近平总书记针对高校青年学生提出的要求。具体到初中的实际工作，我们首先要培养学生忠于祖国、忠于人民。要通过具体可行的教育方法和手段，让学生切实认识到爱国是一个人的立德之源、立功之本。教育学生要了解中华民族历史，秉承中华文化基因，充满民族自豪感和文化自信心。

从施教者这个角度看，人才培养，关键在教师。教师队伍素质直接决定着学校的办学能力和水平。这已成为全社会人们的共识。习近平总书记就如何做一名好教师提出了四点要求：有理想信念、有道德情操、有扎实学识、有仁爱之心。在新形势下，信息化不断发展，知识获取方式和传授方式、教和学关系都发生了巨大变化。所有这些对我们教师队伍的成长提出了新的更高的要求。

所以，结合学校实际，确定和完善学校初中的"成长教育"，是以学生健康成长、全面发展为出发点，以社会主义核心价值观和国家学生发展核心素养为依据，以未来社会需求为导向的教育系统。并且是教师、学生、学校全方位的成长，贯穿学校成长的始终。

三、"成长教育"的实践策略

任何理念都不能束之高阁，实践是检验真理的唯一标准。自"成长教育"教育理念提出以来，在学校生根、扎根十余年，不断修正完善，结出了丰硕成果。

（一）教师的成长

在"成长教育"理念下，将教师称为"教育者"，其实是一种狭义的定义。学生和教师既是"教育者"，又是"受教育者"，教师和学生都是"成长需要者"。随着对生命成长的探究，大家越来越感觉到每个生命体都有"成长需要"，这是基于人的成长的需要。无论教师还是学生，每个生命体都有"成长需要"，每个人都是"自我发展者"。这样定义教师也带来教育主体的变化——教育不是别人的要求，是生命本身的需要，是一种生命自觉，是自我教育。

首先，尊重教师的自我成长。教师的职业特点决定了他们需要更多的自主空间，只有在自由放松的状态下，他们才能充分地释放潜能、主动创造。自主发展能够使教师清晰地认识自己、悦纳自己，从而产生内在的学习需要与成长渴望，具备良好的学习策略和学习品质，进而为专业发展打下基础。

学校成立了教师阅览室，鼓励教师主动、多样化发展，征询教师意见，订购图书。教师们可组织沙龙，分享教育教学。注重教师兴趣爱好和特长的发挥，包括书法、绘画、乐器等，如有意愿，均可在学校展览馆参展。

其次，为教师的专业发展提供保障。专业提升是教师发展的根本，在实际工作中，主要从以下两方面保障提升教师的专业水平与专业素养。一是制度保障。《师徒结对制度》《听课制度》《课堂教学常规要求》《教学质量监督室实施办法》《课题审批制度》《三情分析制度》等制度的落实保障了教师的专业发展。二是团队引领，积极鼓励教师参赛，助力教师成长。学校将"名师建设工程"作为锻造教师专业素养、提升执教能力的牵引点，以集体研训促教师专业成长，力争将教师培养成能教、能说、能写的"三能人才"。教师只有把自己的发展根植于教师团队之中，他的发展才能更加持久、更加有力。团队引领下的合作是非常重要的。经过多年的发展，各学科组已然形成了凡赛课必倾全组之力的现象。在交流和磨课的过程中，不管是参赛老师还是研讨老师，都得到了一定收获。2021年学校在各级各类赛课中，获得省级奖项7人，市级奖项10人。

（二）学生的成长

课堂与活动是学校实施教育的两个重要途径，学校把课堂与活动作为实施"成长教育"的主渠道，并设计了以课程和活动为中心的教育体系。

国家课程是学校课程的基础和主要内容，是学生发展性学习的基础、创造性学习的前提。近年来，学校在原有基础上致力于将减轻学生课业负担纳入集体备课分析中，即备学情。学情分析主要包括学生现有认知能力水平分析和学习质量分析两方面。学生现有认知能力水平分析是教师紧扣本章（主题）内容，对学生现阶段性学习所需的知识、欠缺的能力、思维、习惯等方面及其形成原因进行分析。学生学习质量分析是教师根据近段时间的教学内容，或者根据经验分析学生可能遇到的困难，主要针对没有很好掌握的知识、能力、思维、习惯等方面问题及其成因进行分析，然后提出相应的学法指导。

为此，学校制定了《泸州老窖天府中学初中部作业管理制度》《泸州老窖天府中学初中部学生作业公示制度》。教师须立足学科核心素养、课程标准，联系考点考向、教学重难点，精心设计作业内容，将每课时作业分为基础性作业（即必做题）和思维培育性作业（即选做题），根据不同层次学生特点，分层布置作业。在每周备课活动中对作业进行专项研究，备课组长对作业设计进行审核调整，分管初中副校长、教务科初中部负责人、年级教学副主任对作业设计情况进行检查，确保学生作业的质量。这样既夯实了基础，也关注了学生之间的差异和不同层次学生的思维发展。尊重学生个体差异，助力学生个体成长。

此外，校本课程是学校"成长教育"体系中的创新点之一。我们把生活中的学科知识当成学科校本课程的主要内容，教师依据教学进度和学生的学习能力，依据系统性、真实性、趣味性三个原则，将生活中的学科知识开发成为校本教材，地方课程在实施中也与学校"成长教育"培养目标结合，注重学生探知感悟，让学生在地方课程实施中真正受益。

学校认真落实国家课程方案，在开齐开足国家课程、地方课程的基础上，形成了八大校本特色必修课程（阅读课程、心理健康课程、生涯规划指导课程、书法课程、阳光体育大课间课程、文明素养实践课程、升旗仪式情景教育课程、主题班会课程）和六大校本特色选修课程（学科拓展性课程、德育与心理健康教育课程、体育艺术课程、创新实践课程、国际理解与留学服务课程、社团活动课程），将德育、智育、体育、美育、劳育以课程的形式融入学生学习活动中，为学生的终身发展奠基。为深入推进劳动实践教育，学校打造了占地约15亩的劳动实践基地。在劳动实践课上，学生们在菜地里除草、施肥、浇水、择菜，亲近自然、体验劳动，劳动成果在学生食堂和教师食堂由师生共享。

（三）学校的成长

学校不断探索和完善了"成长教育"的物质文化建设和制度文化建设。人的成长需要文化滋养，我们将学校楼宇命名为"嘉澍楼""崇实楼""励学楼""敬惜楼"等，将学校道路命名为"行知大道""桃李大道"……将教材中收录的古诗词题写出来，装点在每一个楼道里；每个班教室外墙都有文化墙，让师生接受文化的浸润和熏陶。

基于"成长教育"理念的成功践行。学校初中规模由4个教学班发展到一校两区32个教学班。学校教育教学质量年年攀升，连续8年蝉联泸州市初中教育教学质量一等奖，获得了泸州人民甚至周边地市州人民的赞誉。今年，为进一步发挥学校优质教育资源的辐射作用，满足人民群众日益增长的对优质教育的需要，学校与江阳区教育和体育局开展合作，联手泸州市长江中学和泸州市梓橦路小学渔子溪学校组建了泸州老窖天府中学教育集团。揭牌以来，学校已向附属长江学校、附属小学派出优秀管理团队，参与附属学校管理。自本期开始，学校本部和附属长江学校开始教师互派，各学科已全面开展联合教研，实现教育资源的互通互联，共建共享。未来学校将发展为教育集团，推动学校向高品质转型升级，进一步提升"成长教育"理念的价值。

　　"成长教育"将给教育带来新的生命意义；同时，也给教育提出新的价值追求，构建适合师生生命成长的文化，促进每个参与者以自己的方式成长。学校在"成长教育"办学思想的指导下，学校教育的厚度与宽度正在拓展，一条"成长教育"的特色发展之路正在延伸。

"温润·萌动"办学思想解读

乐山市第七中学　虞开宏

人类进入21世纪，机遇与挑战并存，合作与竞争交织，信息化、多元性、风云态、国际流深刻影响着我们每一个人。全球已深度进入一个互相依存、意识碰撞、发展融合的共荣共享时代。人与人之间的文化教育意识与文化交融意识日益增强，优质均衡、兼顾包容、协同发展、生态共享已成为新时代教育的主旋律。新时代教育和新时代学校怎样才能保持领先优势？怎样才能保持发展活力？正确的理论思维及科学的思想指导不可或缺。

一、追根溯源，"温润教育"的思想内涵

（一）"温"之于教育，博大精深

温，形声，从水，显声。常见有词语：温暖、温煦、温和、温厚等。《礼记·中庸》曰"温故而知新"，即温习学过的知识，进而从中获得新的理解与体会。《论语·学而》："夫子温、良、恭、俭、让以得之。"具备温和、善良、恭敬、节俭、忍让五德的人才可以获得别人的认同。"温"，如用文火煲的汤，不温不火恰到好处。

"温"，从字形上看，一盆（皿）水，放在日下晒，温度慢慢升高，

不冷不热谓之温。阳春布德泽，万物生光辉。阳光使万物生机盎然、欣欣向荣。每一个教师都要以自己的智慧和爱心照耀学生的心灵，让他们沐浴在"阳光"下快乐健康地成长。有朝气、有阳光般心态的教师，才会带给学生阳光般的温暖。

"温"字还体现了儒家提倡的中庸之道，儒家认为"能致中和，则天地万物均能各得其所，达于和谐境界"。《礼记·中庸》中说"喜怒哀乐未发谓之中，发而皆中节谓之和"。中和，就是中正平和，如果人失去中正平和，一定是喜怒哀乐太过，因此对待事物要保持敬重和中和的态度。

做一个如阳光般能带给孩子们温暖、能保持中正平和心态的教育者，是时代赋予我们每一个教育工作者的新要求。教育是慢的艺术，教育是一种温暖的等待，是一种坦然平和的心态。教育就是等待生命的成长，等待智慧的萌发，等待心灵的转向。

（二）"润"之于教育，源远流长

润，形声，从水，闰声。本义是雨水下流，滋润万物。《说文》解释："润，水曰润下。"润，即有水，有孕育，有生命。因水润万物而有生命，水润之德，泽被天下。润的精神理念，就是水之温润滋养的精神理念。一直以来，古人对水的美德推崇备至，对水的境界心驰神往。

老子赞道："水善利万物而不争。"水能够居下位而滋养万物，又因不争上方而能"为百谷王"。《道德经》："上善若水，水善利万物而不争，居众人之所恶，故几于道。"意即最高境界的善行就像水的品性一样，滋润万物却不争名利，虽功劳昭彰却甘于居下。杜甫在《春夜喜雨》中写道："好雨知时节，当春乃发生。随风潜入夜，润物细无声。""润"体现的是雨的品质，水的情怀，也是一种利万物而不争的境界，一种无私奉献的情怀，一种细致入微、因势利导、潜移默化的行动。

以"润"为核心的教育思想，与教育淡泊致远、大爱化人的精神相契合。水往往与教育联系在一起，如"春风化雨"这样的形容词，还会引用朱熹的诗："问渠那得清如许，为有源头活水来。"引申到教育的功效，会说："其始也细，其至也巨。"教育之可贵，在其如滴滴细雨，润物无声，终成大化。教育之美在于感受文化、知识之"水"无声润泽的过程，而非水滴石穿的目的。元稹《骠国乐》诗："教化从来有原委，必将泳海先泳河。"因此，"润教育"思想体现了水润物无声的精神，而水的精神又反映了教育的本质。

（三）"温润"之于教育，科学的思维，正确的思想

温润即温暖身心、润泽生命。温润教育是一种意识，一种态度，也是一种文化。它体现了教育的精神温度，教育工作者的无私奉献，全体师生的滋润和成长。

温润教育的实质是：让生命在温润的土壤里成长。即为学生提供适宜的环境以及适当的刺激，给予温暖和滋润，为孩子们健康快乐成长，提供适宜的条件，使孩子在爱与安全的环境中不断发展适应社会的各种能力。尊重学生天性，教之以道，润之以德，涵养学生性情。

温润教育的理念取法于儒家与道家思想，是两种思想的有机结合。

首先，可以说"温润教育"本质上是一种"仁爱"教育。先秦时期儒家的道德观念得到了当时社会的认同，其大智慧一直延续到今天。儒家思想的伟大之处就在于以"仁"为中心，从孔子的"德治"到孟子的"仁政"，都反映了道德修养对于治理国家的重要性。而"仁"的普及要通过教化来实现，因此孔子提出了若干教育思想，如"有教无类""因材施教""三人行，必有我师"等。修身固然重要，而在教育的过程中，将修身之思想传递延续，才能完成内修，然后外治。

"温润教育"中尊重天性、师法自然的主张则是道家人本自然思想

的体现，是自然生态系统的衍化与人的发展规律有机结合。在道家看来，"人法地，地法天，天法道，道法自然"，归根结底，人法自然才是德。老子推崇"不言之教"，他说："圣人处无为之事，行不言之教。"这是说要尊重教育对象，顺其本性，让教育对象处于自然状态，才能取得教育的最佳效果。这种自然而有温度的教育体现在日常细节中，体现在言传身教里。用春风化雨的熏陶式校园育人氛围，润泽出学生的独特气质与修养。

教育是温暖人心的事业，不能缺少人性温度，不能缺少让孩子心灵富足的精神温度。教育是一门温暖的功课，温暖自己，温暖学生，温暖同伴。就像小火煨汤，精心熬制，慢慢炖煮。

教育就是用温情去感应孩子的存在，用饱满的情感和积极的态度去感染孩子的心灵，让孩子内心充满阳光。温润教育如水一般，以和缓、坚定、不知不觉的方式滋润万物。因为温润，教育是真诚、友爱、智慧、幸福的。温润教育的本质需求是回归生命的自然成长，是灵动的。温润教育的基本条件是对所有孩子身心的全方位温和润泽，是博爱的。

二、深耕育人土壤，破困萌生变革

"凌云西岸古嘉州，江水潺潺绕郭流。"乐山市第七中学（简称乐山七中）创建于1975年，是乐山市一所办学历史悠久的初中教育教学管理质量示范校。学校建有标准化的教学楼、功能室，有标准的塑胶运动场和齐全的体育设施。学校以严谨的教风、浓厚的学风、优良的校风享誉嘉州。学校长期秉承"高山景行，化育无痕"的办学理念，以"春风化雨、润物无声"的教育方式，将引领示范、熏染浸润、探索体验作为育人导向，始终坚持以人为本。在不断提升教育教学质量的同时，顺应时代需求，把关注学生身心健康发展作为教育准则，坚持走科研兴校、质量强校之路。近年来，在上级主管部门的坚强领导下，七中师生团队锐意进取、砥砺前行，分别荣获"乐山市校风示范学校""乐山市德育先进集体""乐山市文明单位""乐山市心理健康教育特色学校""四川省中小学艺术节先进集体""乐山市窗口示范学校""市中区思想政治工作先进集体",并连续六年获"乐山市初中学校教学质量综合评估一等奖""乐山市初中教学质量特别贡献奖"。2021年荣获"四川省对口帮扶藏区彝区先进集体""乐山市初中教学管理质量示范学校"等多项殊荣。学校先后主持参与国家级、省市区各级科研课题达20余项。

学校倡导"崇文风尚","文"指文化气息、文雅气质、文明风貌。坚守并传承的行为礼仪准则为:小声说话,行走靠右,先出后进,孝敬长辈,尊重女性,求索维真,修德树人,果敢专注,自信自省。

为深化基础教育人才培养模式改革,提高学生核心素养,自2017年起,乐山七中先后选派37名中青年骨干教师,多批次赴清华大学、浙江大学、北京师范大学、四川师范大学、成都师范学院、成都七中、成都树德中学、成都市泡桐树中学参加"智慧课堂"教学培训。学校教师通过三年的观摩学习及培训研讨,树立了"课堂革命"意识,明晰了云课堂教学模式:操信息技术之桨,驾智慧课堂之舟,游核心素养之洋!

在政府的科学指导和鼎力支持下,学校率先尝试引入数字化课堂教学模式。在智慧课堂教学中,教师们使用现代化信息资源平台与学生进行全方位、立体化交流互动学习。完全、完整地实现名师、名校与校本优质资源同步推送,为师生提供丰富、优质的学习资源和便捷的学习渠道,不让师生再受时空限制,自然地让课堂学习成长联动与评价由校内到校外、由学期到假期成为可能。师生课内外多渠道的互动与交流,实现动态数据的评价与实时反馈,有针对性地进行个性化教学指导,从而大幅提高学习效率,显著提升学习成绩,锤炼并生成学生核心素养,得到家长和社会的肯定和赞誉。

乐山七中语文骨干教师、国家二级心理咨询师李海燕主持的"一海心育"名师工作室，由乐山市市中区教育局批准成立并授牌。工作室以专业心理老师为主导，整合政教、团委、班主任、道德与法治老师等教育资源，形成学校全员心育机制。工作室组织编印了心育特色刊物《阳光少年》，覆盖了全区 45 所中小学 713 个教学班。刊物报道区域内各中小学的心理健康教育新闻；展现各校的主题心育活动；传播心理健康知识；解答学生在心理信箱中提出的问题。乐山七中及区域各校教师广泛参与心育工作，形式丰富，成果显著。

以李海燕老师为核心的乐山七中心理咨询室工作团队，在区委宣传部文明办的科学引领下，面向全校，辐射全区，针对学生开展一对一的心理咨询，针对学生普遍存在问题进行同质团体心理辅导，增强学生自我调节的能力。学校针对目前青少年心理困扰多发的问题，积极开展心理健康教育进课堂活动，专题辅导学习动机、学习意志品质、同理心等。各学科教师将教育心理学的方法与规律融合并渗透教育教学中，实现了润物无声、化育无痕。

学校美术教师方玉香创立的"嘉州石画工作坊"在全区中小学已有较高的知名度。石头画以天然石头为创作原材料，色彩斑斓，形神兼备，精美灵动的画面跃然石上。在方老师的指导下，学校师生进行了大量的创作，每一块作品都独一无二，浑然天成。学校将这些石头画创作进行精心设计，印制成书签、卡片、画册分送师生们。在这自然、艺术之韵中，师生们展示才艺，和悦成长。

学校舞蹈队、合唱团、成绩喜人，多次在省、市、区级中学生艺术节荣获一等奖。乐山七中坚守身心双健育人理念，体育组创设的特色"阳光体育韵律操"深受师生欢迎。每周坚持开展的趣味体育活动不仅保证了学生的运动量，学生体育成绩也得到了快速提升。乐山七中首批创建成为市级"阳光体育"示范学校，近年来，在省、市、区各级各类运动会上，乐山七中荣获多项团体与个人佳绩。

如今，"严格的管理，优良的校风，双健的身心，一流的质量"已成为学校的办学优势和特色。是什么成就了乐山七中骄人的业绩？答案是乐山七中人不服输、不认命的刚毅骨气！

乐山七中教师团队以提升教学质量为主线，将个人价值的体现融入集体荣誉的铸就之中，科学创新育人方略，高效释放师生破难攻关、逆势作为的无限能量。"争一流、创特色、塑名校"是乐山七中师生团队永恒的目标和追求。

放眼全局，审视现状，地处乐山市市中区的乐山七中直面诸多压力与挑战：一是因现代交通信息技术的高速发展，成绵教育高地对优质教育资源的"虹吸"效应对区县教育的影响；二是区域优质品牌学校"光影覆盖效应"对优质生源的囊括；三是市域多所私立学校相继开办和强势崛起对有限教育资源的进一步"筛选掠夺"。我们始终在激烈地为教育荣耀的征战中负重前行。

乐山七中教育团队从未放弃，在艰难的求索路上，不断探寻并大胆尝试。通过三年追寻、思考、探索与践行，最终形成以"唤醒·陪伴·激励"三部曲建构出"温润·萌动"办学思想。

三、"温润·萌动"办学思想结构支撑与逻辑关联

为切实践行"以人民为中心"办学宗旨，始终坚持以强学生心智为本职，以扬学生个性、暖学生心灵为抓手，新时代教育管理者唯顺势而为，开拓担当，方大有可为。乐山七中通过全面深入实践凝练的"温润·萌动"办学思想，就是要让教育管理由被动向主动，素养提升由有形到无形，育人育心由有声到无声。

（一）"温润·萌动"办学理念的价值呈现

办学理念是一所学校的灵魂，决定了学校发展的纲领和生命力。正确

而先进的办学理念可以给学校全体人员指明前进的方向；可以凝聚人心，振奋精神，是办学的内在动力。乐山七中把"温润·萌动"作为办学理念，就是要让教育管理由被动向主动，素养提升由有形到无形，育人育心由有声到无声。

办学理念，贵在贯彻和落实。不落实，就只是一个口号，落实需要全校师生员工的共同努力，需要办学理念在学校方方面面的工作中得到渗透、体现，最终用办学理念规范办学行为，指导学校工作。

（二）"温润·萌动"办学理念的实施途径

办学理念需要不断丰富、拓展、深化和创新，才能使办学理念更具有先进性、指导性和实效性。苏霍姆林斯基说："校长对学校的领导，首先是教育思想的领导，其次才是行政的领导。"因此，校长必须善于用先进的办学理念引领学校，带头践行和落实办学理念。

（三）"温润·萌动"办学思想的具体阐述

1. "温润·萌动"办学思想的动因：让教育融入生命，让生命呼唤教育。

2. "温润·萌动"办学思想的要义：唤醒—陪伴—激励。

3. "温润·萌动"办学思想的实施路径：因唤醒而发生，因陪伴而温润，因激励而恒毅，因葱绿而永恒。

4. 成功践行"温润·萌动"办学思想的"六关键"原则：

（1）时机关键——适时；

（2）度量关键——适度；

（3）距离关键——适距；

（4）环境关键——适宜；

（5）心态关键——适机；

（6）信任关键——适怀。

（四）"温润·萌动"办学思想结构图解析

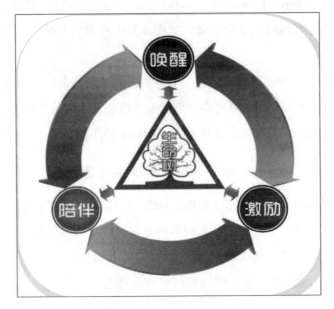

乐山七中"温润·萌动"办学思想建构图

1.教育有生命（须唤醒），生命融教育（应陪伴），如何持续教育生命（巧激励）。教育就是要让生命更自由地生长，更奋进地翱翔，更美好地实现。

2.外圆代表乾坤自然，内方代表规则法度，外部圆环和小圈文字构成教育良性生态的基本要素，内部绿色"树苗"代表渴盼成长的生命——阳光活力无限。"树苗"若需获取向上生长的空间与能量，必须有向下掘进的毅力和丰厚的学养支撑。

3.稳定的"三角"空间，寓意教育生态和教育发展需要法律和规则保障。教育只有顺应自然规律（良性生态路线），才会生生不息，教育只有符合自然法则（竞争与合作法则），才能优胜劣汰。

4.生长是动力源泉，绿色是生命底色，竞争与合作是生成途径，尊重敬畏是根本原则。"树苗"具有向光特质，哪里给它光亮和滋养，它就向哪里伸展；要顺应并尊重"树苗"的生长时节和周期往复（春华秋实、时不我待、欲速不达）。

（五）"温润·萌动"办学思想催生多元品质发展成果样态

1. 文化气息浓郁丰盈；

2. 文雅气质脱俗温雅；

3. 文明风范卓尔不群。

四、"温润·萌动"办学思想释放主体能动性实例

（一）只有走进学生心灵的教育才是生本教育

以"唤醒·陪伴·激励"育人方略凝练的办学思想就是以无声之爱点燃爱、传承爱和播撒爱的教育方略。教师对学生的关爱信任尤其重要。以真诚、平等、信任的态度对待他们，设身处地为学生着想，定能实现化育无痕。学生感知到了信任、尊重和包容，就会在轻松愉悦中健康成长，由此建构良性学习生态，就能有效促进班集体与个人和谐发展。

我校2021届毕业班有个学生，从小父母离异，并且都在外地工作。她一直都是跟随外婆生活，养成偏激、自我为中心，甚至悲观厌世的性格。这些性格缺陷使得她和班上的同学相处得很不和谐。该班同学之间难以和睦相处，班级凝聚力难以形成。为此，班主任首先是寻找各种可能的机会接近她，处处表现出对她的关心，寻找她所关注的话题跟她聊天，嘘寒问暖，有意识地让她体会到自己并没有想象中的不幸，并没有被爱抛弃。通过创设情景活动，让她去体会快乐着别人，就是快活着自己。各学科教师暗地里教育其他同学要理解她、包容她、接受她、善待她，并引导她和班上的同学一起玩耍，要她尝试与人交流。通过观察、参与、

体验和眼神交流，使她由开始时的不自在，慢慢地走出了性格缺陷的阴霾，自信开朗起来。在班级活动和管理中，我们慢慢见到她轻松舒展、阳光大气的倩影。用她毕业感言的话说："我能获得新生，感谢大家！其乐融融的感觉真好！"

和谐融洽的师生关系，和睦温润的班集体，必然促进每个学习主体健康成长并实现学业突破。

（二）唤醒孩子成长就是激活生命生长

校园里的每个学生都是一个个鲜活的生命，他们性格迥然不同，老师们要想让这些生命蓬勃向上，就意味着要有极大的耐心和韧性。

自进入初中以来，个别学生在课间甚至课堂上用手机玩游戏、聊天、听音乐、搜作业答案等，严重影响到班课堂秩序和学习风气。怎样消除这些孩子们的"挚爱"呢？如果简单粗暴地禁止，必引起部分学生的对抗和逆反，不如来一次"大禹治水"，改堵为疏。于是各班召开班委会，全面了解手机困局的来龙去脉；召开主题班会，让全体同学都参与到手机利弊问题的讨论中。畅所欲言的交流让利弊得以分晓，班主任趁热打铁、因势利导、约法三章，与学生形成共识：聪明的人把手机当工具，利用手机为自己服务；愚蠢的人把手机当玩具，沉迷其中，玩物丧志，荒废一生。自此以后，哪怕是问题学生也不带手机到校了，即便带来，也是主动交由班主任代管。班里手机的困扰就这样轻松得以解决。

（三）有效唤醒是教育教学成败的关键

常言道，态度决定一切，方法决定成败。如何让毕业班学生在中考冲刺阶段持续保有果敢专注、自信自省的理想状态？毕业班管理团队始终坚持年级备考期间学悟理念载体化、认知策略情景化、功能效用系统化。在师生、家校教学、交流和研讨中全面启用系列"崇文学堂能量分享卡"。

2020年10月，广东中山市领导专家团队给予我校充分肯定："小卡片、大智慧"。

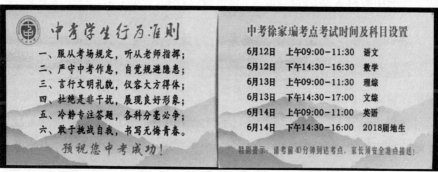

图文与色彩的有机结合是一种灵动的"教学语言"

俄罗斯教育之父乌申斯基有言：把图像带入课堂，即使是哑巴也会说话了。七中教育人坚信爱心助人前行，智慧给人光明！

（四）陪伴激励、多措并举，高效释放师生强大奋进动力

1.强化目标意识，实施"以入口定出口""从起点看变化"的发展性增量评价办法。我校广泛征求教职工意见后，制定了科学、人文的班级和学科教学质量量化考评细则。以七年级入学分班测试的数据为基准，按照省级示范高中、市级重点高中和一般高中三类目标学校，划分各班毕业出口指标，实现有的放矢。

2.采取"行政包班、包学科"的毕业班管理工作制度。毕业班行政均在教学第一线，要求在班级管理和学科教学方面率先垂范，充分发挥引领作用，服务一个班级，引领一门学科，切实当好所包班级和学科教学的助手和参谋。协助班主任强化班级管理，净化班风，纯正学风，处理疑难问题；督促备课组长组织好学科组教师的备、教、听、评课等常规活动的开展与落实，引导学科组教师做好教情、学情、考情的分析等。

3.坚持每月一次"师生身心双健趣味运动"。乐山七中坚持每学月调研测试后，利用半天时间开展师生共同参与的形式多样的趣味体育游戏活动，以释放师生紧张的工作学习压力，做到张弛有度，劳逸结合。给学生

的学习生活增添情趣，留下珍贵回忆。

4. 融合"两个团队"，树立团队意识，打好整体战。一是以班主任为核心的班级团队。班主任是班级管理的灵魂。一个优秀的班级背后必定有一个协同互助的教师群体，"一枝独秀不是春，百花齐放春满园"。学科教师齐上阵，团结协作，心往一处想，劲往一处使，汗往一处流，使毕业班教管效能事半功倍。二是打造高效的备课组团队。在备课组长的引领下，加强教学研究和备考研究，共同探讨，不断修正后期复习应考方略，形成信息畅通、资源共享、优势互补、质量共谋、目标共承的可喜局面。

5. 有的放矢，精准对接，科学人文配置学、练、悟师资与时空资源。毕业班备考期间，年级组切实落实"三因"策略，让"因地制宜、因势利导、因材施教"在师生学育劳作中发挥最大效应。

6. 充分给予毕业班学生奖励评价。每次学月考试后对取得优秀成绩的学生和进步显著的学生给予物质和精神奖励，发放"崇文奖学金"证书和奖金，及时鼓励，让学生时刻在状态，不断奋进。

7. 邀请心理和家庭教育专家进校园，分批为各年级学生及家长进行"梦想放飞希望·挑战成就自我"的考前冲刺心理辅导，激活学生梦想，激活学生心灵，激发学生斗志。

8. 编印《阳光少年》校园心育专刊，撰写个人"梦想职业·生涯规划"心愿卡，助力学生锁定奋进方向和路径。

9. 创设团体减压活动，以灵动的科学游戏愉悦身心，强力促进形成中考冲刺可持续的战斗力。

10. 针对特殊家庭和特质学生开展"一对一"心理咨询与辅导，对不太善于自我调整、情绪与学业波动较大的学生进行心理咨询。（有个学生三天两头不愿到校，连与他非亲非故的学校门卫阿姨都在替他担心。李海燕主任与班主任放学后一道冒着雷雨交加的恶劣天气，驱车到九峰乡上门给他做心理干预。通过多方努力，该生顺利考入理想的高中。）

11. 全员心育机制：班主任、科任教师在学生管理和学科教育教学中渗透心育。如不定期向师生推送《班主任应重视教育中的点滴积累》《把握学生认知心理障碍，有效开展班主任工作》《团队活动中的心育建设》《"登门槛效应"在教育中的应用及原则》《巧用同理心，帮助你我他》《物理教学中培养学生的积极心理》《艾宾浩斯遗忘曲线对英语教学的启示》《心育之花在语文教学中绽放》等科研成果，科学引领乐山七中师生乘风破浪、直挂云帆。

五、"温润·萌动"办学思想的创新与拓展

教育作为最大的社会民生，让百姓满意就是办好教育的根本。学校凝练创新的办学思想就是要让七中教育团队用心吸取经验，多做探索，不断提高办学育人水平，保障社会主义事业接班人健康阳光、成长成才。

（一）"三位一体，交融陪伴"就是保障和提升质量的基石

乐山七中确定以名师塑造和核心团队引领为支撑，在"四支队伍"建设中重质量讲实效，重协作讲共享，重"三观"讲奉献。不断夯实师生、家校"名师上名课、名课育名生、名生塑名校、名校创名人"之四维互补共享生态发展策略。

催生质量的核心关联图

（二）经验锻造理念、量变促成质变，水到自然渠成

教书育人是讲协作、讲策略、讲实效的，更是讲勤勉、讲奉献、讲恒毅的。师生、家校协同，要以正能量占领主阵地，要以新思想催生新能量，要以新成果开启新征程。教育人只有先以善言温

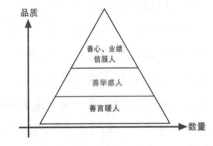

"良性管理源自量变到质变"示意图

暖人，再以开怀包容的行动感染人，持之以恒才能真正垂范于人、引领于人、信服于人。

（三）举办"学生节"，"锻塑"学生自信心

每年5月举办"学生节"，旨在为学生提供展示书法绘画、歌唱舞蹈才艺、运动特长、手工劳动的平台，致力于挖掘学生们的闪光点，唤醒学生的自信心。期望以"闪光点"带动"线"，"线"带动"面"，实现五育并举、全面发展的育人方略。

用丰富多彩的活动助力孩子们阳光成长

（四）创办"家长节"，释放"家庭持续涵养"能动性

尊师敬长是青少年成长的必修课

家庭教育不仅仅是保障孩子基本的物质需求，还需要深层次的精神上的陪伴和科学的家庭教育方式。每年10月，我校精心策划"家长节"活动，一是邀请全校家长到校感受孩子们五育并举、感恩教育的收获；二是通过专家讲座、功勋家长交流经验、家长才艺秀等形式，充分调动家长的参与度、配合度，唤醒家长"家庭教育"的意识，引导驱动家长"有为才有位"，成为优秀的家长；三是成立嘉州"春晖"慈亲学校，体系化、常规化、全方位为家长、社会推送科学温润的家庭教育方法和策略。

（五）领办"美食节"，唤醒家长"家校共育"协作意识

每年元旦节前夕，乐山七中"馨香美食节"盛大开幕，特邀各班家长代表到学校，指导同学们参与到包饺子、包汤圆、包抄手、做川菜明点等劳动实践活动中。同学们感知劳有所获的欣喜，并将亲手创造的劳动成果带回家去，与家人一同品尝。这"一来一去"将唤醒家长"家校共育"的意识，深刻认识到家、校、生三大责任主体协同配合、互助共享、责任担当、情景交融，其乐无穷。

践行"生活即教育"，领悟"饮水应思源"

（六）传统文化渗透并折射出"唤醒·陪伴·激励"实质与内涵

中华民族的文化自信不只是基于黑头发、黄皮肤的基因延续，而是根植于中华民族的文脉传承。

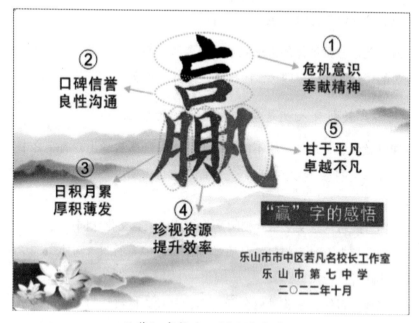

② 口碑信誉 良性沟通

① 危机意识 奉献精神

⑤ 甘于平凡 卓越不凡

③ 日积月累 厚积薄发

④ 珍视资源 提升效率

"赢"字的感悟

乐山市市中区若凡名校长工作室
乐 山 市 第 七 中 学
二〇二二年十月

品鉴汉字魅力，树立文化自信

六、"温润·萌动"办学思想能让我们知己知彼，强基固本

（一）力解百姓民生之忧

要深刻认识百姓需要什么样的教育，我们怎样为百姓提供教育帮助与成长支持。

（二）破解学生成长之惑

要清醒当下的学生喜欢并敬仰怎样的老师，渴望怎样的课堂，怎样才能实施兼具深广度且务实高效的教育教学为孩子们夯实成长路，搭建跨越桥。我们为师者要让每一堂课都能像花一样绽放，更应让孩子真切体验一次成长成功的甜美品尝。教育要让少年的希望之苗向阳生长，要让青春之花开得别样精彩，成人成才同样重要！

（三）缓解教师发展之困

既要关注教师群体的诉求愿景，也要激励教师率先发展，恪守"生本兴校"的"师本强校"理念，让教育"甘泉"持续喷涌。

（四）教书育人就是爱与责任呵护的事业

课堂教学、管理评价绝不能"打卡"。教师既教学生"有字之书"，更要引导学生明悉"无字之理"。教育一定是需要用心、用情、用爱浇灌的事业。

1. 提炼践行"崇文学堂"校园文化，达成家园文化认同；

2. 把办好老百姓家门口的品质学校作为七中人的职责与使命，学校美誉度迅速跃升；

3. 职评、晋级、采购维修公开公正，食堂原材料采购与定价，家长、教师代表集体参与公平透明，管理干部主动规避名利圈受到信任尊重；

4. 学校教学管理与食堂服务对家长全程全面开放，赢得口碑，收获自信。

（五）遵循育人规律，创新育人方略，分享育人智慧

唯创造质量成果方收获分量口碑。我们应努力唤醒、陪伴、激励孩子们去尽力触发自己的奋进潜能，对接丰富多元的成长通道，建构适合于本校校情的良性育人生态，为孩子们高质量成长发展奠基。要心怀"吸纳、思省、共享、感恩"去践行"雁过留声，学育留痕"的教育方略。

1. "春晖"家长学校示范引领；

2. "一海"心育中心倾情化育；

3. "崇文"奖学金唤醒激励；

4. 创新引入智慧课堂辅助教学与家庭"五育"跟进有机联动结硕果。

（六）人文关怀，久久为功，必有穿力

学校助力教师组织的文艺活动、石画社团、篮球队、羽毛球队；完善职评考核方案，科学量化、奖惩分明；切实关心名优、病困教师，做到前勤后勤一视同仁；创新行政包班、师生结队、家校共育协同育人方略；组织专班在学校公众号定期推送"空中课堂"学习交流项目，共享教育新理念、新路径、新成果。

新时代学校要在激烈的竞争博弈中取胜受益，就必须牢树危机意识，珍视质量口碑，学会日积月累，善于整合资源，领悟甘于平凡、追求卓越的真谛，才能稳中求进，出奇制胜。正是这种巍巍中华所独有的温润的文脉，感召激励着我们永葆感恩心，常备奋发志，珍视育教缘。不管我们遵循何种新颖的教育思想与理念，新时代教育人要深刻领会"天道酬勤"的丰富内涵与现实意义，更应追求笃学善思、自信自省的境界，在平凡的教育教学工作岗位上，做出不平凡的事业。

持续唤醒、陪伴、激励自己的孩子是本能真爱，用心唤醒、陪伴、激励别人的孩子才是至臻大爱！新时代教育赋予所有孩子们的育教之爱就是这样一种无声的伟大，一种毅力的坚守，一种超越本能的智慧，更是生命光辉永恒的礼赞！

"融合教育"办学思想实践与思考

隆昌市第一初级中学　王录堂

办学思想是在长期的办学实践和对实践的研究中形成的，能体现时代精神，具有本校特征，对教育规律的科学把握，能有效地指导学校发展。在2017年以来的学校管理中，笔者提出了"艺体助力，融合发展"办学理念，并结合学校实际进行探索实践，下面谈一谈对"融合教育"实践与思考。

一、为什么提出"融合教育"

"融合教育"思想的提出，主要基于以下几个方面。

（一）新时代教育发展的大背景

进入新时代，党中央在各个领域、各个方面、各个层次制定的战略、策略、方针、政策，无不贯穿着"融合发展"的重要思想并基本形成了完整的体系。教育的融合发展也是教育融入新时代发展、适应新时代基本要求之必然。

党的十八大是新时代的开端，以习近平同志为核心的党中央把融合发展思想提到了新高度，并据此做出了一系列重大决策。"四个全面"战略布局是融合发展的纲领，"五位一体"总体布局是融合发展的任务，新型城镇化是实现城乡融合发展的战略，建立京津冀城市群、建设雄安新区、抓好长江经济带，建设粤港澳大湾区，是实现城市和区域融合发展的创举，"大众创业、万众创新"、提倡"互联网+"是促进融合发展的具体举措，"一带一路"倡议是促成相关各国融合发展的"中国方案"，"人类命运共同体"远大目标，是以融合发展构建世界新秩序的"中国智慧"。

2019年，中共中央、国务院印发了《中国教育现代化2035》，其中把"更加注重融合发展"列为"八大理念"之一。在此大背景下，作为民族振兴、社会进步的基石的教育，必须主动融入，以适应新时代发展的新要求，也必将受到"融合发展"理念的影响。新时代需要教育的"融合"和"融合"的教育，才能担负起为现代化建设和实现中华民族伟大复兴提供人才支撑的重任，这进一步引发了我们对"融合教育"的思考。

（二）实现教育改革创新高质量发展的客观要求

教育为党之大计，国之大计，为现代化建设和实现中华民族伟大复兴提供人才支撑。党中央、国务院对教育提出了新要求：一是推进教育强国建设，办好人民满意的教育，落实立德树人根本任务，发展素质教育，促进教育公平，提高教育质量，推进教育现代化，培养德智体美劳全面发展的社会主义建设者和接班人。二是要在坚定理想信念、厚植爱国主义情怀、加强品德修养、增长知识见识、培养奋斗精神、增强综合素质上下功夫。三是要努力构建德智体美劳全面培养的教育体系，形成更高水平的人才培养体系。在"育什么人"和"为谁育人"等已然明晰的情况下，"怎样育人"以及"如何提升育人质量"成为未来中国教育改革必须回答的重大问题。通往育人质量提升的路径多种多样，其中"五育融合"是当前及未来基础教育改革最重要的发展方向和路径之一。

2019年《中共中央国务院关于深化教育教学改革全面提高义务教育质量的意见》提出："更加注重全面发展，大力发展素质教育，促进德育、智育、体育、美育和劳动教育的有机融合。""五育"本应该是"融合"的，但现实中"五育分离"或"五育割裂"的"现实问题"，表现为"疏德""偏智""弱体""抑美""缺劳"，导致"片面发展""片面育人"，远离了"全面发展""全面育人"这一教育宗旨。近年来，党中央、国务院出台了一系列政策文件，落实"五育融合"。《关于深化教育教学改革全面提高义务教育质量的意见》中提出"坚持五育并举"，强调"突出德育实效""提升智育水平""强化体育锻炼""增强美育熏陶""加强劳动教育"，"全面发展素质教育"。由此可见：要育好人，出理想的人才，一定要通过"五育融合方式"。实现高质量发展有很多的路径，但是"五育融合"是不容忽视的，是撬动教育高质量发展的一大路径。

（三）破解"双减"、新一轮课程改革等一系列问题的迫切要求

"双减"背景下，学校如何重新审视发展方向和目标？如何重新构建学校课程体系，为学生全面发展提供更加丰厚的滋养，确保"减负"不"减质"？如何重新打造高效课堂，守住学生学习知识的主阵地？如何构建新型家校合作育人方式，避免校内"减负"而校外"增负"等，都需要我们去探索解决。学生过重课业负担和过重的校外培训负担，不仅是"应试"教育思想的影响，也跟教育治理的思维方式有关。传统的教育管理存在不融合的顽疾，其根源在于思维方式的点状、割裂、二元对立等，从而导致各种教育之力相互抵消、相互排斥，无法形成合力。叶澜教授在"社会教育力"研究中，针对当下中国教育改革与发展中存在的一个根本性问题——各种教育力量相互割裂，无法形成系统合力，提出了"系统教育力"的观点。就教育系统内部而言，尽管一系列改革重点和举措不断出台，尤其是围绕着打破"应试导向"的控制和垄断，根治基于"应试思维"的"痼疾"，真正从"教"走向"育"。从课程改革、招生考试、德育和其他思想教育、

拓展学校各类活动形态，到推动学校整体改革，直至学校教育制度整体结构性改革，实现教育均衡政策等，需要一种"系统教育力"的建设和提升。就学校而言，迫切需要打破传统思维方式，让"融合教育"体系思维成为破解"双减"和新一轮课程改革中的难题的思想引领和实践策略。

（四）促进学校转型内涵特色发展的现实需要

我校于1993年建立，经历了艰难的起步与快速的发展，到2014年成为具有30个教学班规模的市级示范性初中，获得了全国先进集体的殊荣。随着城镇化的加速推进，2017年起学校每年以4个班的规模递增，到2020年学校已达到45个班。教师老龄化、结构性缺编、场地设备不足等短板凸显。加之招生政策的变化、生源变化，通过教师的"汗水精神"和学生"刻苦努力"持续提高升学率的路子已走不通。家长、社会对我校的认可就是升学质量，并且期望越来越高。学校进入一个发展"瓶颈期"。学校向什么方向发展？办家长、社会满意的学校就必须转型，要求我们必须转变教育质量观，由"升学质量型"向"全面质量型"转变。必须转变学生观，这种转型要求教与学的方式的改变，突出学生的主体地位，注重核心素养培养，促进全面发展。必须转变教师发展观，从"踏实苦干"向"能干巧干"转变，实现专业发展。转型发展倒逼学校管理必须改革创新，必须融合学校、家庭、社会各种资源，办好老百姓家门口的学校，才能更好地满足家长、学生对高品质教育的需求。

二、如何理解"融合教育"

（一）"融合教育"溯源

"融合教育"是继"回归主流"教育理念后的全新特殊教育理论。它提出的教育方式是以经过特别设计的环境和教学方法来适应不同特质小孩的学习。所以我们可以看见融合班的教室和普通教室的摆设不一样，不是排排坐对着黑板、看着老师，而是分小组上课，很少写黑板却有许多辅助教具，针对孩子不同的特质设定每个孩子不同的学习目标，通过合作学习、合作小组及同辈间的学习、合作，达到完全包含的策略和目的。目的是将特殊孩子包含在教育、物理环境及社会生活的主流内。所以不论普通孩子还是特殊小孩，都因其不同特质有不同的学习目标，分数不是唯一的指标，而是适才适能的快乐学习。

"融合教育"中，"融合"定义为：是一种让大多数残障儿童进入普通班，并增进在普通班学习的一种方式。通过合并普通及特教系统，将不同种类班级的学生融合在一起。"教育"的范畴定为"特殊教育"，主体要素指：特殊学生和普通学生共同融入教育、物理环境及社会生活的主流内，完成相应的教学目标，实现学生适才适能的快乐学习，共同发展。

在"融合教育"理念指导下，对教育主体（普通学生和特殊学生）、教学环境、社会生活等进行系统管理，特殊教育得到提质增效：特殊学生教育成本降低，特殊学生能接受高质量的普通教育，形成共同主动关心特殊学生社会氛围等。这对于普通教育高质量发展具有重要的借鉴价值。

（二）普通教育中"融合教育"思想的界定

"融合教育"指以"系统"思维，以协调、统筹为基本方法，采取整合、联合、渗透、"一体化"等方式，使教育活动中的相关要素融为一体、合而为一，实现相应目标达成，促进学生的全面发展，促进学校高质量发展。

如何理解上述"融合教育"呢？

1.范畴是普通教育，就目前的研究范围内，特指向初中教育阶段县域范围学校环境。初中指九年义务教育阶段向高中过渡的一个阶段。

2.学校教育活动中的相关要素有：学校、家庭、社会、政府部门等。其中教育主管部门、学校是主体要素，领导、教师、学生在不同层面中他们都是十分重要的主体因素。

3."融合教育"就是要把这些要素建成一个"工作系统"，学校在此系统中起着主导作用。在实际的操作中，要解决"谁与谁融合""谁来融合""谁与谁如何来融合"问题。这些"谁"与"谁"之间是相互关联和相互作用的，这当中，三类主体因素的作用至关重要。首先，以"教育局长"为代表的"教育行政部门领导"，是否具备基于"融合发展"的大格局、大思路，是否善于围绕"融合发展"进行区域教育改革的顶层设计？这是学校实施"融合教育"的重要外部支持。其次，对于"校长"而言，则是能否建立适应"融合教育"要求的学校治理体系，形成体现和渗透"融合教育"的学校管理新体制和新机制。包括重组学校内部的组织体制架构，重建学校课程机制、教研机制、家校合作机制等；创造生成能够实现并满足"融合教育"目标、要求与需要的新的学校学科体系、教学体系、教材体系、管理体系。教师也是关键因素。一旦"融合"成为学校课程与教学的新常态，作为"融合教育"具体实施者，教师自身有没有融合意识、融合能力和融合习惯，能否适应具有"融合教育"的教学功力，决定了"融合教育"落地及效果。最后是学生，其实他们是最重要、最需要激活的主体因素，也是以上各主体因素指向的中心，学生的全面发展是"融合教育"出发点和归宿点。

（三）"融合教育"为的什么

"融合教育"的核心目标指向学生的全面发展和学校的内涵特色发展，形成学校更加科学系统的管理体系和提高管理能力，以适应教育现代化的要求，这与新时代教育高质量发展目标要求完全契合。我们可以把"融合教育"的目标分为三个层次：微观指向学生发展；中观指向学校发展；宏观指向教育高质量发展。

"融合教育"的目标如何制定？如何体现"融合"？

1. 国家层面宏观目标引领

2019年，中共中央、国务院印发了《中国教育现代化2035》，把"更加注重融合发展"列入"八大理念"中，聚焦教育发展的突出问题和薄弱环节，立足当前，着眼长远，重点部署了面向教育现代化的十大战略任务，充分体现新时代教育的时代特征。这是学校制定发展目标的方向引领，对标、对表，主动融入，目标将更具前瞻性，规划的时间表、行进的路线图更加明晰，避免"埋头拉车"偏离方向，甚至南辕北辙的问题。

2. 教育主管部门的规划指导

教育主管部门将依据区域学校的布局情况、发展状况，对本区域进行中长期规划。学校要根据整体规划、在区域内的发展定位进行规划。如本校作为辖区内最大的单设初中，要求办成市域质量优秀学校、省级阳光体育示范学校、全国青少年足球特色学校。学校要在上级部门的指导下，在国家要求、区域定位和学校特质之间找到契合点，主动协调得到更多的办学支持。

3. 学校层面的校本设计

学校要把时代要求与本校特征结合进行校本化，创造生成能够实现并满足"融合教育"目标、要求与需要的新的学校学科体系、教学体系、教材体系、管理体系；根据学生长远和学校远期发展的目标，做具体定性、定量，做好整体设计，分步规划，根据政策、条件制定相应策略。

（四）"融合教育"如何做

1."谁来融如何做"

在"学校、家庭、社会、政府部门"这一系统中，学校要发挥主体作用，主动作为。一是清楚"与谁融合"，建构起相应的"融合"结构体系。我们可以根据融合主体对象，建立"教育系统内部系统""教育系统外部系统""教育内外联合系统"三种类型融合体系。二是根据学校发展需求选择融合的类型，如资源开发型（用好政策）、优势发挥型（彰显优势）、资源共享型（合作共享）、资源互补型（补短板）。在实施的过程中突出重点侧重某一方面，或进行整合，不断调整。三是明白"用什么方式方法融合"。一般来说，对外主要采取协调的方法，通过协作、联合等方式进行；对内主要采取统筹方法，采取沟通、整合、渗透、"一体化"等方式进行"融合"。

2. 从哪里去"融合"

"融合教育"要求"系统"思维来解决问题，根据"融合教育"微观指向学生发展、中观指向学校发展、宏观指向教育高质量发展三个目标层次，我们把"融合"内容聚焦在以下四个方面。

第一，在学校系统内部，观察实施"五育并举"，发现存在简单做"加减法"问题，如：学校要么不按课程开课，不开足课时，要么就都开，简单把要求的都加进去，加重负担，弄得老师学生都苦不堪言。"五育融合"具体应该如何操作？

第二，新课程方案、课标实施在即，发展学生核心素养的转化落实从宏观进入中观和微观层面，要求在"素养导向""学科实践""综合学习""因材施教"上深化课堂教学改革；同时随着教育信息技术发展，不同教育空间、场域和媒介，呼唤"融合课堂"。如"线上教学与线下教学的融合"，通过"核心素养"导向下各种资源要素的"融合"，促进学生核心素养和关键能力的培养达成。

第三，观察家庭、社会与学校教育活动相关的主体要素教育一致性时，我们不难发现，存在相互"抵触""抵消"现象。如：学校正面教育和家庭、社会中负面教育抵消问题；落实"双减"中，校内减负、家庭增负问题，导致越减越负。学校、家庭、社会教育力如何去协同而增强？这涉及"社会教育力"、"学校教育力"和"家庭教育力"的三力融合。

第四，学校管理部门之间出现不协同问题，如学生心理健康教育问题，政教、安办、团委谁管？都管？但最后落实不好仍处于边缘化问题。家校之间经常出现不理解、不配合，个别甚至发生矛盾、冲突问题，这都是涉及教育高质量发展、落实立德树人的大问题，要求学校管理建立新体制和新机制，包括重组学校内部的组织体制架构，重建学校课程机制、教研机制、家校合作机制等。

三、"融合教育"的实践策略

（一）实施"五育融合"——"融合教育"根本着眼点

学校在"五育"实施方面的共性问题——"疏德""偏智""弱体""抑美""缺劳"，导致"片面发展""片面育人"，偏离了"全面发展""全面育人"的宗旨。实施"五育融合"，是我们实施"融合教育"的根本着眼点。

1.强化"系统思维"，用"有机关联式思维""整体融通式思维""综合参透式思维"来理解"五育"关系，采取"纠偏、补短、促融通"的策略。

如：对于"缺劳"必须补，但没有采取增设和单列劳动教育专项课程的单一方式。因为，在已经非常拥挤的学校课程体系里增加新课程，势必会给师生带来新的负担，也可能会削弱劳动教育自身的价值。毕竟学生在校的学习时间是固定的，某"育"增加了，其他"育"势必会有所减弱。要发挥劳动教育在育人质量提升方面的重要作用，将其与其他各育融通起来，进行全方位、全过程式的贯穿渗透，让劳动教育在德育、智育、美育和体育中无时无处不在。既要在这些领域进行劳动教育，也要让劳动教育进入其他各育之中。如：我们把劳动教育与智育结合起来，组织学生做实验时，让学生实验前后与实验员一起参与收纳工作；军训活动把"五育"整体融入，训练间隙安排讲英雄故事、唱军歌、紧急集合安全疏散、比赛叠被子等；家校配合开展一些亲子活动，如帮家长做力所能及的事，让学生定期晒一晒，在家自己的事情自己做；等等。

2.突出"五育融合"的过程，把五育融入师生日常的学习、生活过程中。

把学科教学、校园生活、文体活动作为长短课，以一周为时间单元"一体化"安排，如每天早晨 8 点，校园升旗，师生的"伫立礼"；每天上午的 30 分钟"师生大课间"；每周交替安排的"课前一支歌""课前说法""经典通读"等，让"五育融合"在学校日常中真实发生。师生在互动参与学科学习、卫生轮值、自我管理服务、社团活动、大课间活动中得到"五育"的浸润。

"融合"设计的大课间活动

内容	融合前	融合后	设计意图
名称	课间操（广播操）	大课间活动	变学生单一参与任务，为师生共同参与的活动课程。为实现这一整体活动，分别安排了音乐体验、各种操作学习训练课程
时长	10 分钟	30 分钟	根据课程目标，确保活动时间
内容结构	使用统一的中学生广播体操，加上前后的集合	全程整体设计，匹配相应风格音乐：包括广播操、足球操（或：搏击操、健身操）、跑操、放松活动，和谐一体	"五育融合"：主体是"体育"，同时融入德育（音乐）、智育（动态把握相互协调）、美育（音乐、队形）、劳育（模拟劳作动作）等，各项目中间转换通过入场音乐《我相信》、足球特色音乐、少先队队歌、队列口号、整理放松音乐、共青团歌有机合成，通过方队、环形、回形针，要求学生相互观察、中点参照，保持队形的整齐和参差美
参与	学生	师生共同	参与主体增加，体现互动、相互带动
效果	参与热情不够，缺乏精气神	随时节变换，张弛有度，充满力量，让人振奋	感受团队合作，力、形、美，通过熏陶感染、参与体验，达成"五育融合"

（二）创生"融合课堂"

课堂是"融合教育"的主阵地，是"融合教育"基础着力点。

1. 理解"融合课堂"，推动教学观念和育人方式的转变

什么是"融合课堂"？与传统课堂有什么不同？

　　"融合课堂"是以学生为主体，以学习为中心，以"核心素养"为导向和达成的新的课堂样态。具体表现：一是在教学目标上，强调从知识本位走向核心素养本位，确立基于核心素养的教学目标；二是在教与学的关系上，强调从以教为主走向以学为主，建立学习中心课堂；三是在学习方式和路径上，强调学科实践，构建实践型的育人方式；四是内容强调从知识点教学走向大概念教学，立足知识统整，推进大单元、大主题教学。

　　创生"融合课堂"目标指向课堂教学的高质量，改变传统课堂中教学内容、过程点状、碎片化、分割、教师越位等问题。这要求教学目标设计要体现核心素养培育的整体性；教学内容和教学活动设计要聚焦重点内容；教学策略和教学过程要有利于引导学生主动学习；教学活动要强化基于真实体验的学科实践活动。

**　　2. 立足学科课堂实践，创生"融合课堂"**

　　我们以学科教研组为主要依托，通过学习—实践—反思，循环往复，探索实践"融合课堂"。

　　一是融合教学目标。实施以核心素养为目标的教学，就是要确立核心素养在教学中的核心地位和统帅地位，使教学的一切要素、资源、环节、流程、活动都围绕核心素养组织和展开，并最终指向核心素养的生成和发展。

　　二是融合学生主体。在传统的课堂，虽然我们也意识到学生的主体作用，但在操作层面并没有根本改变。"融合课堂"要让学生的学习活动，如独立自主的个体学习、相互合作的小组学习以及分享互动的全班学习要占据课堂的主要时空，成为课堂的主形态，从时间分配上要占据三分之二及以上。

　　三是融合课堂的活动形式。表现为学习过程的具体化，如完成某个综合任务、解决某个现实问题、参与情境体验、实验操作等。这当中思维训练是有层次、显性化的，沿着学习这个主线路，围绕学生从不知到知、由浅至深、由表及里、从感性到理性的路径展开。如《鸟的天堂》前后两次学生活动设计。

活动设计一

记忆：背诵《鸟的天堂》后三段，摘抄好词好句。

理解："鸟的天堂"字面意思是什么。

应用：仿照文中"鸟的描写"写一段关于某动物的话。

教研组在讨论时，发现这样的学习活动，是对知识点的分割，缺乏对高阶思维的培养。通过讨论后，对学生活动进行了第二次设计。

活动设计二

分析：《鸟的天堂》这篇文章的主角是鸟还是榕树？

评价：《鸟的天堂》这篇文章为什么会成为经典名篇？

创造：为《鸟的天堂》一文写一篇推荐信。

"活动设计二"没有对语文知识点进行分割，对学生思维训练有梯度，难度大，但学生学得更起劲，不断通过启发同学和寻求教师的帮助解决问题。

3. 丰富"融合课堂"形态，逐步建构体系，突出特色，提升品质

我们通过实践，主要开发两类课堂，融入学校的课程体系中。

第一类：基于学校内部融合的课堂。

（1）学科实践课堂：国家课程方案涉及初中阶段所有学科所承担综合学习内容的课堂，这是融合课堂的基础和常态；

（2）综合性主题活动课堂：晨会、班级活动、学校各种节庆及重大主题教育活动的融合，如革命传统、中华优秀文化、劳动、国家安全、国防、生命安全与健康等。

第二类：基于学校内外部融合的课堂。

（1）行走课堂：如主题健步行活动、探秘新农村、游览古牌坊、探访科技馆等；

（2）体验课堂：社区服务、志愿者活动等。外部，主要是通过学校与相关组织、单位的协作；内部，年级、班级与学校相关部门的合作，让学生参与角色体验，如"今天我当家""模拟法庭""我是消防员""我是志愿者"等。

下面，以我校开发的校本德育视频课程《沱灌飞歌》案例说明我们如何进行"融合"来丰富学校课程的。

案例：《沱灌飞歌》课程设计。

背景资料：隆昌沱江提水灌溉工程，简称沱灌，是在沱江上修建拦河大坝的水轮泵站。工程地跨内江县（今东兴区）隆昌县，自1972年8月动工，至2002年全部竣工，历时三十载。隆昌沱江提灌工程，也是四川省水利提灌史上的第一次。

这是一场有全县广大农民参加、主体工程历经八年抗战的水利大战。工程建设基本靠人海战术，肩挑背磨，艰苦卓绝令人难以想象。

隆昌沱灌的兴建，是隆昌市水利工程建设史上一座永恒的丰碑；也是隆昌人民在党和政府的领导下，战天斗地雄心壮志的具体展现；更承载着78万隆昌人民勤劳智慧、"敢叫大地换新颜"的豪迈气魄！

课程目标

1. 了解"沱灌"修筑工程的历史，感受家乡人民为改变贫穷落后面貌的豪情壮志，为家乡人民创举感到自豪；

2. 探究"沱灌精神"，理解"自力更生、艰苦奋斗"是"沱灌精神"核心内容，懂得伟大的"创造、奋斗、团结、梦想"精神对于我们中学生价值意义。

3. 传承"沱灌精神"，勤奋刻苦、自立自强，怀揣梦想，脚踏实地，提高素质和能力，将来为建设家乡、建设祖国贡献智慧和力量。

课程结构

本课程《沱灌飞歌》设置 8 个课时，根据"沱灌"工程的渠系结构和修筑的三个阶段，选择其中具有代表性的三个点："石盘滩"拦河大坝、"古宇湖"蓄水工程建设、"十里长虹"工程，分为三大板块展开课程内容。

第一板块："沱灌"记忆——劳动赞歌。安排 3 个课时，引导学生回溯"沱灌"修建的历史，了解艰难岁月修"沱灌"的过程，从中感悟隆昌人民自力更生、艰苦奋斗、敢叫大地换新颜、改变贫穷落后面貌的豪情壮志；重温"石盘滩"合龙千军万马奋战及合龙的欢腾场面，感受隆昌人民奋斗精神及劳动智慧；聆听独具隆昌特色的"青石号子"，体味隆昌人民积极乐观的精神品质和劳动激情。

第二板块："古宇"变迁——幸福欢歌。安排 2 个课时，让学生从"古宇移民"对故乡的最美乡愁中，感受他们舍"小家"为"大家"的情怀；探访"古宇新村"，欣赏"川南明珠"古宇湖美景，了解古宇湖对隆昌这座生态之城、文化之城、通达之城的滋养，激发学生对幸福美好生活的向往和不懈追求。

第三板块："长虹"新景——梦想飞歌。安排 3 个课时，俯瞰"十里长虹"气势磅礴的美景，静听一泻万顷泉水叮咚，触摸筑起"不朽长城"巍峨身躯的一块块青石，憧憬和描绘美丽乡村的景色，抒发对家乡的热爱之情，进一步懂得伟大的"创造、奋斗、团结、梦想"精神对于我们中学生的价值意义。自觉传承和践行"沱灌精神"，勤奋刻苦、自立自强，怀揣梦想，脚踏实地，提高综合素质和能力，将来为建设家乡、祖国贡献智慧和力量。

课程内容

三大板块	八个小主题	主要活动方式
1. "沱灌"记忆	1. 艰难岁月修"沱灌"	查阅资料、访问人物
	2. "石盘滩"合龙	现场参观、走访
	3. 激情伴歌飞——青石号子	影视欣赏、角色表演
2. "古宇"变迁	1. 移民的故事	现场参观、走访
	2. 川南明珠——古宇湖	骑行：走走看看
3. "长虹"新景	1. 回望"沱灌"	探究与分享
	2. 十里长虹新图景	现场参观、体验
	3. 美丽乡村我描绘	实践体验、分享

课程的实施与评价

1. 本课程的实施为初中三个年级，分三个年级实施。

第一板块在初一年级实施，主要利用班队会、集会，通过观看视频，组织专题讨论、课外阅读查阅资料，展示分享等方式进行。让学生了解历史，初步感知其中蕴含的精神价值，为隆昌人民创造这样的伟大工程感到自豪。

第二板块在初二年级实施，在了解历史的基础上，结合课服活动，组织学生现场参观、走访及环湖骑行、健步走方式，走走看看，沉浸式体验，进一步加深学生对此项工程功能价值的认识，特别是对地方政治、经济文化及社会发展的深远影响。

第三板块在初三年级实施。结合学校班队会、集会活动及《道德与法治》课教学，进行拓展和延伸，引发学生对责任意识深入思考，传承弘扬"沱灌精神"。表现在日常学习生活中，勤奋刻苦，自立自强，怀揣梦想，脚踏实地，提高素质和能力，逐渐承担起为家乡发展和祖国的建设的责任。

2. 课程的评价

课程评价从三方面展开：一是对沱灌历史的了解和掌握；二是"沱灌精神"认知和认同；三是相关实践活动的参与度及实践行为表现。采用知识问答、讲故事、完成实践活动任务的表现、评价等，考查学生在"沱灌精神"蕴含的勇于开拓、攻坚克难、乐观向上、家国情怀、奋进自强五个德育点上，内化于心、外化于行的目标达成情况。

从以上《沱灌飞歌》课程设计中，不难看出"融合教育"的理念和方法。

一是德育教育的大概念、大主题与地方资源的融合。

爱国主义教育是德育教育的重大主题，要让学生知晓中华民族的发展史中，中国人民不仅创造了灿烂辉煌的文化，而且形成了以爱国主义为核心的团结统一、爱好和平、勤劳勇敢、自强不息的伟大民族精神。爱国主义自古以来就流淌在中华民族的血脉之中，生生不息并不断与时俱进。

隆昌"沱灌精神"是隆昌人民在 20 世纪 70—80 年代为改变缺水导致贫穷、落后而修筑"沱灌"工程中形成的精神积淀。集中体现为自力更生、艰苦奋斗，这与中华民族爱国传统一脉相承，是中国人民的伟大创造精神、伟大奋斗精神、伟大团结精神、伟大梦想精神的具体体现。精神的力量是无穷的，是新时期凝聚隆昌儿女为创造更加美好生活不懈奋斗的强大精神动力。"沱灌"修建历史已过 50 年，但其精神历久弥新。传承弘扬"沱灌精神"是我们学校的职责所在。我们要让学生了解这段历史，认同它、传承和践行它。表现在日常学习生活中，就是勤奋刻苦，自立自强，怀揣梦想，脚踏实地，提高素质和能力，逐渐承担起为家乡发展和祖国的建设的责任。

二是"学校、家庭、社会、政府部门"各教育要素的融合。

提供本课程资料的单位有宣传部、文旅广新局、融媒体中心、水利局、古宇湖管理处等党政机关、企业事业单位；提供现场参观、实践现场的有石盘滩电站、古宇新村、胡家镇稻虾养殖基地等；接受访问者有水利战士、移民及"沱灌"文化的研究者等。通过这一德育校本课程的开发，学校、家庭、社会、政府部门全面协作，使各种资源能得以整合，从中挖掘德育教育因素，提炼出以爱国主义为核心的德育教育五个主题：勇于开拓、攻坚克难、乐观向上、家国情怀、奋进自强。展开课程建构，实现"融合教育"的目标。

三是课程基于核心素养为导向的德育融合课堂设计。

1.融合教学目标：以爱国主义教育为大主题，确立其在课程中的核心地位和统帅地位，使教学的一切要素、资源、环节、流程、活动都围绕这个核心组织和展开，并最终指向这一核心素养的生成和发展。

2.融合学生主体：活动设计中调动学生全方位参与，通过看一看、听一听、摸一摸、想一想、说一说、唱一唱、画一画等，充分体现学生作为主体的融入，让学生活动占据课程重要时空。

3.融合的活动方式：查阅资料、访问人物、影视欣赏、角色表演、骑行；走走看看、探究与分享等。学生在完成某个综合任务、解决某个现实问题、参与情境体验时，思维训练是有层次、显性化的。沿着学习主线路，让学生了解历史，认同历史、感悟精神，受到感染和教育。

4.融合的课程实施与评价：既体现情感、态度、价值观三维目标的融合，又体现知、情、意、行的有机融合。

5.课程综合运用资源的手段、方法、技术，通过运用信息技术手段，将文字、声音、图片、视频进行融合，变成立体、丰富的视频课程资源，增强德育教育效果。

（三）打造"教师发展共同体"——"融合教育"关键支撑点

"融合教育"下，教师需要具有"融合胜任力"。这些对于"融合教育"的主体因素的挑战，预示着一场重大转型或转向的到来：干部培训和教师培训，将全面转向"融合胜任力"的培养。这种"融合胜任力"不能单依靠个体研修、专家引领，更重要的是要通过在"教师发展共同体"中熔炼而成。

1. 升级"教师发展共同体"

将教师组成不同的工作团队，使之能最大限度地进行同伴交流与互助。学校一般都有学科教研组、年级活动组、工会活动组等学习团队。"融合教育"所倡导"教师发展共同体"还包括：建立跨学科研究组、主题活动项目组、综合项目组，以适应教育高质量发展的需要。我们将原有团队进行升级，通过组织参与综合任务、主题活动任务、跨学科研究任务，建立网状管理结构的"共同体"，以有利于共同体智慧在组织内流动。

2. 重心下移

重视教研组及年级组、项目组的作用发挥，实施"放、管、服"改革，调动研究"融合课堂"的主动积极性。学科实践课堂研究由教研组主抓，由学科骨干教师担任主研，分管、联系行政主要是做好组织协调服务，听取意见建议；在时间上，让各种共同体自主安排；空间上，线上线下有机结合，分享教学经验，以老带新，让优秀骨干教师有展示机会，年轻教师有学习样本。

3. 整体考核

学校的考核评价，从个体逐步更多指向团队，评选优秀年级组、教研组、项目组、主题活动组等。学校奖励整个团队，以增强教师的团队意识、合作意识。用团队的成长促进教师的发展，教师个体发展促进团队的进步，团队与个人之间形成良性互动，团队与个体共生共荣。

4. 推进"班级学习共同体"建设，熔炼"融合胜任力"

教师要具有"融合胜任力"，"融合胜任力"从哪里来？从实践中来。教师的发展离不开学生，因此，将教师融入"班级共同体"建设中，是熔炼"融合胜任力"的有效途径。

我们围绕学生"核心素养"导向下的"班级共同体"建设，设计如下图所示的班级团队合作与竞争平台：

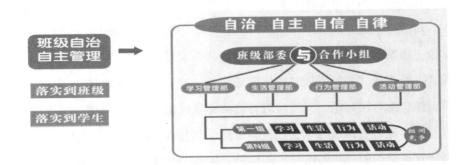

班级"四自"管理示意图

日常教学活动状态下发生的情境，都是推进"班级共同体"建设的实践场所。如：疫情之下，催生了信息技术与教育教学的融合，也为"班级共同体"建设创造了现实情境。如线上教学，对教师的融合意识、能力、习惯培养就是一个绝好的学习训练机会。

（1）融合意识培养。线上教学需要建设一个师生家长共有的平台，这个平台不再是传统课堂教学的学科教师和学生两个主体了，还有班主任、其他学科教师、家长多个主体，目标均指向学生。当学习内容和课外作业都晒在同一平台上时，我们才发现各科的"各自为政"加大了学生的负担，需要班主任"协调"作用的发挥。在学生全面发展的基础上，在学习时间、空间及内容上进行一种"融合"。在这种情境下，各主体会得到影响，教师的融合意识必然得到增强。

（2）融合能力训练。线上提供了丰富的教学资源，但"拿来主义"、机械照抄照搬显然是行不通的，需要教师在广泛搜集的基础上，精心选择、综合运用才行。在这种情境下，基于核心素养导向下的目标融合，技术支持下教学资源的融合，学习效果反馈与检测方式、手段的融合会高频次发生，教师的融合能力从中得到提升。

（3）融合习惯养成。有意识通过"项目任务"参与，让"融合"方式的实践持续发生。如线上学习"广播操"，体育教师布置任务（视频学习，分解几个任务单元）—亲子学习过程反馈—班主任、教师共同检查。如此往复，由量到质，融合的习惯就得到逐步养成。

（四）建立家社校教育同盟军——"融合教育"关键突破点

建立家社校教育同盟军，是指家社校形成协同育人的共同体，这是"融合教育"关键突破点。家社校协同育人工作较难，难在哪里呢？一是参与的主体多。不同主体之间管理体制的差异，包括学校与社区之间分属不同体系、受制于不同管理部门，也很容易出现不熟悉、不合作的状态。二是需要解决的问题多，都较棘手。如：教育的五项管理，作业、睡眠、手机、读物、体质，还有安全、防控等。三是学校实际工作有一种习得性无助，如班主任建立了微信群，给家长留言或请家长反馈，总有些家长视而不见；教师家访、学校组织召开家长会、开放日活动等，因家长在外打工或工作忙不能参加。凡此种种，导致学校、教师对自身主体角色和领导力产生怀疑，进而带来主体领导角色缺失或乏力。

1. 增强学校主体领导意识

2017年，中共中央、国务院下发《关于深化教育体制机制改革的意见》，要求"构建政府、学校、社会之间的新型关系"，突出了"加强学校教育、家庭教育、社会教育的有机结合，构建各级党政机关、社会团体、企事业单位及街道、社区、镇村、家庭共同育人的格局"的具体内容，把学校摆在多个主体的首位。

学校要成为"家社校共同体"的建设发动者、引领者、主导者。近年来，学校积极探索，发挥主体领导力，主动联络"政府部门、社会团体、企事业单位及街道、社区、镇村、家庭"可融合的资源主体，通过沟通、商量，联系、协作等方式，推动形成多主体架构的共同体，如以年级、班级为单位的班级家校共同体，这是"家社校共同体"的基础细胞；在政府部门支持下由社区、社会团体、组织等为主体的"家社校共同体",如"温馨家园"心理服务中心、"黄位民志愿服务队"、"古宇新村"实践体验基地等。

2. "合作"融入日常——调动家校主体参与力

"家长委员会"是"家社校共同体"的联系和纽带。由于我校学生主体是城镇化加速后的新居民,基础状态、环境条件参差不齐,但我们相信"相信"的力量,相信"家社校"合作的力量,从当下的每一天、每一件事、每一个人的努力开始。如请家长到校参加志愿者活动,特地在大屏幕上打出感谢家长志愿者的标语,鼓励学校教师与担任志愿者的家长在校门口说上一分钟的话,表示尊重;同时第一时间搜集意见建议。还利用考试、疫情防控、军训展示等各种机会,鼓励家长参与到学生的活动中。鼓励到课堂教学观摩后的"亲子互动五分钟",鼓励教师开展与家长的"家校联合教研",鼓励开展"亲子作业"研究。这些"细节""小事",一点点积淀,一处处突破,小步走,不停步,家社校的合作就能由点成线,由线成面,形成家社校合作的大格局。

如学生的作业管理,用"融合"的方法就有很大改变。作业涉及主体很多:学科教师、学生、班主任、家长,关键是班主任的协调作用和学生的主体作用发挥。班主任协调所有科任教师,在作业管理问题上一定要让学生参与进来,就作业量、完成时间等达成共识。班主任在一周的时间单元,统筹班级的作业量及完成时间、检查方式方法。同时,吸收家长的意见,形成更为丰富的作业形态,保持每天作业量的基本均衡;特别是"亲子"作业参与过程,作业布置的质量和完成质量,作业过程的苦与乐,师生都会得到更多的体验感受及情绪释放。睡眠、手机、读物、体质等问题采用"家社校"协同管理的办法均收到良好的效果。

3. 创设"项目任务"，推动家社校的深度融合

"融合教育"要推动学习的高质量，也就是要培养"终身学习"的意识和能力。围绕"文明城市"建设这一大项目，我们融合了建设"健康社区""育体育心"特色项目，由学校、社区及教体联合，依托"新时代文明实践点"，推出"互教互学""共享健康"项目。通过任务驱动，推动家社校的深度融合。"互教互学"的组织实施，倡导"家庭成员""两两"或"社区中"家庭的"两两"，通过商议，确定在一定时间内"互教互学"的两项体育活动或游戏项目，如亲子跳绳、足球传球接力等。班级利用微信群进行学习过程展示，学校利用公众平台、家长开放日等进行成果展示，评选"学习标兵"，不断推动参与。社区组织家庭为单位的比赛，评选表彰"健康文明家庭"等。这当中，学校、家庭、社会的教育活动场地、设施、人力资源均可以得到更好的配置。

（五）建构"大部制一体化"——"融合教育"机制保障

"融合"教育的运行管理，需要建立健全机制保障，下面重点介绍以下三个方面的探索。

1. 实行"大部制"管理

学校内设机构有党办、办公室、政教处、团队办、安办、教导处、教科室、后勤处等处室。各自职责职能明确，但也有条块分割的局限。为适应"融合教育"全面育人和学校高质量发展的目标要求，我们尝试建立"大部制"管理体系。通过清单制、目标任务管理责任制，找到部门、处室的共同职责进行融合，找到各自的侧重点，进行合作，提高管理效率。如图所示：

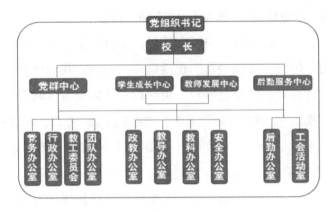

学校大部制管理示意图

2. 实施综合评价过程"一体化"

为促进综合评价过程与结果的一致性，我们研制了"12369"素质全面发展评价标准，指导综合评价实施。其框架为："1"：一项成长发展规划；"2"：二项艺体爱好；"3"：三大学习能力（自主、合作、探究）；"6"："六心"（个体品质爱心、忠心、孝心、信心、虚心、恒心）；"9"：九门学科优良。

我校各部门根据管理职能，围绕这一框架制定不同年级具体考评内容及实施办法，指导班级对学生的具体考核。如：学校政教处、团委等部门对班主任每期开学指导学生制定目标和达到成绩进行考核。这个目标不是单一学习成绩的，而是体质健康、意志品质多个维度的，纳入班级展示栏进行公开，促使学生在学习过程中不断努力达成；教导处、教科室协同体育教研组对"2"——二项艺体爱好学习情况进行考评，督促班级对学生及家长日常自练自评。教导处每期组织两次测评，最后汇入对学生的综合评价。其余的各项目均根据年级学生实际情况在期初进行任务分解，设置任务情境。学生在学习过程中便于对标对表，避免了学生综合评价单一空乏、交叉重复问题。这种考评落到操作层面，促进了综合评价落实落地，促进了学校的全面发展。

3. 家校双向互动机制

为解决家校合作有活动但没形成整体和结构，有活动实践但缺思想理念、效益不明显问题，我们努力系统梳理形成结构模块及互动参与的机制，其内容具有开放性，随着教育需求不断调整、充实。如图所示：

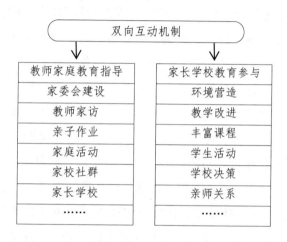

家校双向互动示意图

（六）营造"融合教育"文化——"融合教育"特色提升点

1. 以"融合"理念引领学校内涵发展

学校开展办学思想大讨论，进一步提炼办学理念："艺体助力　融合发展"，并融入"三风"一训等文化表达中。如在育人目标上，提出"自治、自主、自信、自律"。育人策略上，采取养德育心、教学育心、管理育心，体现"核心素养"的融入和育人主体与资源的融合。学校对教风的表述为"修身、务实、融合、创新"，校园精神表述为"敢于拼搏、勇争第一"，体现了"融合教育"思想。这种理念物化在学校、班级文化中，潜移默化地影响师生的思想和行为。

2. 以"体教"融合推进学校特色发展

我校是内江市体育传统项目学校，在田径上具有领先优势。自2000

年以来，获得过 20 届内江市中小学田径运动会 B 组冠军。2017 年，学校拓展校园足球项目，推进"健康一初中"建设，由竞技体育向全员体育转变，体育特色更加凸显。2019 年创"全国青少年足球"特色学校示范级，成为四川省阳光体育示范学校。

（1）"一体化"思路打造"足球"特色学校。我们开展"全国青少年足球"特色学校创建中，遇到场地、设施、人员等困难。因此与教体局社体股、市足协、"四海"公司（企业）、隆昌十中合作，实施"一体化"策略，即总体目标与阶段目标有机衔接，目标"一体化"；学校与社会力量结合，使校内外师培师训"一体化"；开发教材，与校本课程管理"一体化"；开展专项活动，与学校"阳光体育大课间"活动"一体化"；专题宣传推广活动与校园文化建设"一体化"。学校男女队三年内获得内江市足球比赛"双冠王"，代表内江市参加省比赛，已获得第三名的好成绩。

（2）社区合作，建设新时代文明实践点。2019 年以来争取古湖街道投入 100 余万元支持康复西路社区同学校共同盘活闲置场地，建立阅读、健身、艺术、志愿服务、国防教育平台，弥补学校教育教学设施不足的短板。

（3）区域共建，建好"温馨家园"。2020 年，学校、社区、隆昌市总工会、市教体局多方合作，对"梦之蓝"心理成长中心进行完善，投入 6 万多元进行文化建设、增加设备设施，把学校心理成长中心建成学校与社区教育的"温馨家园"。

以上是笔者对"融合教育"的浅见，并正在实践的过程中。当看到学校的发展和变化，感到很欣慰，同时也更感责任重大。笔者将继续以问题为导向，抓真问题，真解决问题，探寻中继续凝练，把这一思想进一步融入近期、中期、远期目标设定中。实践反思验证、再实践再反思再提炼，循环往复。凝练学校办学思想，是校长成长必经的历练，需要厚积理论，扎实学养，需要校长深厚的教育情怀和恒长的坚守。还需团队集体力量的汇聚与共同奋斗，一步一步去接近、实现我们的教育梦想。

"滋养教育"理念

西昌市航天学校　赵宗逵

教育最重要的任务之一，就是使一切天赋和才能都最充分地发挥出来。做教育，从来都不是一蹴而就，它不是某一类点缀式的、耀眼的活动，也不追求轰轰烈烈的"闹"式效应。教育也不是浇灌，不是铸造，不是雕琢，是滋养，是浸润。它追求的是潜移默化地润泽心灵，它注重的是日常的教育教学实践，它需要润物无声的滋养，注入养分的滋养，着眼于细节的滋养，被爱包容的滋养，因此，我们提出了"滋养教育"的办学理念。

"滋养教育"是基于人性的教育，是基于文化浸润的教育，是基于优秀传统文化对民族个体的润泽；它是润泽心灵和品性的培育过程；是提高受教育者的自我修养，并使其快乐成长的教育过程；是滋养学生的知识、能力、情感、习惯、品格、信念、精神等方面成长的主阵地，也是一种心灵教育、自我教育。"滋养教育"是润泽的，而非灌输；是渐进的，而非速成；是开放的，而非封闭。"滋养教育"通过自我反思来提升内省智慧，通过对心智的滋养实现师生的自主成长。

一、"滋养教育"是基于人性的教育

基于人性就是以人为本，必须充分考虑到人的生理层面的自然属性——要求快乐而不是痛苦，还要考虑到人的心理层面的自然属性——要求得到尊重而不是贬抑。此外，还要考虑到人的心灵层面的自然属性——希望有长久的目标而不是虚度一生。

教育是基于人的教育，既以人为主体实施，也以人为对象实施，还是人为了创新与发展进行的自我教育提升。正如叶澜教授所认为的那样：教育是"直面人的生命、通过人的生命、为了人的生命质量的提高而进行的社会活动，是以人为本的社会中最体现生命关怀的一种事业"。教育过程是人的自我定义过程。人性的差异性、可变性和可塑性，为通过教育学习的方式改善人性提供了可能。孔子说"性相近也，习相远也"，不仅揭示了人性的可变性，同时也揭示了教育、学习在塑造和发展人性方面的重要作用。孟子所谓"饱食暖衣，逸居而无教，则近于禽兽"的说法，从人兽区别的角度，表明了教育和学习对提升人性的重要性。在孟子看来，德性是人兽区分的根本，人必须通过不断地接受教育、学习、内省和修养来发展人性中的"善端"，不懈地追求尊道贵德、成德建业、厚德载物的精神境界，才能适应社会生活，凸显人的尊严。荀子说："凡以知，人之性也；可以知，物之理也。以所以知人之性，求可以知物之理，而无所疑止之，则没世穷年不能遍也。"说明人有认识事物的能力，事物也是可以被认识的，同时人对事物的认识是无限的，正如庄子所言，"吾生也有涯，而知也无涯"。一个人的生命是有限的，而知识是无限的。人与知识的这种有限与无限的关系，决定了学习必然伴随人的终身，成为生活的重要内容。英国思想家约翰·亨利·纽曼认为："我们要使人性变得完美，不是靠消除人性，而是要为人性增添一些超越自身的东西，并指引他瞄准自身更高的目标。"人不是单纯的自然存在物或客体，而是自己创造文化、创造自己的生活世界的主体。人的主体性表现在两

个方面。首先，人按照自己的方式去行动，是实践的主体；其次，人是按照自己的方式去思考、去认识，是精神的主体。人在实践和认识以及行动和思考中都要表现出主体的力量和价值。张楚廷教授在《教育哲学》中指出，教育拥有五个公理：教育的潜在公理说明，人有潜在的才能和智慧，这种潜在是天赋的；教育的动因公理说明，人有把这种潜在表现出来、开发出来的欲望；教育的反身公理说明，人用自己的意识和意志作用于自己；教育的美学公理说明，人按照美的规律构造自己；教育的中介公理说明，人天赋的群生性，使得他人他物在人的反身性作用过程中产生可能的影响，亦即产生中介作用。

教育的根本在于发展人的可发展性。如马克思所言，人是有意识的存在物，是使自己的生命活动本身变成自己意志和自己意识的对象的生命。人可以直观自身，即人具有反身性，通过反身活动发展自己，教育的"产品"自己参与自己的"生产"过程。人通过意识、意志、情感反思自己，建构自己，从而获得新生意义的生命，"滋养教育"恰恰就需要遵循这一点。

"滋养教育"是关注人的需求、目标和发展的教育，其中以人为本的理念贯穿始终。教育者要清楚地认识到每一个学生都是独立的个体，每一个学生都会绽放自己的独特光芒。我们要以学生的个人发展路径和特点为依据，着眼于个体的学习需求和成长需求，充分换位思考，站在学生发展的角度做教育。通过教育的力量，让学生内在被调动，形成驱动力，从而主动参与教育的过程，形成自觉的学习意识和学习态度。

二、"滋养教育"是基于文化浸润的教育

（一）以人为本——打造特色校园文化

1. 办学理念框架

（1）核心理念：浸润滋养

（2）基本文化要素

①学校精神：勤勉、协作、持恒

②校风：和合、自强、创新

③校训：和合立人

④教风：正己、敬业、艺精

⑤学风：尚德、勤学、健体

⑥学校形象定位：诗书成趣，正气澄明的书香校园

⑦学校愿景：特色彰显，底蕴深厚的精品名校

（3）治学理念

①办学目标：扬和合文化，育品正学生

②育人目标：知书达礼的品正学子

③师资目标：德厚艺精的学行良师

（4）文化理念

①文化主题：浸润达道，自然大成

②誓词：教师誓词；学生誓词

（5）建设目标

2. 理念诠释

（1）核心理念

定义：核心理念是学校用于指导教育教学行为与管理经营活动的最高价值标准，是一切办学行为的逻辑起点，是学校文化的灵魂。

学校的核心理念：浸润滋养

"滋养"的含义：

秦观《财用下》中说："风霆雨露之发生，山林川泽之滋养，财之所从出也。"吴承恩《西游记》第四回：弼马温"昼夜不睡，滋养马匹"。吴振兰《和孟东野〈审交〉》："滋养待成林，芒刺伤我手。"

滋的解释：生出，滋生，增益，加多，滋养，润泽。

养的解释：抚育，供给生活品，教育；培养，教养，使身心得到滋补

和休息。

滋养：养育，培养，为成长提供需要的养分，喻指潜移默化地培育孩子的成长。

（2）基本文化要素

【学校精神】

定义：学校精神是学校在长期的办学实践中自觉形成的、被学校成员认同和信守的价值观念，它同时对学校成员具有导向和激励作用。

学校精神：勤勉、协作、持恒

勤勉：勤奋、勉励。对于工作、学习，努力不懈，勤劳不懈。

勤，是成就一切事业的前提和基础，也是和合文化中行健人格的具体体现。古语有言"天道酬勤"。激励教师勤勉不懈，诲人不倦；学生学而不厌，勤学不怠。勤勉是每个人应有的品质，是获取知识、增长才干的唯一通道，失去勤勉态度的人最终一事无成。勤勉的人，拥有坚韧的品格，相对于艰苦的求知过程，更懂得知识的力量。

协作："和合"有一种道德精神力量，协作精神便是这种力量的具体表现之一，成为学校团队精神的精髓。教师在工作过程中凝聚集体智慧、博采众长，学生在学习和生活中取长补短、团结互助，师生之间相互尊重，相互信任，求同存异，合作互助，共同发展。这是学校步步提升、交互延伸、朝着目标不断攀升的奥妙。

持恒：持，坚持；恒，恒心，就是长久坚持下去，亦即坚持一定的操守、品行。

持恒，是努力向上的决心和毅力，有恒心的人，相信坚持的力量，他们每天的努力将汇成广阔的知识海洋。持恒，是教师对事业的专心致志、锲而不舍，是学生对学习的不断努力，超越自我。在持恒的精神意志的感召下，西昌市航天学校秉持"养和合之气，正做人之本"的办学理念，团结一致，努力进取，对于教育理想，主动而积极，一直执着向前。

【校风】

定义：校风是学校风气的总称，包括领导作风、学风、教风以及学校积淀的传统文化精神和学术探索所形成的风气和氛围。它能体现学校的办学理念、育人方针、学术追求和管理特色，是师生员工行动的座右铭。

学校的校风：和合、自强、创新

和合：和睦协调。指教师之间、师生之间、教师和家长之间等人际关系的和合，也包括学生德、智、体、美、劳各方面的协调发展，学校学科建设、队伍建设与校园文化建设等各方面工作的同步推进，营造和合的校园生态环境。

和合必养浩然之气，即盛大、刚直、包容的大气魄。气，"物之原也"。它至大，超越了个体的渺小，无可限量。教育具有多元性、兼容性。学校应具有海纳百川、包容万象的非凡气度，拥有一种大气的胸怀。大气就是敢于吸纳百家之长、以克己之短，具有世界眼光和开放胸襟，兼容并包，百花齐放。学校应该像天宇一样运行不息，大气，刚强劲健、不屈不挠；要像大地一样厚实和顺，容载万物、兼善天下。

通过催生师生活力，促师生无私忘我、积极向上；能生成愿望，让师生发愤图强、奋斗不息；能铸造品牌，使师生团结忠诚、一往直前。校园充实高洁的人文情怀，真正达到了师生民主、教学平等、特色育人，彰显着良好的精神风貌和人文素养。

自强：是一种修养、一种境界、一种美德，是一种纳百川、怀日月的气概。体现为：从容大方，胸怀坦荡，宽容大度，乐于分享。

创新：奋发有为，锐意改革，弃旧图新。

学校践行"滋养教育"，学习优秀传统文化，并不是一成不变地吸收，而是运用创新思维、求新意识、创造能力，以及与时俱进的精神状态和改革创新的时代精神。不唯书、不唯上，坚持独立思考，敢为人先，标新立异，走出一条具有个性风格的"滋养教育"之路。

创新不仅体现在具体的行为层面，更决定于行为背后涉及的观念形态、知识准备、品格意志、价值追求等特质。所以，创新也是一种勇气，即在学习、工作中敢于发现、勇于创新的勇气，敢于破传统、战权威的勇气。于是，教师观念求新，树新风，育新人；学生注重知识更新，不拘泥于书本，不满足于师传，勇于尝试，大胆创新，有所发现，有所创造。

【校训】

定义：校训是指学校提出的对学校全体人员具有规范、警策与导向作用的行动口号。它往往是学校核心理念的具体写照，能概括出学校的整体价值追求，独特气质，文化底蕴，蕴含师生的道德理想、学术人格和历史责任。

学校的校训：和合立人

和合：涵和合道。

立人：①立身，做人。《易·说卦》："立人之道曰仁与义。"颜延之《又释何衡阳达性论》："果两仪阆托，亦何取于立人。"

②扶持、造就人。《论语·雍也》："夫仁者，己欲立而立人，己欲达而达人。"

"己欲立而立人，己欲达而达人"是孔子的一个重要思想，也是实行"仁"的重要原则。"和合立人"有两层内涵：一是指能够自立于社会，二是要帮助他人成长为合格的社会成员。

为了生命的和合与圆融，为了让知识滋养真、善、美的生命，教育必须转变"重利轻人"的知识价值观，形成关注生命的精神价值观，才能是现代教育。

和合立人，不光是为国民经济、国家建设培养人才，更是关爱生命，关爱人生，为民族立本，为国民立本；和合立人，让师生经过学习实践的过程，变为人格完善、身体健康、思想独立、品德优良、知礼守法的社会人。

以"和合立人"作为校训，学校通过各个方面的濡染和熏陶，在自然和真实的状态下对学生进行"真、善、美"的塑造和教化，由此浸入学生的"知、情、意、行"。学校文化和人性美德在潜移默化中内化为学生的行为准则和价值观念，学校文化的润物无声显示出教育的最高境界——不教而教。

实践"和合立人"，具体从三个方面去规划和落实：第一，从人的自身成长规律和幸福人生出发，开展"身心"修养的"滋养教育"；第二，从社会和文化发展对人的要求出发，开展规范师生行为的"滋养教育"；第三，从人类文明和自然规律对人的要求出发，开展科学文化修养的"滋养教育"。

学校致力于打造"滋养教育"，谨守和合文化，坚持育人之本。师生有健康的身心、规范的行为、科学的文化知识，奋进之路越走越宽广。

【教风】

定义：教风就是教师在治学态度、科学研究、教书育人等方面形成的良好风气。

学校的教风：正己、敬业、艺精

正己：端正自己的思想、言行。

《礼记·中庸》："正己而不求于人，则无怨。"

古人云："师者，人之模范也。"育人要先育己，正己者方能正人。

"正人先正己"，对教师来说，在为人和治学两方面应当"身先士卒，为人师表"，唯此才能让学生心悦诚服。教师要专注于教育，投身于教育，精益求精，在实践中磨炼意志，在实践中增长才干，在实践中陶冶性情，从而达到功到自然成的教育境界。作为教师，先正己再正人，善待学生，从做人到做事都能给学生以适当的引导，这是不可推卸的责任。自身的勤奋刻苦与率先垂范，能给学生以表率。

敬业：指正直拼搏，尽心精业，忠于职守，坚持不懈。是教师基本的职业要求和道德规范。

《礼记·学记》："一年视离经辨志,三年视敬业乐群。"教师敬业就是要提高业务技能,拓展工作思路,改进教育教法。孔子称敬业精神为"执事敬""事思敬""修己以敬"。

忠诚教育事业,敬畏职业道德,热爱西昌市航天学校,专心教书育人。

艺精:艺,才能,教育教学本领。精,娴熟,熟悉,精通。即教师通过不断学习、实践而精通专业和教书育人的技能,并不断精益求精。

"艺精"是成为学行良师的理性条件,是培养品正学子的重要前提。教师艺精集中表现为业务娴熟、身体力行、勤奋耕耘。教师的能力、知识、经验和个性特质共同构成了艺精的内涵素质,并成为胜任教育教学的条件。学无止境,教亦无止境。教书育人必须高标准、严要求,要具有深厚的内功,要精通教学,要不断追求卓越、完美的教书育人技艺。在教学中,教师践行"精于钻研,敢于创新"的要求,潇洒自如,妙趣横生,旁征博引,学生很快就会被你的才智、才气所折服,从而自觉要求进步。

【学风】

定义:学风就是学生在学习过程中应该养成和遵循的风气,它同样是学校文化的重要组成部分,是保证学习效果的前提。

学校的学风:尚德、勤学、健体

尚德:"尚"即崇尚,"德",即道德、德行,也就是人的品质或品格。"尚德"是人格完善的基本要求、是人生的基础教育、是人成其为人的必要修炼。

《论语》:"君子哉若人,尚德哉若人。"

《大学》中说"大学之道,在明明德,在亲民,在止于至善";《易·坤卦》中说"地势坤,君子以厚德载物"。养成正直高尚的人格是做人求学的根本,学生崇尚道德为先,弘扬品行为首,才能人格完备,胸怀广阔,心态平和,与人为善,包容和合。

勤学:就是勤奋学习,勤于准备,勤于思考,勤于提问,勤于探索,勤于归纳，勤于总结，勤于交流。

《东观汉记·桓荣传》："荣少勤学，讲论不怠，治《欧阳尚书》。"

"勤学"强调学习的过程和学习的态度，旨在倡导严谨治学、学而不厌、终身学习的风气，做到"海纳百川"。"勤学"不是苦学，重要的在于持之以恒。勤学也要重视方法和效率，它应该是和乐学、会学紧密关联的一个整体。"勤学"历来被人们认为是个人成才的必由途径。有"书山有路勤为径""学问勤中得"等名言警句。知识的领域无边无涯，被形容成"书山"，被比喻成"学海"。一个学习的人，想要用自己有限的生命，去掌握成才的必要的知识，就必须勤学。

健体：即健康的体质和体魄。与学习文化知识一样，健康的体魄、强壮的身体是通过坚持不懈的锻炼以及正确的健体习惯而达到的。

健康的身体是工作、学习、生活的前提和基础，是国民素质的重要指标，是学校和合教育的重要组成部分。坚持进行体育锻炼，在运动中增强体魄，在锻炼中提高身体素质。在体育活动中通过积极进取、勇敢竞争、顽强对抗、承担负荷、战胜艰难困苦和经受胜败考验，能磨砺意志、强健体魄、历练身心，更能让学生品味成功，培养起浩然正气和积极向上的人生观。

【学校形象定位】

定义：学校形象定位就是对学校总体形象的框架性勾勒，它是在学校现实形态和未来趋势的结合点上对办学宗旨所做的高度概括。它界定学校在何种范围内进行规划、实施办学活动。

学校形象定位：诗书成趣，正气澄明的书香校园

诗书成趣：以和合文化为统领，进行经典诗文的诵读，学校的人文内涵便会丰富而深厚。浸润于经典美文、圣贤名训的文化氛围之中，教师坚持终身学习、合作学习，不断提升个人素养，不断丰富教育智慧，不断扩展教育视野，实现自我的可持续发展；学生以兴趣为切入点读诗书、学礼仪，丰厚知识，养成文明习惯，释放成长的无穷力量，探索自我的

无限可能。

正气澄明：学校施行和合教育，将之贯穿于师生工作、学习、生活之中。要求师生修高尚道德，规范行为习惯，言谈举止高雅，人格独立，有仁爱之心，有正义感。这样正气澄明的文化氛围，既体现了学校对传统经典的重视，又彰显了和合文化对师生的陶冶作用。

【学校愿景】

定义：学校愿景是学校对未来理想和长远战略目标所描绘的蓝图，是学校的发展目标，也是学校全体师生的共同愿景。

学校愿景：彰显特色，底蕴深厚的精品名校

这一愿景来自西昌市航天学校全员上下崇高的教育使命感，来自师生对自身实力的信心，来自学校敢于走向全省乃至全国的博大胸怀。学校全员将它作为长期奋斗的目标，以满怀的豪情、创新的活力、不懈的斗志一步步将它变为现实。

（3）治学理念

【办学目标】

定义：办学目标就是一所学校的自我期待和社会期望，是一切办学行为的总纲领，是办学思想、方向、策略的集中表现。

学校的办学目标：扬和合文化，育品正学生

扬和合文化：学校文化建设的目的就是要通过一种潜移默化的氛围熏陶、一系列实践体验给予学校师生以精神动力，逐步营造良好的校风、教风、班风、学风，以学生行为习惯养成教育为基础，形成完整的系列主题教育体系。

学校文化建设是体现学校个性的需要。学校通过对办学理念的倡导、实践、提炼和升华，在此过程中形成了独特的价值判断和价值取向——浸润滋养，这将为学校生存与发展注入富有个性的生命底蕴。

学校文化建设是打造学校精神家园的需要。全校师生员工在学校中形成共同的做事方式，在更高的平台上寻找到共同体的感觉，从而产生更好的"家"的感觉。

育品正学生：品，品格德行。

"正"是至正。言正，身正，品正，以正身；手正，体正，脑正，以勤业。身正业勤才能成人成才。

"正"是达真。不为世俗名利，不刻意雕饰，不矫情做作，不随波逐流，不过分张扬。学生求真创新的精神，承载的是全面发展和自主发展的真实理想。

"正"是不俗，是对个性的发展，是对创新的执着。

"正"是大气。淡泊明志，宁静致远，壁立千仞，海纳百川。

通过"滋养教育"，要为学生的终身学习打下坚实基础，就必须从小涵养学生正直的品德，使学生成为品行正派、为人正直、充满正义的现代公民。学校的办学目标，正是秉承了这一思想。未来的西昌市航天学校将以优雅的环境浸润、丰富的活动渗透、潜移默化的言传身教来实践人的教育，造就文雅品正的学生、身正为范的教师、正气长存的学校。

【育人目标】

定义：培养目标是学校的育人使命，是学校应当而且必须承担的社会责任。

学校的育人目标：知书达礼的品正学子

知书达礼：知、达：懂得。有文化，懂礼貌。形容有教养。

元·无名氏《冯玉兰》第一折："只我这知书达礼当恭谨，怎肯着出乖露丑遭谈论。"

知书之"书"，可看作《四书》——《大学》《中庸》《论语》《孟子》，也可看作是一般的书，通指有文化；"礼"指礼节、礼仪、礼数、礼法、礼教、礼貌。

孔子云："不学礼，无以立。"做人，首先要明礼。

学生要做到知书达礼，就需要努力学习，以良习养德，以书香润学，培养高尚的思想情操，能分辨是非，辨明好坏。知书达礼会给学生的生活、学习和工作带来极大的益处，让学生诗书琢慧，言行蕴美。只有知书达礼，才能成为身正、言正、行正、品正之人，也才能受到别人的尊重；只有知书达礼，才能提高学生的文明素质和内心修养，能与他人相处融洽，奠基真善美的品质人生。

【师资目标】

定义：师资目标是学校培养教师的目标，是教师对自己在未来发展中所应达到的水平和应追求的具体期望。

学校的师资目标：德厚艺精的学行良师

德厚：德：道德，德行；厚：重。指教师道德高尚。

和合教育重德，学生的"德"很大程度上来源于教师的素质影响。只有教师将自身的内在修为提高，才能教导学生。学校教育，德育为先，在依法治国和以德治国相结合的今天，教师的职业道德建设，其意义更显重大而深远。

艺精：指的是技艺、技能精湛。"艺"是内容，"精"是标准；达到"艺"的境界需要有一定的技能基础或底蕴，当技能达到一定高度的时候，方可称为"艺"，故曰：技艺超群。

"滋养教育"的良好实施对老师们提出了高标准、严要求，即要具有深厚的内功，要精通教学，要不断追求卓越、完美的教书育人技艺。一个知识渊博、学术思想先进、具有创新精神、业务能力高超的教师，更容易受到学生的喜爱。教师必须利用一切可以利用的时间，加紧学习"充电"，进一步完善自己的知识结构，不断研究教育规律和艺术，思考学生的接受心理，开展课堂创新教育，提升自己的执教能力，提高自己的综合素质，使业务知识和实践技能更加精湛，进而为学生提供优质的教育。

（4）文化理念

【文化主题】

定义：一所学校的教学模式、管理程序、人力资源等都可以引进，唯独文化性格是它独具的生命力。在广大中小学的硬件建设日益趋同的今天，校际竞争已经转向办学特色、办学品位的竞争。这时候，你的文化性格是否鲜明，你的文化生命力是否旺盛，是否能成为学校可持续发展的助推器，就直接决定了你的成败。

一所学校营造的文化氛围、提炼的文化主题，往往是一所学校的文化核心。

学校的文化主题：浸润达道，自然大成

这个文化主题是学校文化的一个响亮口号，它充分体现了学校的意志与办学特色，可用以鞭策全校师生。另外，它内涵深刻，富有个性，叫得响，记得住，传得开，还可以作为学校的宣传广告语使用。

此文化主题既将"滋养教育"包含其中，又表现了学校对于基础教育的新认识，凸显了对个体的尊重，追逐成长的激情与个性，寓意深刻，极具个性，耐人寻味。

将"大成"作为学校"滋养教育"要达到的目标，包括以下几方面的含义。

①大的成就。指事功。《易·井》："元吉在上，大成也。"

②大的成就。指学问。《礼记·学记》："九年知类通达，强立而不反，谓之大成。"

③大的成就。指道德。《孟子·万章下》："孔子之谓集大成。集大成也者，金声而玉振之也。"

④师生文化内涵与精神品质的完备。《老子》："大成若缺，其用不弊。"

⑤学校办学成就，各个方面相当完备。

"浸润达道，自然大成"文化主题体现了学校个性的需要。学校在长期的办学历程中，通过对自己办学理念的倡导、实践、提炼和升华，形成了独特的价值取向——"浸润滋养"，这就将为学校生存与发展注入富有个性的底蕴。

（5）建设目标

通过对中国传统文化的挖掘拓展，传承传统文化，建设特色学校，创建学校品牌。

重点是通过校园环境打造，通过教师、学生的系列活动，管理变革、师生行为，形成具有学校浸润滋养特色的物质文化、精神文化与制度文化和行为文化。

①楼名文化

小学部教学楼：扬帆楼

中学部教学楼：启航楼

综合楼：博艺

女生宿舍楼：蕙兰楼

男生宿舍楼：才俊楼

食堂：逸香楼

②文化石

校区花园、绿地竖"仁、义、礼、智、信、忠、孝、节、勇、和"等文化石。

（二）以人为本——打造"有准备的"人文环境

孩子的内在潜能是在环境的刺激下发展起来的，是个体与环境之间相互作用的结果。教育应当包括成人、环境和孩子三个因素。三者之间，彼此都应发生作用。教育与孩子之间，应该建立一座"桥梁"——"有准备的人文环境"，它能让世界变得适合孩子的发展，学校应该为孩子处处提供"有准备的环境"。

"有准备的环境"其实就是校园的所有环境的创设都是为了孩子。一草一木，一花一路，处处都需要贴近孩子，强调真实自然的环境氛围。只有真实自然的环境才能唤起孩子们对生活的反应，才能促进孩子们自发地对生命产生积极的反应，从而激发孩子们对学习的热爱。

其次需要突出方式。人文环境是一种氛围，一种气息，一种场域。深层次的人文环境虽然是一种体验，一种感觉，一种心灵的碰撞，但也有呈现的方式。不仅体现在物化的景致上，通过校园景观的设计，透视一种精神，传达一种品位，释放一种讯息，营造一种环境，而且体现在系统的课程上。包括显性的课堂文化和隐性的活动人文，使学校的核心理念贯穿于教育的实处，融入教育的每个环节，让学生真正体验到文化的包容与豁达，感受到校园文化的滋养与浸润。

三、"滋养教育"是基于优秀传统文化对民族个体的润泽

中国传统文化是一种反映民族特质和风貌的文化，是民族历史上各种思想文化、观念形态的总体表征。它是居住在中国地域内的中华民族创造的、是为中华民族世世代代继承发展的、具有鲜明民族特色、内涵博大精深的文明。中共中央办公厅、国务院办公厅印发《关于实施中华优秀传统文化传承发展工程的意见》中明确指出：实施中华优秀传统文化传承发展工程，是建设社会主义文化强国的重大战略任务，对于传承中华文脉、全面提升人民群众文化素养、维护国家文化安全、增强国家文化软实力、推进家治理体系和治理能力现代化，具有重要意义。

对当代青少年来说，中国传统文化能够深入地提升他们的综合素质和道德修养，健全人格，开拓思维和视野，增强民族自豪感和爱国主义精神。主要表现在以下几个方面。

第一，传统文化的传承关系着国家与民族的发展。在当今这样一个民族融合、文化交融的大时代，发展离不开精神文明与物质文明的发展与进

步。中华优秀传统文化是中华民族的文化根基、民族之魂。

第二，传统文化可以促进学生的全面发展。传统文化是具有民族特色的、历史悠久、博大精深的文化。它包罗万象，是取之不尽的宝库，也是用之不竭的源泉。例如，我校通过传统经典的诵读，学生可以从中学习古人高尚的品格情操，提高语文素养；学习传统体育，可以锻炼体魄；学习民乐、书法、绘画，可以发展审美能力，培养发现美、创造美的能力。马克思说："人们自己创造自己的历史，但是他们并不是随心所欲地创造……而是在直接碰到的、既定的、从过去承继下来的条件下创造。"学生需要传统文化的滋养，传统文化需要学生的继承与发扬。

第三，传统文化教人如何做人、如何安身立命。自宋代以来，《四书》是家传户诵之学，哪怕是乡间不识字的劳动者，也在自觉实践其中做人的道理。其中"己欲立而立人，己欲达而达人""己所不欲，勿施于人""老吾老以及人之老，幼吾幼以及人之幼"等格言，流传至今。

第四，传统文化可以提高综合素质。13岁以前人的记忆力很强，所以要多背诵一点蒙学读物，比如《弟子规》《千家诗》《千字文》《三字经》《百家姓》《论语》《大学》等，可以开发智力。有一句古话说："熟读唐诗三百首，不会作诗也会吟。"

第五，传统文化可以培养爱国主义精神。传统文化内容博大精深，"琴棋书画诗酒茶"，承载着多少令人艳羡的艺术。毫无疑问，孩子们在学习传统文化的同时，可以感受到中国厚重的历史文化积淀和丰富多彩的艺术气息。

为了让传统文化浸润到孩子们的日常生活，内化为孩子们的日常行为，还要通过丰富多样的社团活动来推进。如"六一"诵读比赛、有趣的手抄报活动、二十四节气的探索活动、传统佳节的庆祝活动等。通过这些活动，有效地激发学生学习传统文化的热情，为形成学生良好的习惯、健全的人格起到促进作用。

每一个孩子都是独一无二的。我们在进行传统文化教育时，要充分注意到孩子的年龄和认知程度，让他们在学习传统文化的时候多注重内在的文化内涵，而不是搞形式主义。学校在以人为本的前提下，多从实际出发，适当进行创新。对于接受能力和性格不同的孩子，可因材施教，多多发掘孩子的个性，解放天性。身处信息化时代的我们，不能脱离社会而故步自封。在学习传统文化知识时，要引进现代教育教学方法，摆脱枯燥、晦涩的传统模式。对传统文化，要取其精华，弃其糟粕，不断开拓创新，与时俱进。对传统文化的学习，重要的是寻根，寻民族精神的根，寻现代文明的根……我们要把传统文化作为学校教育教学的一项重要内容，作为爱国主义教育、道德教学、素质教育的重要内容，让优秀传统文化在校园落地生根。

学校一直以来都特别注重对学生进行中华传统文化的熏陶，常常通过国旗下讲话、主题班队会、校园文化艺术节和传统文化艺术进校园等各种形式和载体，将传统文化教育融入孩子们的素质教育当中。在国家公祭日、烈士纪念日、清明节、九一八等重要纪念日，学校组织学生悼念英烈，让孩子们了解中国历史，让孩子们感受中国人民不屈不挠的反抗精神。让孩子们明确自己的使命，努力学习奋发向上，振兴中华，了解祖国今天的成就，展望祖国的美好未来，感悟爱国的深刻内涵，从而明确自己的责任。此外，学校还特别在校本课程和延时服务课程总体设计中加入了传统文化元素，不仅为传统文化教育寻找到了新的落脚点，也有助于孩子们领略传统文化的博大精深，增强民族自豪感和文化自信力；同时也有助于中华优秀传统文化的传承和发展，真正做到让传统文化贯穿在教育实践中。通过浸润滋养，传统文化的精髓根植于下一代的心中，为培育精神沃土、助力青少年健康成长提供力量。

四、"滋养教育"是润泽心灵和品性的培育过程

"滋养教育"体现在学校的每一个地方、生活中的每一个瞬间、师生

相处的每一个细节、探索的每一个瞬间。"滋养教育"中，教育者以润泽陶冶、春风化雨的教育方式，对学生加以整合性、多极化、立体式的教育影响，从而培养学生适应未来社会所需要的素养。

"滋养教育"以爱为核心，滋润唤醒学生的心灵。爱为教育注入了灵魂。教育的过程复杂而烦琐，只有用爱赋能，教育才会达到浸润滋养的效果，教师也才能在工作中提升效能感、成就感与职业幸福感。教师只有具备了这种自觉而真诚、普遍而持久的爱，才能有生动活泼的教育，也才能享受教育的过程，成为一名温暖而幸福的"浇灌者"，从而丰润每一个生命，实现自身的价值。

"滋养教育"以德为先，通过德育教育打好孩子们的成长底色。首先我们的教育必须回答"为谁培养人，怎样培养人，培养什么人"的教育之问。虽然不同的人有不同的回答，但品行是第一位的。它不仅是我们千年文化积淀的精髓所在，也是一个宝贵的精神财富。要让社会主义核心价值观的种子在青少年心中生根发芽，做到记住要求、心有榜样、从小做起。"滋养教育"应该秉承我们文化基因中的崇善扬道的品质，帮助学生浇灌善根、修成善行，润养浩然正气，让善的气息如水般润泽内心，成就每位师生的仁者之态。

"滋养教育"特别强调润物细无声。这种育人方式是把学生当作一粒种子，为其创造适宜、适性的生态环境，这就是教育的起点。我们教育的意义就在于为学生提供充足的阳光、适宜的土壤和适量的水分，促进其潜能的释放。做教育必须懂得陪着孩子慢慢地走，慢慢地欣赏成长的快乐，慢慢地等待孩子长大，欣赏孩子的美。肯定孩子的每一次坚持和进步，鼓励孩子们勇敢创造，敢于拼搏。陪着孩子克服每一次困难，面对每一次失败，看见孩子的每一次努力和变化，做他们成长的见证者、陪伴者和引路人。"滋养教育"是一种睿智，更是一种气度，也是"滋养教育"的核心。"问渠那得清如许？为有源头活水来。"只有从心灵上关心孩子才能把学校办好，滋养润泽的心灵才是源头活水！

五、"滋养教育"是提高受教育者的自我修养，并使其快乐成长的教育过程

孩子们是国家的未来、民族的希望，社会发展的储备力量。引导他们树立正确的人生观、社会观、价值观，促进其身心的健康，格外重要。所以提高孩子们的自我修养是必要的。"滋养教育"在于点滴的积累和细节的注重，也就是从日常生活的习惯入手，贴近孩子的日常，在生活、娱乐、学习三者的良好结合中培养学生的修养。

（一）提高自我修养从培养好习惯做起

好习惯伴随我们走向成功。一个人的习惯往往是从小培养起来的，而且将会贯穿到一个孩子以后生活学习的各个方面，影响孩子成长的各个阶段。对于孩子们的培养，"滋养教育"提倡渐进式和循序式。"孔融让梨""一诺千金""闻鸡起舞""巷宽六尺"等故事家喻户晓，但是其隐含的正面能量可以历久弥新。通过学习经典故事，培养孩子的好习惯，让他们从小形成良好的认知能力，一步一步形成正确的人生观和价值观。

（二）教会孩子如何做人

1. 让孩子学会善待自然

要让孩子体会到，世界上的万物都有它们存在的道理，应该从中去寻找它们存在的意义。学校通过专门设立二十四节气主题探究系列活动，带领孩子们一起走进自然，发现自然的奥秘，感受自然的伟大，帮助孩子从自己身边的生活环境中去发现、感受和体验万物的存在和变化，使他们逐步认识万事万物的变化都与自己的生活息息相关。应该鼓励孩子与自然接触、热爱自然。

2. 让孩子学会尊重他人

"滋养教育"可以帮助孩子逐渐懂得人与人之间的相互依存的关系，学会处理一些简单的人际交往的问题。学校通过开展文明礼仪活动、理财节等主题活动，教孩子懂得珍惜他人的爱，同时学会给予他人爱；鼓励孩子与他人友好相处；重视培养孩子的共情能力和社会适应能力。

3. 让孩子学会发现自我

"滋养教育"强调尊重孩子、相信孩子，让他们学会自主抉择，一步步培养孩子的自信心和自驱力。学校通过举行校园文化艺术节、科技节、体育节等大型活动，注重催生孩子的主观能动性，调动他们学习和探索的积极性，鼓励他们从事各种有挑战性的活动，帮助发展自我实现的能力，充分挖掘以前不曾被意识到的潜力和才能。

我们常说：先做人，再做事。"滋养教育"告诉我们一定要重视培养孩子良好的品质。只有具备美好的品德，学会做人，将来才有可能成为优秀的人才，创造幸福的人生。

（三）给予孩子鼓励式的教育

爱因斯坦说："最重要的教育方法就是鼓励孩子去实际行动。"苏霍姆林斯基说："教育的重要任务之一就是不要让任何一颗心灵的火花未被点燃，而要使一切天赋和才能都能最充分地表现出来。"点燃孩子心灵的火花，就是让每一个孩子都生活在被欣赏中，不断地体验成功，快乐成长。孩子做完一件事情，他会迫切地让老师、父母来看看，希望获得大家的赞赏。孩子在成长过程中的情绪变动是很大的，当他们看到自己被人夸奖时是很兴奋的，适当的夸奖会让他们以此为榜样继续积极主动去学习和保持。被人批评时，他们会沮丧、悲伤。由于孩子的情绪自我调节能力参差不齐，如果一味批评而没有很好的安抚会打击他们的自信心和向前的动力。"滋养教育"中，为了提高孩子的自我修养，提倡给予孩子们鼓励式的教育。

每一个孩子都渴望被人关注，被人呵护，被人重视，被人认可。"滋养教育"要求教育者以爱心和热情去努力培养孩子各方面的能力，鼓励和赏识他们。适当的鼓励，可以让他们沐浴温暖，有利于形成积极向上的意识，在爱与被爱中成长进步。一个充满爱的孩子，更容易提高道德修养和素质，更容易在成长中获得快乐和幸福。

六、"滋养教育"是滋养学生的知识、能力、情感、习惯、品格、信念、精神等方面成长的主阵地

教育之本在滋养，养身心，养出人的精气神。精，即精力，乃人之为人的本元。精力充沛旺盛，才有思想的空间，才有行为的力量。

气，即气质、气韵、气度、气节、气概、气场。"气"从哪里来？从阅历中来，从生命体验中来，从修为涵养中来。腹有诗书气自华。读书是养气的有效途径。

神，即神采。气定方能神闲，心静方能神聚。教育，应该让孩子们沉静下来，用心去体味书中的内蕴，去品味生活中的人与事，去分辨世事中的真善美与假丑恶，去发现、体悟生命中一份份朴素的感动，让清澈的明眸中装满真诚、善良、爱意和期待。

"滋养教育"是一项系统工程，贵在坚持不懈。它让我们清醒地认识到：教育不等于只是抓学业，养身心、抓好习惯是提升学业能力和学业水平的基础，也是学生终身发展的基础。我们首先需要坚持示范诱导，抓好起始训练，要有意识地训练各种良好习惯。孩子善于模仿，教师要注意示范诱导，让孩子学着做。如训练学生做好一日常规，从礼貌、坐姿、课堂细节等方面进行培养；带着孩子从上到下、从左到右地看书，教给学生读书的姿势；领着孩子看懂书上的插图，并指导他们看图说简短的话，培养他们的口头表达能力；每周一升旗仪式，我们跟学生一起整齐地列队，聆听国旗下讲话；看到校园内的一张废纸，弯腰捡起来……这些具体的行动

对学生的影响是潜移默化的，学生随时都可效仿。虽然不是一朝一夕就能见成效，但是只要坚持不懈，每一次都不厌其烦地叮嘱、训练，这样，久而久之就能成为一种习惯。在养成训练的环境熏陶中，我们的示范作用不可估量。凡要求学生做到的，我们应率先做到。平时，我们要把养成教育的示范作用落实到细微处，随时接受学生的监督。另外，我们还需要细心观察每位学生的习惯。习惯是长期形成的，只有将不良的习惯消灭在萌芽状态，优良习惯才能得以养成。习惯养成与家庭教育密切相关，要培养好一个孩子，还需要做好学校、家庭、社会的共同配合。只有家长和学校配合好，齐抓共管，才能对孩子有个好习惯的养成氛围。教育家陶行知说：教育犹如雕刻活人之塑像，所不同的是，艺术家的雕塑常由一位美术家来完成，而活人之雕塑则是家长和教师来完成的。

七、"滋养教育"是一种心灵教育、自我教育

所有的教育其实都是自我教育，孩子在环境中教育自己，身为老师我们只是孩子环境中的一部分。我们必须尽可能让自己成为最好的环境，因此孩子可以教育自己协调自己的命运。我们要从生命是一个整体的观点来看待孩子，而不是在做儿童教育时就只考虑儿童期。只有当我们将人类的生命视为一个整体时，才会了解到人生的每一阶段都大不相同。对孩子而言，以上所说的周遭人物、环境才是真正对他们有深远影响的因素。他们除了会模仿你讲话之外，你说的、你教的都还能对他们产生影响。如果你是善良的，你自然会散发善良的气质；如果你是坏脾气的，也会显现在你的气质中。简单来说，你的个性、行为，一点一滴都传到孩子的身上，影响着他们。所以，重点不在于去想象孩子是否会学到善恶是非，重点在于要了解，我们在他们面前所表现的一切，都一点一滴地被转化融入他们的身心中。你在孩子面前的行为和表现，决定了孩子发展的倾向，以及他们的一生。教育不是一种强行的改变，而是一种心灵的滋养。教育的过程是

让受教育者在实践中自我练习、自我学习和成长。实践的特性是自由游戏和不断尝试。通过教育使孩子自己选择决定成为什么样的人，自己把握安身立命之根。真正的教育是自我教育。教育者的使命是把孩子们引到自我教育的道路上去。教育要靠那些不断自我教育、不断超越的教育者才能得以实现。教育者在与人的交往中不停地付出，唤醒孩子的信念，为孩子搭建一条通往成功的教育之路。

八、"滋养教育"是润泽的，而非灌输

教育不是灌输，而是点燃火焰，点燃学习的热情，把学生内在的知识导引出来，变成实际知识。教育是一种艺术，我们要做到的是授人以渔而不是授人以鱼。最好的教育不是灌满一桶水，而是点燃一把火！

孩子的内心世界就像一个藏满宝藏的盒子，在这个盒子里，有智慧、有理性、有意志、有品格、有美感、有直觉等生命的能量。每一个心灵都是自然与人类智慧的结晶，每一个孩子都有丰富的心灵与巨大的潜能，教育只需要将其内在的良知唤醒。

雅斯贝尔斯说："教育就是一棵树摇动另一棵树，一朵云推动另一朵云，一个灵魂唤醒另一个灵魂。""滋养教育"的核心理念就是唤醒。教育不是灌输，而是心与心的交流，人与人的触碰。我们要做心灵的唤醒师，要做高超的雕刻家，而不做孩子学习的催促者与强行灌输者。教育的目的不在于传授和灌输知识与技能，而是要从心灵深处唤醒自我意识、生命意识，促使孩子创造力的觉醒。教育的过程是要唤醒孩子内在的能量，发展孩子的潜能，激发孩子的创造力。

"滋养教育"提倡保护孩子的自尊，呵护孩子明净的心灵，让他们见微知著、触类旁通、自觉自悟，在成长中收获自尊、自信，树立生命价值意识。当有一天，孩子惊喜地感受到一种跃动的活力、一种难以遏制的生命激情与力量的时候，教育也就触及其本质——"唤醒"。教育的目的是

引导孩子进行自我教育。当孩子能够进行自我教育的时候，孩子就会全身心地投入学习与成长的体验。这种亲身的体验以及知识的得来是经过他自己验证的，这样也就将孩子独立思考的能力培养了起来。孩子有了自我思考的能力，也就有了明辨是非的能力，明辨是非的能力就是智慧。孟子说，是非之心智之端也。智慧并非知识，但离不开知识。

九、"滋养教育"是渐进的，而非速成

如果教育有最好的方式，那一定是"循序渐进"。在众多教育原则中，最基本的一条也就是要循序渐进。朱熹说："读书之法，循序而渐进，熟读而精思。""未得乎前，则不取乎后；未通乎此，则未志乎彼。"教学要按照学科的逻辑系统和学生认知发展的顺序进行，使学生系统地掌握基础知识、基本技能。

循序渐进也是中国传统教育的一个优良传统。孔子主张"无欲速"，认为"欲速则不达"；《孟子》倡导要向流水那样，"盈科而后进"；《学记》强调"学不躐等""不陵节而施"。这些都是强调读书要由易到难，学习要遵循顺序，不能急于求成。十年树木，百年树人。教育是一门慢工出细活的学问，心急吃不了热豆腐。对待孩子，我们遵循孩子的成长规律，不能一味地要求他们做到完美或迅速发展。我们应保持耐心，发掘孩子身上的闪光点，鼓励他们自由绽放。教育要追求孩子在原有基础上的进步。著名心理学家皮亚杰将儿童的认知发展分成四个阶段。

1. 感知运动阶段（0~2岁）：这个阶段的儿童的认知活动，主要通过探索感知与运动之间的关系获得经验。适应于这个阶段的养育方式，在保证孩子安全、健康的前提下，给孩子提供充足的动作机会、感知体验机会，让孩子去抓、去看，去吮吸，去运动。同时，对孩子发出的"信号"给予积极回应，满足孩子的安全感。因此不能过度束缚孩子的活动范围，要积极回应孩子的需求。

2.前运算阶段（2~7岁）："运算"是指智力或者思维能力。这个阶段的前期，孩子依然主要靠感知运动来提升认知。到了后期（五六岁以后），能够做一些简单的思考和推理，但这些思考和推理，必须和具体的图像和动作结合起来。

3.适应于这个阶段的养育方式：孩子进入小学后，在低年级阶段，应该将学习习惯和规则意识作为主要教育目标，同时按照正常的教学进度让孩子开展学习。因此不能机械地进行知识灌输，必须加强习惯和规则意识的培养，让孩子学习不超越孩子理解力以内的知识。

4.形式运算阶段（11岁至成年）：孩子可以进行抽象逻辑思维，并且能够学会用逻辑推理和归纳、演绎的方式来解决问题了。孩子的思维能力已经接近成年人。因此在这个阶段，我们要调动孩子的自主性，培养孩子自主学习、自己解决问题的能力。给予孩子成长的空间，信任、适当地放手，尊重孩子的个人意志。

十、"滋养教育"是开放的，而非封闭的

开放式教育是针对封闭教育讲的，是一种鼓励孩子参与学习活动，以孩子为中心的学习方式。开放性体现在：开放的空间、开放的环境、开放的课程、开放的态度、开放的资源运用等。

开放式教育能使孩子在融洽的人际关系中，以自由意志、合情、合理地处理事情。唯有坚持这种理念与态度，才能造就一个凡事有主张、做事有决心与毅力的人。

（一）以孩子为中心

孩子是开放式教学中的"主体"，"滋养教育"强调让孩子在开放自由的环境中自由学习、自由发展和自我实现。因此课程设计要基于孩子的兴趣和天赋，培育孩子成为身心平衡的人。

（二）鼓励孩子主动学习

教育的真实度取决于教育的开放度——越开放，越真实；越真实，自然就是越开放的。在全方位的开放学习中引导孩子以"主动"学习代替"被动"学习。父母、老师尊重孩子，才能促成开放式教育的成功，所以尊重孩子的想法，并鼓励孩子主动学习是很重要的一环。

（三）灵活运用适当的教学模式

在开放式学习中，教师依孩子的兴趣、认知，布置学习环境，让孩子主动去实验、操作以及不断发现。因此"滋养教育"中的开放式教育不拘泥教学形式，教师亦可由孩子学习过程中了解并比较孩子的差异性，而运用不同的教学法。我们认为，教育应当"致广大而尽精微"。"致广大"与"尽精微"是相辅相成的。如果把今天科学探究的整体理解为"致广大"，那它不断细化的分门别类则可理解为"尽精微"。孩子的认知也就是在不断"尽精微"的基础上发展的。

"滋养教育"是一种学生本位的爱的教育，是注重点滴积累的养成教育，也是静待花开的过程教育，更是能够看到孩子成长进步的"唤醒教育"。它同时也是发人自醒的创新教育和智慧教育。它遵从孩子的个性发展和差异特点，致力于教育环境的精致打造。它提倡鲜活的育人实践，追求教育过程的幸福快乐，发掘睿智的教育智慧。我们将继续用教育的希望之光照亮每一个孩子的追梦人生。

"以心育心，共同发展"

——汉安中学办学思想解读

江安县汉安初级中学校　赖玉良

　　教育是爱的事业，没有爱就没有教育。笔者经过 17 个单位和部门的磨炼，20 多年的校长探索，30 多年的教育工作，曾站在教育看教育，也曾跳出教育看教育，又回归教育看教育。极目地平线，追求于永远。教育需要思想的光芒，走出经验的泥沼，迎接理性的朝阳。再也不能用一张旧教育的旧船票，不断重复昨天的故事，更不能用一张旧教育的旧乐谱，不停地老调重弹。反思以往的管理工作，积淀实践的火种，编织理想的羽翼，绽放教育的灵性。

　　笔者现任江安县汉安初级中学校党总支书记、校长，工作中始终坚持聚焦教育，立足质量第一，全面发展，求真务实，开拓创新，积极探索教育教学的有效途径。提出了"以心育心，共同发展"的办学思想，作为学校工作的指导。

一、"以心育心，共同发展"办学思想的提出

（一）适应教育方针的需要

党的教育方针是坚持教育为社会主义现代化建设服务，为人民服务，把立德树人作为教育的根本任务。全面实施素质教育，培养德智体美劳全面发展的社会主义建设者和接班人，努力办好人民满意的教育。习近平总书记对教育提出了"新时代三问"：为谁培养人、培养什么人、怎样培养人。明确了新时代教育是为党育人，为国育才，启智润心，培根铸魂。

（二）教育发展规划的需要

《国家中长期教育改革和发展规划纲要》及《国家教育事业发展"十三五"规划》出台，从教育本质着手，以现代化教育实现学生综合素质全面发展为根本目标，以人为本。

（三）教育本身的需要

教育的本质意味着：一棵树摇动另一棵树，一朵云推动另一朵云，一个灵魂唤醒另一个灵魂。教育的意义在于：为天地立心，为生民立命，为往圣继绝学，为万世开太平。教育不仅是传授知识和技能，更是一种激励、唤醒和鼓舞。

（四）学校自身发展的需要

江安县汉安初级中学校原名江安县江安镇中学，位于江安县江安镇竹都大道西段 107 号，地处江安县城中心，成立于 1999 年 9 月。成立之初，仅有一栋教学楼，学生 600 余人，教学质量差，学生行为习惯差；2008 年更名为汉安中学，面向全县招生，接纳进城务工子女就读。学校现有教职工 201 人，教学班级 66 个，学生 3530 人。其中在职党员 67 人，退休党员 7 人，省名优教师 4 人，省级骨干教师 8 人，市级骨干教师 39 人，县

级骨干教师51人，江安名师14人，县学科带头人19人，同时拥有四川省名校长1名、四川省教书育人名师1名、四川省名班主任1名。经过4次扩建，学校现占地80亩，已形成教学区、生活区、运动区三区设备完善、相对独立的校园布局，是江安县一所位置优越、布局合理、环境优美、师资优良、业绩优异的单设初中。

二、"以心育心，共同发展"办学思想的内涵

以心育心，前者以心教育，后者用心感受。

以心育心，强调的是教师以情动人，教学富有感情；以教师的品德培养学生的品德；以教师的情操陶冶学生的情操；二者共同感受心的美好，情感的升华，让幸福充满校园。在富有深厚历史文化底蕴的校园中漫步，耳旁传来学生琅琅的读书声，处处可见教师对学生的言传身教。

共同发展，首先是学生在学校的教育下健康成长，快乐生活；其次是教师在传授知识过程中以心育人，提高自身师德修养，提升教学水平；再次学校以人为本，强调用心教育，营造宽松的学习氛围，提升教学质量，发展壮大；最后是家长感受到学生在情感教育下的进步，对学校满意放心，积极与之沟通，增进彼此交流，四位一体，做到和谐有序，共同发展，从而实现社会对学校的放心，学校对老师的关心，老师对学生的爱心等。创造校园幸福环境，师生和谐发展的方针，有利于学校教学工作的开展，师生共同发展，为美好的人生奠定坚实的基础。

汉安中学从教育本质着手，以现代化教育实现学生综合素质全面发展为根本目标，以人为本，提出"以心育心，共同发展"的办学理念。立足教师教学水平提升、学生终身成长。落实科学发展观，师生校园和谐发展，传承汉安优秀历史文化，树立远大志向，以汉安精神奋发向前，不断努力，取得学习教学成果。最终实现和谐校园，和谐发展，为教育事业做出新的贡献。

三、"以心育心，共同发展"办学思想的理论体系

1. 办学思想：以心育心，共同发展

2. 办学宗旨：为学生健康成长奠基　为教师持续发展铺路

3. 办学目标：追求卓越　创造一流　育优秀人才　办优质初中

4. 办学策略：质量立校　特色名校　科研兴校　和谐强校

5. 工作思路：强规范　夯基础　凸质量　促发展

6. 校训：读书改变命运　习惯成就人生

7. 校风：文明　诚信　开放　和谐

8. 教风：敬业　博学　树德　善教

9. 学风：尊师　重道　好学　雅思

10. 教师信念：用欣赏的眼光看孩子，以尊重的态度待学生

11. 学生信念：做诚实人，行阳光道，求真善美，立天地间

12. 校徽设计理念：

校徽中间的圆形背景用红、橙的渐变色，设计出一轮冉冉升起的红日，发出万丈光芒，象征发展中的汉安中学，明天将更加辉煌。

圆心的中央，是一只翱翔天空的飞鸟，寓意展翅高飞的雄鹰，下部分用红、绿、蓝三种颜色组合，意为浩瀚的知识海洋。整个内圆象征着汉安学子迎着朝阳，乘风破浪，不断进取，越飞越高，最终达到理想的彼岸。

圆环的上部分用隶书书写汉安中学名称，暗合江安古称汉安这一历史事实，呈现学校的文化底蕴；圆环的下部分用拼音拼出学校的全称，中规中矩，体现汉安中学规范化管理，"三风"淳厚，数字"1999"是学校建校时间，学校发展的起点。

整个校徽图像是两个同心圆，寓意以心育心，师生同心同德，锐意进取，知识改变命运，习惯成就人生！

13. 汉安中学校园布局：像一艘航空母舰，寓意：打造教育的"航母"，江安教育的旗帜，宜宾教育的标杆，四川教育的典范。

14. 师生精气神

向我学习；做最好的自己；建最强的团队。

15. 办学新理念

逐步扬弃"以知识为中心"的教育，保留其基础性内核：基本知识、经典文化。

积极包容"以学生为主体"的教育，吸收其发展型内核：个性化、创造性。

稳步推进"以思维为前提"的教育，强化其人本性内核：主动、能动、互动。

四、"以心育心，共同发展"办学思想的应用策略

（一）"五轮驱动"促成长，立德树人向未来

学校全面贯彻党的教育方针，坚持立德树人的指导思想，遵循教育规律，结合学校实际，创新实施"五轮驱动"育人机制，培养良好行为习惯，即"法治教育、德育平台、警校联动、禁毒教育、心理健康"五位一体，共创美好校园，共促学生成长。全校师生法治意识强，无涉毒犯罪行为，校园安定和谐，师生心理健康状况整体良好。学校先后荣获全国青少年普法教育先进单位、全国毒品预防教育先进学校、四川省法治教育示范基地、平安示范校园、德育工作先进单位、未成年人思想道德建设先进单位等荣誉称号。

1. 推进法治教育，学法守法促和谐

（1）"课堂阵地"学法规

道德与法治课教师每周为学生上 1 节法治教育课，向学生普及法律法规相关知识，提升学生法治素养。

（2）"模拟法庭"树法威

开设模拟法庭，以青少年犯罪的真实案例进行改编，庭审中的审判长、审判员、书记员、被告、原告及其委托代理人的角色均由学生担任。以案释法，增强学生学习法律知识的热情。整个庭审过程环环相扣，庭审气氛严肃，庄重又不乏生动有趣，使在座师生接受了一次潜移默化的法治教育。

通过生动的案例，让学生们如同身临其境，真正触动其内心，让他们提升法治意识，能明辨是非。同学们都纷纷表示，要做一个知法、懂法、守法的好公民。

（3）"普法使者"讲法纪

聘请江安县公安局网安大队大队长陈霞、江安县人民检察院副检察长助理肖家强担任学校法治副校长，定期、不定期到校开展普法宣传、预防未成年人犯罪等教育活动，开展专题讲座，协助处理学生违纪事件，营造良好的法治氛围。

（4）"法治活动"扬法治

开拓创新，寓教于乐，通过多种艺术形式开展了丰富多彩的法治教育活动，弘扬法治精神。

法治快板。学校挑选热心公益的同学成立普法宣讲团，开展了"三字经"普法宣传快板演唱进班级、进校园、进社区活动。

法治舞蹈。将法治理念以舞蹈的形式传递出来，舞出对法的敬畏，对生命的热爱。

法治歌曲。学校组织学生演唱宣扬法治精神的经典歌曲，用优美的歌声传递法治精神，彰显法治之美。

法治电影。拍摄贴切学生生活实际的法治微电影，学生从中受到教育和启发，学会正直为人、遵纪守法。

法治演讲。组织学生参加各级"学宪法·讲宪法"活动演讲比赛，让学生在活动中学习法治知识，弘扬法治理念。

2. 夯实禁毒教育，筑牢防线护成长

（1）"禁毒体验中心"入脑入心

打造禁毒预防教育体验中心，室内阵地硬件设施完备，展示形式多种多样，集警示功能、宣教功能、学习功能于一体，教育效果显著，要求师生接受毒品预防教育率达到 100%。

（2）禁毒"五个一"用情用心

坚持常态化开展禁毒教育"五个一"：每周做一道禁毒知识题，每旬上一节禁毒教育课，每月开展一次禁毒辅导教育活动，每期组织一次禁毒知识测试，每年进行一次禁毒教育评比表彰。

（3）"禁毒教育导师"同德同心

学校成立禁毒讲师团，现有省级讲师 1 名，市级禁毒讲师团教师 1 名，校级禁毒讲师 60 余名。通过毒品预防教育课，极大提升了学生识毒、拒毒能力。

（4）禁毒教育活动以心育心

组织学生参观江安县禁毒教育基地，开展禁毒宣誓签名活动和禁毒征文活动，各班每期办一期禁毒教育专刊，评选"禁毒小卫士"。

3. 呵护心理健康，阳光生活向未来

（1）创立"基地＋中心"模式

学校成立心理辅导中心，联合江安县睡眠康复中心设备设施及专业心理咨询师，整合学校与社会资源，优化心理辅导硬件建设。

（2）构建"课堂＋培训"体系

依托心理课堂教学阵地，根据学生心理发育特点，讲解心理健康知识，上好心理健康教育课，提升学生心理健康水平；邀请心理咨询师到校开展心理专题讲座，普及心理健康知识，提升学生心理调节能力。

（3）实施"测试＋归因"策略

开展学生阳光心理测试。制定心理筛查量表，每期组织一次心理测试，

及时发现学生中存在的心理问题，进行归因处理，针对存在问题的学生，一人一档，制订个性化疏导方案。

（4）开展"咨询＋疏导"干预

专职教师依托心理辅导中心，每天固定时段开放心理辅导室，开展心理咨询及个别心理调适和团体心理辅导，通过沙盘推演、音乐疗法、宣泄室等及时疏导学生负面情绪。

4. 搭建联动平台，"四级预警"强守护

学校根据《教育法》《教师法》《未成年人保护法》《预防未成年人犯罪法》《中学生守则》《中学生日常行为规范》等研发制定了"德育教育关联性平台量化评分细则"，将学生行为表现分为仪表、出勤、课间纪律、上课纪律、作业、卫生、日常行为规范七大类59个扣分项，12个加分项。每学期开学学生分值均为100分满分，班主任老师通过"德育平台APP"按照量化标准对学生行为表现打分，根据得分实行"红、黄、蓝、绿"四级预警，分级实施教育管理。实施常态化、智能化、精准化教育管理，有效预防校园欺凌案件，杜绝在校学生违法犯罪事件的发生，同时保护和促进学生健康成长，快乐幸福。

（1）"绿色"预告

搭建德育平台，班主任按量化标准对学生行为表现打分，分数在90分以上呈现"绿色"，班主任常态化教育管理，学生家长正常关注。

（2）"蓝色"预报

学生分数在80~90分之间呈现"蓝色"，学校分管领导、德育主任加强教育管理，学生家长加强关注。

（3）"黄色"预介

学生分数在60~80分之间呈现"黄色"，学校有针对性地实施重点教育管理，法治副校长教育帮扶，学生家长与班主任高度关注。

（4）"红色"预警

学生分数在 60 分以下呈现"红色"，将该生确定为重点对象，实施教体局、法治副校长等共同教育帮扶。

5. 实施警校联动，护校安园保平安

（1）配备专职保安和护学岗

建设校园警务室，配备专职安保人员 9 名，实现门岗值守和安全巡逻无空缺；设置校园护学岗，在上学和放学高峰时段警力到岗，履职到位；组织发动"红袖标"治安志愿者群防群治力量，协同开展校园周边巡逻守护。

（2）封闭管理和视频监控覆盖

学校进出校园通道 3 处，均设置门卫值班室，教学期间均实施封闭管理；校园周边围墙高度 2.2 米以上，部分区域设置防翻越设施；校园电子监控摄像头共 217 个，实现校园及周边覆盖率达 100%。

（3）安装校园硬质防撞桩设施

共设置防撞隔离墩 50 个，其中南校门 24 个，北校门 12 个，其余位置共 14 个，均处于长期有效阻碍车辆通行状态，对确需进入学校车辆，核验后一律从消防通道进入，同时严禁驶入教学区。

（4）一键式报警与公安 110 联网

安装"一键式报警器"，并接入江安县公安局 110 指挥中心，安保人员能准确掌握报警装置的使用方法，每季度至少开展一次"一键式报警"测试。

（二）过程管理亮课堂，质量提升促发展

学校教学工作紧紧围绕"以心育心，共同发展"的宗旨，以"改革课堂教学方式和质量转型增效"为主题，贯穿"创新课堂教学，提高课堂效率"的理念，精细管理提质量，着力打造智慧校园，全面提升学校办学品位，真正起到引领示范作用。

1. 健全考核制度，强督查，重落实考核

学校以人为本，切合实际，不断完善，建立健全教学相关考核制度，全面提高教师大局观、责任意识、质量意识、竞争意识。

（1）知人善任，从整体大局出发，科学合理地安排教师工作，优化组合，按四川省课程标准，科学合理安排班级、教师课表，确保教学工作有序进行。

（2）强化教学管理，制定了《汉安中学课堂教学督查制度》，并坚持行政值周与教导处管理人员双督查，翔实记载，发现问题及时与任课教师或班主任交换意见。对遗留问题，对照制度，及时通报，限期整改，促进课堂教学的规范，效果明显。

（3）强化教学"六认真"的检查，让课堂真正"亮"起来。坚持每两周一次的教学常规检查，详查教师备课、上课，作业布置与批改、辅导，必要的检测与分析，记载翔实，定时公示，对照《汉安中学常规管理考核细则》，奖惩分明。

（4）有序组织开展全校性的各类检测，严格考风考纪，并及时做成绩分析，促进教师发现问题，改进教学方式和教育方法，也有助于学生学习意识、竞争意识的提高。

（5）坚持对薄弱学科进行指导和督查，以年级学科捆绑考核为载体，充分发挥教研组、备课组的功能，建立健全《汉安中学教师结对帮扶考核制度》，促进共同提高。

（6）针对每期在教学中存在的问题及在期末检测成绩考核中的薄弱学科，及时分析，汇总并写出整改方案，来期督促改进，并专门制订《教学质量提升计划》。

（7）按照《汉安中学教职工出勤考核办法》，对教师因假代课安排及时到位，记载准确，严格考核。

（8）制定了较为科学的《汉安中学艺体学科考核评价方案》，开展

常态化的艺体学科教师课堂常规督查，开展每期学生问卷调查，促进艺体学科课堂规范，实现"学艺并举"，提升学校的办学品位。

（9）按照《汉安中学教职工工作量考核办法》完成了对全校教职工工作量的公示和考核。

（10）每期评选并隆重表彰学生中的"学习之星"，教师"教学能手"以及总成绩优秀的班级，树立典型，形成良好的"教""学"氛围。

（11）严格学生准入制度，对照《汉安中学转复插学生考核制度》，公开、公平、公正接收学生，分班并考核。

（12）贯彻上级文件精神，规范开展一年一度的新生招生工作，公开、公平、公正编班，提高教师公平竞争的意识，对扩大学校招生影响力，提升声誉，大有促进。

（13）收集班级学生与教师之间，教师与教师之间合作交流中的亮点和存在的问题，及时表扬和开展疏导，促进合作提高。

（14）组织开展校际教师的交流学习，走出去请进来，促进教师教学管理，教学方法的改进和提高。

2. 努力培育优生，带全面，促质量提高

（1）高度重视优生培养工作

优生培养是"三名一优"系统工程中重要的环节，"一优"是"三名"的基础。学校历来重视优生培养工作，优生培养工作着重解决两个问题：一是让优生更多，二是让优生更优。

学校教育既要"面向全体"又要"因材施教"，发现和培养优生的过程就是要关注每位学生寻找适合自己发展的途径和方法。将优生培养作为切入点，重树师生信心，吸引更好的生源，让学校步入良性发展的道路。抓好对优生的培养，浓班风，正校风，从而带动学校教学质量的提高。

（2）科学建制，激发活力

强化竞争机制。学校一直稳妥实施并逐步完善全员聘任、竞争上岗制度。学校首轮聘任班主任，二轮班主任，三轮学校组织安排，力求人尽其才，才尽其用，在整合教师资源，提高教师积极性方面收效甚好。

完善考核机制。对优生培养承担重要任务和成绩突出的教师，除大大提高物质待遇外，在评优评先、职称评审、岗位设置中都有所倾斜。在优生培养方面，学校分别设置了突出贡献奖、优生奖、合格奖、班级综合奖等切实可行的考核办法。

健全学生激励机制。一是唤起优生的精英意识，不同班级都扩大范围确定优生培养对象，充分利用皮格马利翁效应对学生的激励作用；二是每学期评选学习之星；三是每年公示中考之星；四是在校园内宣传国内外知名大学，激发学生对名校的向往；五是用古今中外英杰激励学生览前贤，思自己，求进步。

（3）强化管理提升水平

全面推行目标管理。每期开好"两会"即优生会和教师会。学校合理进行目标分解，每学年分别从学校—年级—班级—学科四层次目标下达，认真进行目标督导，对照目标任务及《汉安中学班级精细化管理方案》，实行过程监督指导，严格兑现学校承诺，严格进行目标考核。

大力倡导协商会诊工作机制。主要是建立多层次的联席会议。年级联席会议重点是定战略、定目标、定措施，解决疑难问题；班级联席会议重点是解决班风、学风问题，关注学生的整体表现、薄弱环节、掉科现象，以及如何攻克等。

及时信息反馈机制。对学生的学习、思想、纪律等方面的表现，班级详细记录在案，及时反馈给家长。毕业年级各班建立一周联系卡，畅通教师与家长联系沟通渠道。

精细教学，提升数量。课堂分层教学，发挥优生优势；培养良好的学习习惯和学习方法，扩大巩固优生面；引导优生树立正确的目标；训练优生良好的心理素质；制定优生培养档案，跟踪观察、对比分析。

3. 重抓毕业管理，强目标，追踪出实效

学校历来重视毕业年级工作，倾力打亮毕业年级，使之成为学校的对外示范窗口。因此，学校对毕业年级实行四大倾斜：管理重心倾斜、资金保障倾斜、资源配置倾斜、监督考核倾斜。

（1）创新用人机制，优化班级教师组合

针对毕业年级原有现状，对班级存在顽疾，管理不力的班主任及学科教学成绩排位差且停滞不前的学科教师，坚决换下，把管理得力，效果明显，教学成绩好的教师调整上来，优先满足毕业班班主任聘任科任教师，优化班级组合，提高班级合力。

（2）积极推行驻班联生制度

一是校级干部驻年级，着力制定年级工作思路，解决年级工作中出现的各种问题，提高年级整体工作水平。二是行政人员驻班，每个行政人员联系1~2个毕业班，着力深入了解班级现状、洞察班级管理和教学情况，帮助班级排忧解难，并将行政联系人员与班级整体成绩的提升、下降随班纳入考核。三是班科教师联系学生，将班上划定的优生培养对象分解到每个教师身上，着力关注学生学习、思想动态，积极进行辅导，解决学习生活困难。

（3）开好"两会"，确定目标，厘清思路，落实措施，明确责任

一是优生会。每期召开一次，引导学生树立信心，确立奋斗方向，看清形势，自我分析优劣所在，从而改进学习方法，促进全面发展。

二是毕业班教师会。上期召开研讨会，分析毕业年级成绩现状，班级情况，优生情况，确定学校目标，行政驻班，分解下达班级目标，研讨教学进度，班级管理，课堂得失，优生管理，集体备课等；下期召开质量分析暨目标追踪推进会，对照分析一期以来，班级管理，优生管理，集体备课，学科成绩，学校总体成绩等方面取得的成果及存在的问题，提出改进方向和整改措施。

（4）督促联系班级管理人员多深入课堂听课（不低于15节/期），多深入学生了解班级情况，了解优生思想、学习、生活情况，汇总行政驻班工作开展情况，及时上报，便于改进和推进。

（5）充分发挥备课组、教研组的功能。每周开展集体备课，研究考纲，研讨考题，制订切实可行的复习计划，合理利用教辅资料，资源共享，促进整体提高。

（6）认真组织开展学生学业水平检测工作，严格考风考纪，搞好成绩对比分析汇总，促进提高。

（7）坚持每月组织开展一次优生学习交流会，相互探讨交流学习方法，学习心得，释放情绪，让学生身心愉悦，快乐学习，健康成长。

（8）深入班级，了解学生课业负担情况，对照《汉安中学减轻学生课业负担实施方案》，开展督查。每周各班认真填写每天及周末作业情况表，下周一收回、汇总，发现问题及时通报，限期整改，并纳入班级考核。

（9）对照毕业班相关管理考核方案，严格考核。对在中考中管理成效明显，目标任务完成较好的班级给予表彰奖励，对联系该班的行政管理人员及学科成绩优秀或提高幅度较大的教师，将在年度评优评先、职称评审、岗位设置等方面给予倾斜，弘扬正气。

（10）认真执行县局相关文件精神，分解优生送生任务，职高送生任务，对应考核，超额完成各项送生任务，深受各级领导好评。

学校重点抓好毕业年级教学管理。管理服务，后勤保障，让教学资源"硬"起来；课堂督查，曝光整改，让班风"纯"起来；德育管理，规范言行，让校风"正"起来；文化打造，清洁环境，让校园"美"起来；校园巡查，安全防范，让环境"稳"起来；教师培养，干部选拔，让队伍"活"起来；集体备课，创新教学，让课堂"亮"起来；目标追踪，待遇从优，让质量"升"起来；成绩一流，声誉提升，让氛围"好"起来。

4. 推普规范汉字，诵经典，扬传统文化

会说普通话，知音遍华夏。推广校园普通话，实施语言文字规范化、标准化，继承和弘扬中华民族的传统文化，培养学生爱国主义情操，增强其民族凝聚力，促进学生掌握科学文化知识，培养创新精神和实践能力。我校结合校情，制订《汉安中学语言文字工作实施方案》，充分发挥语文教学主渠道作用，以多种形式促进语言文字工作顺利开展。

一是利用校园广播，设计开放题目，听课文录音，开展朗诵活动等，提高学生的普通话水平。

二是开展丰富多彩的活动，激发学生对规范用语和用字的兴趣，举办以提高学生口头语言能力为目的的作文比赛，鼓励学生参与市级知识竞赛等项活动，以年级为单位在每学期中举行演讲比赛、书写比赛、听写比赛、手抄报比赛、征文比赛等。连续五年举办全校学生硬笔、软笔书写比赛，并选拔优秀作品进行展评，推荐学生参加县、市书写比赛；连续五年举行全校学生听写比赛，并在县级决赛中获第一名，两次代表江安县到宜宾参加全市初中生汉字听写大赛；组织"走复兴路，圆中国梦"演讲比赛，获江安县"第一名"；组织全校性的诗歌朗诵会，连续四年参加江安县经典诗文朗诵比赛获一等奖；倡导学生多读书，鼓励学生写读后感，在全校开展"一句话书评""走复兴路，圆中国梦""中国梦·语言梦·我的梦""环境保护""感恩教育""节能有道，节俭有德"等征文比赛，多名教师获"优秀指导教师奖"。每次比赛均由各班组织初赛，选出优秀选手参加校级复赛，并分年级组评出一、二、三等奖，这样既提高了学生的文化素养，又提升了学生对语言文字的兴趣。

5. 感受书法魅力，提升教师素质

书法教学是学校为打造特色学校而创立的教学内容。自 2011 年起，学校着力抓好书法教学，促进学生形成良好的写字习惯，提升其写字技能，打造墨香校园。

"打铁还需自身硬"，建设一支高水平的书法教师队伍是落实写字教学工作的重要保证，因此，学校高度重视对教师书法素养的培养和提升。主要采取了如下几方面的措施：每周利用业务学习的空余时间，对教师进行书法指导方法和技能等方面培训；为每位教师配备毛笔字练习本一个，钢笔字练习本一个，练粉笔字的小黑板一块；要求教师每周要练习50个毛笔字和两页纸的钢笔字，要及时交年级组长批阅；月末，"三字"练习列入"六认真"月查项目；每期举行"三字"现场书写评比活动。

6. 传承艺术瑰宝，提高学生书法修养

组织重视。学校十分重视特色学校的创建工作，成立了书法特色创建领导组。多次召开班子会议、美术小组会议，讨论有关特色学校的创建工作。参加会议的老师一致认为书法特色非常适合在我校开展。首先书法的实用性很强，写一手漂亮的字对学生来说终身受益。其次随着计算机的普及，人们习惯于键盘上打字，对写字有所忽视，以至于写字能力衰退。再次与其他艺术项目相比，练习书法在财力上投入相对比较低，学校、家长都能承受，更能得到全体家长的支持。最后适合于大面积普及，惠及全体学生。

组织严密。为使书法特色创建工作顺利进行，领导小组着手一系列准备工作，成立了书法考级委员会，由学校的3位书法老师组成，成立了学生书法兴趣小组，聘请64位班主任及书法较好的老师作为指导老师。

时间保证。学校各班每周都安排了一节习字课，前10分钟由各班的指导老师对全体学生进行指导，然后学生自行练习，课后有书法作业，要求每周书写一张，每个兴趣小组成员的作业交给指定老师，由指导老师面批。

财力支持。为编印校本教材的老师购买各种书法书籍，然后集教材所长，编印适合学校的书法校本教材和写字本，每个学生人手一份。

业务求精。为使指导老师在业务上精益求精，学校组织老师参观书画展，还经常与各地市学校的老师切磋书法艺术，分析存在问题，探讨提升办法。

成效显著。我校的书法特色创建工作重基础，训练科学，取得了可喜的成绩，学生书法作品在各级比赛中屡屡获奖，得到了家长的好评，社会的肯定。今后，将以更多更好的书法作品，展现学校风采。

7. 教改蔚然，研培生辉

江安县汉安中学教科室成立于 2014 年 9 月，紧紧围绕"科研立校，科研兴校"的教育思路，以课改为中心，强化课题研究，通过各种形式、多个层面的教科研活动和各级各类教师培训，营造出了良好的教科研氛围，促进学校制度转换与创新，帮助教师树立新教育理念，不断提高教研、教育教学艺术水平，并结合"MS–EEPO 有效教育"，注重教研教改的实效性，增强了工作的主动性。为学校全面推进素质教育，提高教学质量和教师教科研水平打下坚实基础。

（1）真抓实干，科研课题研究出成果

教育科学研究是教师进行自我培训和提升自身素质，推进课程改革，提高教学科技含量的有效途径。教科室坚持"真抓实干"的工作方针，把课题研究作为教科研工作的重头戏，使学校的教科研工作走上新的台阶，促进课题研究再出新成果。

①加强课题组自身建设，规范各级课题过程管理，提升科研水平

课题组建设包括组织建设、制度建设和思想建设。组织建设上要求课题组人员要精心物色，成员结构要合理，以便形成合力；制度建设上要求形成一套符合学校实际的制度，以使课题组开展活动有章可循。制定了《汉安中学课题管理制度》《汉安中学教育科研成果推广制度》《课题研究考核制度》，在课题研究过程中，学校实行学校教科室统一管理，按时督促各级课题完成研究任务并上交课题过程材料，使各级课题的研究工作得到了规范，提高了研究效率。

②强化管理力度，重视过程管理，确保课题顺利进行

学校教科室在课题管理时实施"分管领导—教科室具体管理—课题组

负责人"的塔形管理模式，完善科研管理网络，让每个环节落实到位；重视课题的研究过程，加强指导，积累过程性资料；抓成效，着力于以理论全面总结研究成果；抓考核，逐步加大对科研工作的考核量度和力度等一系列的工作。继续对学校课题进行有序规划和梳理，对现有课题进行有效管理和探索。在校长室的领导下，切实加强对课题组的管理工作，定期召开课题组会议，每个月召开一次课题组例会，布置有关研究要求和任务，各课题组长进行深入交流，同时展示一个月来科研成果及过程资料；课题组长做好本课题研究的组织管理工作，定期召开课题组成员交流研讨会，并做好相关记录。积极开展实验研讨课活动、同类课题组协作研讨活动等在校内进行研讨。

③组织教师参加各项培训、观摩和竞赛，提高教师研究水平

为调动广大教师学习教育科学理论和开展校本研究的积极性，强化科研意识，促进教师的专业成长，教科室按照上级有关文件精神，积极组织好教师参加各项课题培训、观摩、比赛等活动。

（2）落实管理体系，完善规章制度，营造教研氛围，确保教研活动有序高效开展

①健全体系，完善制度

制度建设是学校教研工作的重要内容，也是教育现代化的基本要求。为积极推动学校教研工作的开展，学校领导对教研工作给予极大的关注与支持。学校把教研工作作为整个工作的重中之重，建立健全了教科研组织机构和网络，成立了以校长赖玉良为组长的教研领导小组，构建了教研领导小组—教科室—教研组—备课组—教师的教研管理体系。制定和完善了《汉安中学教科室、教研组长、备课组长工作职责》《汉安中学教师业务学习制度》《汉安中学教师培训办法》《汉安中学课题管理制度》《汉安中学集体备课制度》《汉安中学听课评课实施方案》《汉安中学备课组考核细则》《汉安中学教研组考核细则》《汉安中学教研先进个人评选办法》

《教研活动月公示制度》等一系列教科研管理制度，以制度明确每个人的职责，以制度规范各项教研措施落实到位，保证教研工作在学校顺利开展。

为了激励教研组、备课组和教师开展各项活动，每期评选教研先进个人、优秀教研组、优秀备课组。

②积极开展校内教研活动，深入课堂，为教学第一线服务

建立健全各种规章制度并加强常规管理。规范教研组、备课组集体备课、评课、议课的要求和流程，落实教研活动"五有两程序"，制定了相应的表册，并坚持在下月初对上月各教研组、备课组的教研活动进行公示。

各教研组坚持各学科组每周一次的集体备课研讨活动。学校将集体备课纳入常规，加大监管力度。每次活动有检查、有记录，活动后及时公布出勤情况，与奖惩直接挂钩，为集体备课的正常开展提供了有力保障。同时对集体备课制定细则，确保"四定"：定时间、定地点、定人员、定内容。做到集体备课和教研培训相结合，注意学科间教学的整合。备前精心准备，备中加强交流，备后注重完善。达到了信息沟通、资源共享，加强了教师教学方法和教学理念的交流，全面促进了教师的专业成长。

各教研组以公开课教学为抓手，统筹安排，认真上好达标课、公开课、示范课，让每一位教师都有锻炼和提升的机会。为确保公开课教学收到良好效果，学校要求任课教师提前一周备好课，将教案纳入教学常规考核，并积极组织相关学科全体教师听课、评课，要求都要有听课记录、教学反思、鉴定表。公开课教学已经形成常规，对提高教师整体素质起到巨大的推动作用。教科室成员经常参加各个教研活动，认真听课，详细记录，并进行有针对性评价和指导，对于改进课堂教学，特别是帮助新教师的成长，发挥了积极作用。

③积极组织参加各级竞赛，提高教师业务素质

为提高教师的教育教学业务水平，学校教科室积极组织教师参加各种

教学业务竞赛活动。通过各种竞赛（评比）活动，激发了广大教师自我加压、自练内功、自觉学习、主动培训的积极性，提高了他们的综合业务素养和课堂教学的科技含量，营造了科研兴校、教研促教的良好氛围。

④寻求教研纵横联系，开展校际学术交流活动

学校教科室积极组织开展校际教学研究活动，教科室还探索实施"请进来"方式，邀请各级专家、教研员到校指导教学工作，并得到各级各类学校的大力帮助和支持。参与学习活动的教师深受启发，反映良好。

（3）全力推进"MS-EEPO 有效教育"课堂教学改革，全面打造全新课堂和提升学校办学品牌

坚持以科学发展观为指导，学校确立以"课堂教学方式、质量的转型增效"为主题，掌握"MS-EEPO 有效教育"基本理论、操作规程体系为基础，提高教师素养，促进教师专业化发展，优化课堂教学，落实课程改革，提高学生学习效果，促进学生全面、和谐发展，全面提高教育教学质量。

各教研组每周至少完成一次"MS-EEPO 有效教育"课堂教学改革研讨活动，从备课方式、学习方式、评价方式诸方面进行改革。

坚持每周每天定时定点分各学科教研组开展 EEPO 课堂教学实验研究课、EEPO 经验交流会、EEPO 方式集体备课等；每周实验教师以教研组为单位，上交有关 EEPO 的集体备课教案和教研会议的详细记录表；每次研究课后组织教师评课，开展座谈交流，以求共同进步。

（4）牵头各校，和谐发展

作为初中课改实验学校的牵头单位，学校积极组织兄弟学校互相学习、探讨、碰撞、交流，共开展了 15 次课改交流活动，让实验学校和参与的教师受益匪浅，教育手段和方式得到了提高，让广大学生能获得比以往更优良、更公平、更有效的学习和成长机会，促进学生全面发展。从"MS-EEPO 有效教育"实施以来，学校每期制订实施方案细则和计划，分别在底蓬中学、水清中心校、大井中学、夕佳山中学、汉安中学等课改实施学校相继

进行语文、数学、英语等各学科"MS–EEPO 有效教育"活动，加强实践，在教学常规中落实 MS–EEPO 的相关元素，提升了教育教学水平。

（5）课改结对帮教，教育均衡发展

为贯彻落实江安县教育局关于"MS–EEPO 有效教育"课堂教学相关的文件精神和全面实施"MS–EEPO 有效教育"课堂教学，进一步推进江安县城南督导区教育均衡、优质、和谐发展，汉安中学课改年级地理和政治、英语、语文团队在督导组领导、张珍玉副校长及教科室的带领下，分别前往南屏、怡乐和强壮学校开展"MS–EEPO 结对帮教"活动。让被结对帮教学校的教师第一次近距离接触了"MS–EEPO 有效教育"课堂，让所有结对教师都感觉这种实实在在的形式对于提高自身教育教学素质有很大的帮助。

（三）"双减"提质助五育，课后服务扬特色

"五轮驱动"促成长，"立德树人"向未来。随着"双减"工作不断推进，学校更加重视体育、美育和劳动教育，着眼减轻学生和家长负担，落实五育并举，狠抓五项管理，强化课后服务，促进学生素质全面提升，形成良好的教育生态。

主要从政治站位、管理机制、细化措施、过程管理四个方面下功夫，"双减"提质助五育，课后服务扬特色。

1. 提高政治思想站位，"双减"推动五育并举

思想是行动的先导。"双减"工作是贯彻党的教育方针，落实中央、省、市决策部署的政治任务，是优化教育生态的关键举措，是教育纵深改革的必然要求。我们要理性看待"双减"，增强"双减"工作的紧迫感和责任感。

"双减"指有效减轻义务教育阶段学生过重作业负担和校外培训负担，减的是过重的负担，务必关注的是有效减轻，不是单纯地做减法。减法中有加法，"双减"既要切实减负，"双减"更要提质增效，坚持学生为本、

回应关切，遵循教育规律，着眼学生身心健康成长。需要学校教育教学质量和服务水平进一步提升，作业布置更加科学合理，学校课后服务基本满足学生需要，促进学生学习更好地回归校园，培养学生个性，铸造学校特色。

重负担有效减轻、减负还要提质增效，务必实施五育并举。学校教育首重突出德育实效，重点提升智育水平，必须强化体育锻炼，突出增强美育熏陶，重视加强劳动教育。务必着眼建设高质量教育体系，强化学校教育主阵地作用，着眼课堂教学，放眼课后服务，构建教育良好生态，有效缓解家长焦虑情绪，促进学生全面发展、健康成长。

2. 机制建设科学合理，增强团队提质能效

科学高效的管理机制是建设高质量教育体系的顶层设计，是夯实学校教育主阵地的基础平台，是管理出成效的必由之路。只有机制建设科学合理，才能提升团队提质能效。

（1）实施逐级聘任机制，建设最强高效团队

提升教学质量的关键在于教师团队，学校坚持实施逐级聘任机制，增强团队提质共识。

一级聘任管理人员，整合优质管理资源。学校集中优质管理资源，聘任学校管理人员，打造优质高效的管理团队。党组织、校行政、职能处室、群团组织、年级组、教研组、备课组，条块清晰、各司其职、沟通有效、协作高效；政治思想统一、工作和谐协调，能形成工作合力，可协同提质增效。

二级聘任班主任队伍，优质师资重心管理。学校教师主动申报担任班主任工作，职能处室牵头组织聘任，实行双向选择；优质师资担当班级管理重心，提升班主任队伍整体质量，提高班级管理水平，打造强有力的基本管理单元。汉安中学现有班主任大多数都是省、市、县各级骨干教师，其中省级名班主任1人，市县级优秀班主任18人。

三级聘任科任教师，思想统一优势互补。学校教师向班主任主动申报

担任科任教师，班主任主动聘任本班科任教师，实行双向选择；班科教师心往一处想，劲往一处使，教师结构、能力素质、工作理念高度统一、优势互补，有力促进教育教学质量的整体提升。汉安中学现有教师201人，在职党员67人，江安名师16人，学科带头人19人，兼职研训员20人，省级骨干老师2人，市级骨干老师42人，县级骨干老师58人。

团队提质共识使汉安中学连续多年获得教学质量综合评价一等奖，连续三届获得江安县义务教育质量突出贡献奖。

（2）职能处室条块分割，协同推动"双减"五育

立足学校教育整体推动"双减"五育提质增效的总导向，抓实抓好五项管理。笔者认为，条块分割相对独立职能处室的工作职能，通过校级行政协同推动是有效方法。条块分割关注工作重点、责任担当，把责任分工内容当成研究课题细化落实；协同推动放大工作合力、整体效率。

德育处重点落实突出德育实效，狠抓睡眠管理、手机管理，切实开展劳动教育；教导处务实抓好提升智育水平，加强作业管理、读物管理，开足开好思政课程、艺体课程、劳动课程；体卫艺处加强体育锻炼、提升艺体课程教学水平，狠抓学生体质健康管理。

设立课后服务管理中心，分工负责学校课后服务管理工作，整体推进学校各项工作。通过管理育人、活动育人、协同育人加强突出德育实效；组织开展"课业整理"和自习课促进提升智育水平；组织开展田径、球类为主的体育类社团活动引领和强化体育锻炼；组织开展音乐、美术、书法、语言类社团活动促进增强美育熏陶；组建志愿者服务社团，充分发挥劳动综合育人功能，加强学生生活实践、劳动技术和职业体验教育。

3. 细化措施梯级跟进，潜移默化润物无声

"双减"提质五育并举是教育生态发展的系统工程，绝不是一蹴而就的。必须有体系健全的组织管理，科学合理操作性强的制度建设，将系统工作层层分解细化为一系列的工作措施，根据目标任务难度逐级分解梯级

运行。建立平台、构建模式固然重要，夯实基础逐步提升更为科学，有极强的现实意义和操作实践意义。

（1）制度建设提纲挈领，构建模式建立平台

学校专门成立"双减"工作、"五育并举"工作、"五项管理"工作、"课后服务"工作领导小组，下设相应办公室负责常态化管理。

组织全校教职工学习"双减"工作意见，更新教育理念；召开学生家长会，广泛听取家长意见，明确在"双减"背景下家长应承担的责任。

建立健全系列管理制度、实施方案，如制定汉安中学《"双减"工作实施方案》《教学管理制度》《作业公示制度》《课后服务实施方案》等。其中《课后服务实施方案》被选送到省市两级展评，分别获得省级三等奖和市级一等奖的表彰奖励。

（2）突出重点攻坚克难，夯实基础梯级运行

"双减"提质五育并举首先是转变教育观念，学校、教师、学生、家长、社会都必须理解和把握"双减"政策和理念，端正思想、统一认识需要一个过程，是工作重点和难点之所在。学校进行大量的政策宣讲、告知、解释、咨询工作，确保学校师生上下一心，让社会满意，让家长放心，以心育心，共同发展。

职能处室在推进相应工作时，首先开展思想引领和观念导向，召开各种形式的集会活动，各种类型的家长座谈会，发放各种内容的告家长书；其次根据首问责任制的工作要求，全校教职工务必积极主动进行耐心细致的解释和咨询工作，如有必要再联系相关职能处室。

"双减"提质五育并举其次是具体的有效操作，形成可操作性强的高效模式也需要一个过程，也是工作重点和难点之所在。学校应该进行目标任务难度分解，逐级分步实施，对职能处室、班级、教师、学生不提过高要求，但也不能太过轻松。通过努力能实现的目标是好目标，不能落地的目标只是口头革命派的做法。逐级夯实就是打基础，难度分解就是梯级运行。

突出德育实效方面，纪律管理和行为规范是比较好操作的常规基础性课题，只是工作量大而杂。所以就要建立健全系列管理制度方案，严格规范落实到位是重中之重。在此基础上继续推进突出德育实效的深度和广度就不再是镜花水月了。

提升智育水平方面，课堂常规和作业管理也是必抓重点，当然也是比较容易看得见成效的基础性操作。可以通过管好教师、管好班级、管好学生协同动作，形成课堂常规工作要求、作业管理基本要求的系列操作规范等方式来实施，这些工作做实做细了，才可以继续纵深发展。

加强体育锻炼方面，首先是开足开好体育课；其次是务实开展大课间活动；最后是组织开展多种形式的体育类社团活动。既有点线引领，又有广度和深度的操作，在追求学生体质健康平均水平达标的前提下继续推动提升。

增强美育熏陶方面，首先是开足开好音乐课、美术课；其次是打造学校优美硬软件环境；最后是组织开展多种形式的艺术类社团活动。在学校优美的环境中学习、成长、发展就是潜移默化环境育人，社团活动立足兴趣爱好培养，关注特长发展，就是深度挖掘学生潜能，逐步提升最终达到学校生态发展的美好愿景。

加强劳动教育方面，首先是开足开好劳动教育课程；其次是德育处牵头组织开展系列劳动教育主题活动，校团委牵头组织开展系列劳动体验主题活动；最后是课后服务管理中心组建志愿者服务性质的"星火志愿队"等社团，以标准规范专业的志愿者服务培训和志愿者服务活动引领全校师生端正思想、统一认识，感受热爱劳动的氛围，践行劳动过程体验。

4. 过程管理务求实效，总结提炼动态修正

所有的工作措施都需要过程管理来监控和调整，才能达到远大目标与美好愿景之间的成功连接。比如汽车的操作规程和技术就是系列工作措施，驾驶员操作行为就是过程管理。过程管理务求实效，经常总结提炼工作中

的成功与失败，动态修正具体工作措施，才能真正实现学校教育生态发展提升的美好愿景。

（1）多级巡视督导优化，发现分析解决问题

学校实行校级领导、职能处室、值周教师三级巡查督导管理制度，发现问题、分析问题、解决问题，有记录、有反馈、有跟踪，校级领导联动，职能处室协同，通过巡视督导优化工作措施，提升工作效能。

常态巡视督导内容包括但不限于课堂常规、课间活动、文明卫生、课后服务、安全管理，等等。非常态巡视督导不定时进行，主要目的是发现问题，总结经验。

巡视督导记录将纳入学校各级各类考核表彰，奖勤罚懒，主张科学作为、实心干事，鞭策后进，以免无为乱为、尸位素餐。

巡视督导重点盯住课堂。只有聚焦高效课堂，才能让能力在课堂中有效提升。逐步扬弃"以知识为中心"的教育，保留它的基础性内核：基础知识、经典文化。积极包容"以学生为主体"的教育，吸收它的发展性内核：个性化、创造性。稳步推进"以思维为前提"的教育，强化它的人本性内核：主动、能动、互动。

巡视督导重点把住作业。学校提出"一本、二提、三控、四化、五不"的作业管理措施。"一本"即学科作业一本制，课前、课中、课后作业做在一个本子上；"二提"即提高作业设计水平，提高作业管理水平；"三控"即控制作业总量，控制作业时间，监控作业批改质量；"四化"即差异化、随堂化、项目化、情境化；"五不"即不布置机械重复的作业，不留超标超纲作业，不留惩罚性作业，不通过手机、微信方式留作业，不给家长布置作业。

巡视督导重点盯住课后。提升学校课后服务水平，满足学生多样化需求，可以促进学生全面发展。学校课后服务重点以社团活动方式推进，学生自愿参加。丰富多彩的社团活动涵盖了音体美、科创、劳动教育等方面，

琴棋书画样样俱全，诗词歌赋项项精彩，让孩子们在有趣的活动中体验学习和成长的快乐！

（2）体育、美育、劳动教育，时时事事处处推动

要坚持体育、美育、劳动教育无处不在的思想理念，将体育、美育、劳动教育工作落到实处，从促进学生全面发展的需要出发。学校教育应该时刻渗透体育、美育、劳动教育元素，塑造学生优质品行、培养学生优良习惯的力量。

（3）实施有效课后服务，实现减负提质目标

积极探索，不断创新，实施有效课后服务，铸造学校特色。

汉安中学课后服务主要建设"班级特色活动""课业整理""校级特色社团活动"三种活动课程。

"班级特色活动"是班级活动课程，为系统性、常态化的主题班会，具体开展思想品德教育、文明礼仪教育、纪律安全教育、行为规范教育、习惯养成教育、劳动卫生教育、书写练习训练、思维拓展训练、团队协作训练、体育常规训练、展演节目排练，等等。

"课业整理"重点开展"作业辅导和答疑"，旨在加强作业管理，减轻课业负担。

"校级特色社团活动"是以艺术体育学科为主建设的活动课程，现有语言、音乐、美术、书法、体育、科学、宣传、服务类等22个社团，培养学生有益身心健康的兴趣、爱好，立足学生特长发展，打造特色学校。两年来先后有30多位指导教师参与打造，训练学生3537人。

狠抓课后服务过程管理。汉安中学课后服务注重过程管理，有计划、有目标、有方案、有制度、有督查。

以2021—2022学年度为例，班班有成果，社团有展示，汇报有展演。先后有50个班级节目参与评比，40个班级主题班会教学设计参与展评，两次书法美术摄影主题作品集中展评，两次科学类社团校园现场展示推广，

11 场体育竞技比赛和比赛观摩活动，一次大型集中汇报展演。

"双减"提质助五育，课后服务铸特色。教学生一技之长终身受益，让学生的学习生活更加鲜活灵动，不至于狭隘抑郁；给教师多元化发展平台，让教师的教育生命永远充满热情激情，不至于职业倦怠；使学校工作锦上添花，让学校发展生命永远有底气，更有朝气，不至于平淡无奇。

五、"以心育心，共同发展"办学思想的实践成果

实践缔结理论硕果，理论诠释实践成效。在各级领导的关心帮助下，通过全校师生的共同努力，"以心育心，共同发展"办学思想结出丰硕成果，汉安中学成为名副其实的"四名"校园。

（一）名学校

近年来，在县委、县政府、县教体局及相关部门的关心、帮助、指导下，学校以党的十九大精神为指引，围绕习近平新时代中国特色社会主义思想，本着"以心育心，共同发展"的办学理念，全力打造优质初中教育示范基地，紧紧依靠、团结、带领教职工，不忘初心，砥砺前行，建设"文明、智慧、平安、特色"校园，争做新时期四有好老师，学校各方面工作呈现出蓬勃的发展生机。

学校是全国首批"青少年普法教育先进单位"，全国青少年毒品预防教育先进学校；是全市第一所全国"消防安全教育示范校"，四川省法治教育示范基地；是我县唯一一所被命名的四川省"少年军校"，学校团委被共青团四川省委授予"五四红旗团委"荣誉称号。学校先后荣获宜宾市首批"平安示范校园""宜宾市卫生先进单位""宜宾市德育工作先进单位""宜宾市未成年人思想道德建设先进单位""宜宾市文明单位""宜宾市依法治校示范校""宜宾市环境优美示范校""宜宾市园林式单位""宜宾市防震减灾科普示范学校""宜宾市教育体育系统节约型单位"等市级

以上荣誉称号。

在国家级义务教育均衡发展迎检中获各级领导和专家高度赞扬。国家督学赞扬：汉安中学环境优美、工作扎实、成绩突出、特色鲜明；省检专家评价：汉安中学是四川省最好的县城公办初中学校；全市安全工作检查中领导肯定：管理规范、匠心独具。

（二）名校长

校长赖玉良，男，四川省江安县人，汉族，中共党员，大学本科文化，高级教师，四川省中小学名校长、四川省优秀授课专家、四川省教科院教育管理领航人才培养工程入校诊断指导专家、四川省汪伟名校长工作室成员、省教师发展专家委员会常务理事、省陶研会农村专委会常务理事、省专家库成员、宜宾市名校长赖玉良工作站领衔人、宜宾市首批名校长、宜宾市骨干教师、宜宾市优秀教育工作者、江安县优秀共产党员、江安县首批名校长赖玉良工作室领衔人。1990年7月参加工作以来，先后在17个单位进行历练。从事过幼儿教育、小学、初中、高中、成人教育，群众信访和机关事务工作；担任过少先队辅导员、团委书记、教导主任、中学校长、政府副乡长、县信访局（挂职锻炼）、进修校校长、师培中心主任、高完中党总支书记、单设初中党总支书记、校长，现任宜宾市江安县汉安初级中学校党总支书记、校长。荣获省、市、县各种表彰奖励80余项次，单位获奖500余项次，到重庆、山东、广西、上海、台湾等地学习培训交流，作专题报告90余次。

在工作中示范出"学习力、行动力、领导力"的专业标准；投射出"抱朴守真、积德行善、志趣高雅、体验幸福"的生命之光；散发出"秉静气、长才气、守正气、讲和气、扬风气"的强正能量；传递出"目标精准、队伍精干、管理精细、质量精良、校园精美、文化精彩"的事业追求。

（三）名教师

全校现有专任教师199人。专任教师学历合格率100%，本科及以上学历183人，占91.96%。中高级教师比例为59.9%。学校有省级骨干教师2人，市级骨干教师42人，县级骨干教师58人，江安名师16人，县学科带头人19人，同时拥有四川省中小学名校长、四川省教书育人名师、四川省名班主任。学校成立一个市级名校长赖玉良工作站，两个市级名师工作站，一个县级名校长王虎工作室、两个名师工作室。

1. 江安县名校长王虎工作室领衔人：王虎，生于1979年5月，1998年8月参加工作，中共党员，本科，高级教师，四川省卓越校长工作室成员、四川省教育学会干事、宜宾市最美校长、宜宾市优秀教育工作者、江安县优秀教育工作者、江安县优秀政协委员、江安县名校长王虎工作室领衔人。

2. 四川省教书育人名师、宜宾市名师张珍玉工作站领衔人：张珍玉，女，生于1976年10月，1995年7月参加工作，中共党员，本科，正高级教师、四川省特级教师，四川省教书育人名师，四川省卿平海名师工作室成员，四川省何立新名师工作室宜宾罗益成工作站成员，宜宾英才·宜宾名师，市县名师工作室领衔人，宜宾市师德标兵，宜宾市骨干教师，市县教育专家库成员，橙乡名师，江安名师，江安县优秀教师，江安县教学质量先进个人，江安县教育科研先进个人，江安县课改先进个人，江安县初中语文及教育科研教研员，江安县德育先进工作者，江安县优秀指导教师。四川省人民政府2021年基础教育教学成果一等奖，四川省科研成果一等奖，四川省"云教网课你最红"铜奖、最佳人气奖、百强网课教师，省市"优课""课堂大比武"一等奖10余次。

3. 四川省名班主任、江安县名师李小彬工作室领衔人：李小彬，男，生于1978年3月，2002年8月参加工作，中共党员，本科学历，数学高级教师，四川省名班主任，四川省优秀少先队辅导员，省、市骨干教师，四川省翟信旗天府名师工作室成员，宜宾市优秀教师，宜宾市德育先进个人，宜宾市突出成就奖教师，江安县优秀人才，江安县首批名师工作室领衔人，江安县首届学科带头人，第二、三届江安名师，江安县教体系统优秀党务工作者，江安县优秀班主任，江安县教育专家库成员，江安县初中数学及教育科研教研员，江安县基础教育课堂改革先进个人等荣誉称号。

4.江安县名师陈永连工作室领衔人：陈永连，女，生于1982年4月，2001年8月参加工作，中共党员，本科学历，一级教师，宜宾市骨干教师，江安县优秀共产党员，首届江安县学科带头人，第二、三届"江安名师"，县优秀教师，县优秀教育工作者，县优秀人才，江安县名师工作室领衔人。

5.宜宾市名师陈小兰工作站领衔人：陈小兰，女，生于1983年11月，2006年7月参加工作，本科学历，一级教师，四川省陈邦名师工作室成员、江安县第二届学科带头人，第三届"江安名师"，县优秀教师，江安县罗益成名师工作室成员。

（四）名学生

建校20年以来，学校培养了众多的优秀初中毕业生，为高中学校输送了数以万计的优秀人才，为地方社会经济发展做出了突出贡献。学校毕业生刘雪等先后考入北京大学等一流名校，杨正杰代表取得四川省学宪法讲宪法演讲比赛第一名、全国二等奖的优异成绩；宋明糠多次参加中央电视台"诗词大会"节目并取得优异成绩；曾庆涛在四川省青少年运动会中取得男子200米第一名的优异成绩，涌现出大批学习之星、文明之星、德育标兵、禁毒小卫士、法治宣讲员、爱心志愿者。

六、"以心育心，共同发展"办学思想的未来展望

（一）促进高质量发展，构建高品质校园

1.构建好目标

（1）确立目标：定位准确、师生信仰、笃定前行。

（2）区域目标：立足江安、着力宜宾、放眼川南。

（3）发展目标：建成环境优美，办学规范，质量卓越的高品质初中学校。

2.构建好环境：字色统一、草木传情、亮点纷呈。

3.构建好机制：合理公正、奖惩分明、激发热情。

4.构建好团队：精诚团结、善学勇战、执行有力。

5.构建好氛围：积极向上、正气满园、和谐发展。

（二）办好一所学校，引领一方教育

新征程、新目标、新挑战，汉安中学广大师生在新时代、新形势下，紧紧围绕"以心育心，共同发展"办学思想，认真贯彻执行党的教育方针，励精图治、砥砺前行，永远行进在教育改革的征途上，继续发扬汉安精气神：向我学习，做最好的自己，建最强的团队！以最大的真诚和善良，建立和谐的人际关系；以最大的魄力和能耐，创建良好的教学秩序；以最大的智慧和力量，创造辉煌的工作业绩。

"梅花扑鼻香，云帆济沧海"，团结务实的汉安中学，用自己的智慧和汗水铸就了今日初中品牌。我们相信，充满无穷活力和魅力的汉安中学，承载宏伟梦想，乘风破浪、扬帆远航，驶向更加灿烂辉煌的明天！

思想有声，行动留痕，须在时光里赶路。

踔厉奋发，笃行不怠，当不负育人之责！